VDI-GIS (Hrsg.): Software-Zuverlässigkeit

Software-Zuverlässigkeit

Grundlagen

Konstruktive Maßnahmen

Nachweisverfahren

Herausgegeben vom

VDI-Gemeinschaftsausschuß

Industrielle Systemtechnik (VDI-GIS)

Die Deutsche Bibliothek — CIP-Einheitsaufnahme

Software-Zuverlässigkeit : Grundlagen, konstruktive
Massnahmen, Nachweisverfahren / hrsg. vom VDI-
Gemeinschaftsausschuss Industrielle Systemtechnik (VDI-GIS).
— Düsseldorf : VDI-Verl., 1993
   ISBN-13: 978-3-540-62305-2   e-ISBN-13: 978-3-642-95800-7
   DOI: 10.1007/978-3-642-95800-7

NE: Verein Deutscher Ingenieure / Gemeinschaftsausschuss Industrielle
  Systemtechnik

ISBN-13: 978-3-540-62305-2

Vorwort

Die ersten Computer, die vor etwa 50 Jahren ihre Arbeit begannen, waren zunächst nur anfällig für Hardware-Fehler. Mit der Steigerung ihrer Leistung und auch ihrer technischen Zuverlässigkeit wurde die Software bald wichtiger als die Hardware.

Zunächst machte man sich nur wenig Mühe, auch die Programme auf Richtigkeit gründlich zu prüfen. Das führte eine Zeitlang zu einer Computergläubigkeit, welche auf einer zu hohen Einschätzung der Zuverlässigkeit von Hardware und Software basierte. Die Entwicklung zeigte aber, daß gerade die Software immer schwerer zu durchschauen war, und ihre Entwicklung wurde zu einer eigenen Wissenschaft. Zuverlässige Programme zu schreiben, wurde zu einer hohen Kunst. Bei der heutigen immer stärker werdenden Verflechtung der Computernetze mit ihren weitverzweigten Auswirkungen ist eine zuverlässige Software aber eine Existenzfrage für unsere ganze Gesellschaft.

Das vorliegende VDI-Buch soll dazu dienen, die Voraussetzungen für eine gesunde Entwicklung zu schaffen. Es ist zu wünschen, daß es eine weite Verbreitung bei allen Beteiligten findet.

Konrad Zuse, im Juni 1992

Inhaltsverzeichnis

1   Einleitung

- Mein Computer macht nicht, was er soll!
- Das Programm ist schon wieder abgestürzt!

In allen Bereichen, in denen EDV-Anlagen eingesetzt werden, sind solche und ähnliche Aussagen auch heute noch an der Tagesordnung. Rund 30 Jahre, nachdem Software-Projekte in ihrer Komplexität erstickt sind und die ersten Entwickler von der Software-Krise zu sprechen begannen, hat es viele Versuche gegeben, die Qualität der Software zu verbessern und so zu fehlerarmen Systemen zu gelangen. Die verschiedenen ingenieurmäßigen Ansätze wurden unter dem Begriff 'Software-Engineering' subsumiert.

Zwischen den im Software-Engineering erarbeiteten und propagierten Methoden der Software-Erstellung einerseits und der alltäglichen Programmierpraxis andererseits klafft eine beträchtliche Lücke. Um den Praktiker bei seiner täglichen Arbeit zu unterstützen, muß diese Lücke deutlich verkleinert werden, z. B. indem die entsprechende Theorie anwendungsgerecht vermittelt wird.

Der Praktiker soll dieses Buch als eine Anleitung zum Erstellen von zuverlässiger Software nutzen. Es stellt für die Phasen des Software-Lebenszyklus Arbeitsweisen dar, mit deren Anwendung die Zuverlässigkeit von Software verbessert bzw. beurteilt werden kann. Das Buch richtet sich an jeden, der entweder selbst Software erstellt, für sich Software erstellen läßt oder in der Qualitätssicherung am Prozeß der Software-Erstellung beteiligt ist.

Die Kapitel sind im Sinne eines Arbeitsbuchs auch unabhängig voneinander lesbar und direkt einsetzbar. Es war Ziel der Autoren, eine Auswahl von Methoden, die den Stand von Wissenschaft und Technik darstellen, so zu präsentieren, daß sie vom Leser mit möglichst geringem zeitlichen Aufwand direkt angewendet werden können. Um die Anwendung zu erleichtern, enthält jedes Kapitel am Anfang eine Einführung mit Erläuterungen, wie dessen Inhalte in realen Projekten eingesetzt werden können. Weiterhin wurde versucht, die einzelnen Arbeitsweisen nicht nur zu nennen oder zu beschreiben, sondern an Hand von Beispielen so ausführlich zu erläutern, daß der Leser sie sofort verwenden kann.

Das Buch ist in die folgenden Kapitel gegliedert:

Kapitel 2 - Übersicht - präzisiert Thema und Ziele des Buchs. Es erläutert die Qualitätsmerkmale von Software. Die Unterschiede zwischen dem Software-Qualitätsmerkmal Zuverlässigkeit und verschiedenen anderen Merkmalen werden diskutiert. Darüber hinaus werden die angrenzenden und nicht behandelten Themengebiete aufgeführt. Ein Leitfaden gibt Hinweise, welche Kapitel für welche Zielsetzungen gelesen werden sollten.

Kapitel 3 - Grundlagen - faßt die Grundlagen der Software-Zuverlässigkeit zusammen. Es führt auch die terminologischen Grundlagen für die weiteren Kapitel ein.

Kapitel 4 - Konstruktive Maßnahmen - beschreibt die wesentlichen, die Software-Zuverlässigkeit beeinflussenden konstruktiven Maßnahmen. Diese Maßnahmen werden während der Software-Erstellung angewendet. Sie unterstützen den Software-Entwickler, Fehler von vornherein zu vermeiden, zumindest aber die Fehlerwahrscheinlichkeit zu reduzieren. Dieses Kapitel ist auch für die Auftraggeber interessant, die dem Entwickler Maßnahmen nahelegen, evtl. sogar vorschreiben wollen, die bei der Software-Entwicklung eingesetzt werden sollen.

Kapitel 5 - Nachweisführung - stellt einige Methoden zum qualitativen und quantitativen Nachweis der Software-Zuverlässigkeit dar. Häufig eher intuitiv als geplant angewandt, wird die Mehrzahl der Methoden nur sehr vereinzelt in Software-Projekten eingesetzt. Gezieltes und geplantes Anwenden verschiedener sich ergänzender Methoden, um die Software-Zuverlässigkeit nachzuweisen, ist in der Praxis eher die Ausnahme. Diese Problematik wird aufgegriffen und die Methoden, den Grad der erreichten Zuverlässigkeit zu ermitteln, werden dargestellt.

Da juristische Fragen im Zusammenhang mit der Software-Zuverlässigkeit zunehmend an Gewicht gewinnen, werden diese Aspekte in einem eigenen Abschnitt behandelt.

Um einige der in diesem Buch behandelten Themen (hauptsächlich Programmbeweise und Zuverlässigkeitswachstumsmodelle) gibt es in der Fachwelt eine ausgeprägte fachliche Kontroverse. Diese Kontroverse schlägt sich natürlich auch im Buch nieder.

Bedürfen bestimmte Nachweise - wie z.B. Korrektheitsbeweise - besonderer Vorkehrungen bei der Programmkonstruktion, so werden diese Vorkehrungen mit angesprochen (und für Beweise und Zuverlässigkeitswachstumsmodelle im Anhang näher erläutert). Nachweise ermitteln oder schätzen den Grad der Zuverlässigkeit einer Betrachtungseinheit. Dabei kann ein Objekt ein Programm sein, eine Prozedur, eine Spezifikation oder ein anderes im Software-Lebenszyklus erstelltes Dokument. Die in diesem Kapitel erläuterten Methoden anzuwenden, ist vor allem die Aufgabe der Programmierer.

Es ist die Absicht der Verfasser auch die Kunden, die Auftraggeber der Software-Projekte, auf die Notwendigkeit der Anwendung dieser Methoden hinzuweisen. Sie sollten den Einsatz entsprechender Methoden fordern und die dafür notwendigen Voraussetzungen schaffen. So sollte bereits bei der Vertragsgestaltung und in den Spezifikationen die Forderung nach Software-Zuverlässigkeit berücksichtigt werden. Nur wenn in frühen Phasen der Software-Erstellung Forderungen an die Software-Zuverlässigkeit formuliert werden, kann am Ende der Software-Erstellung, während der Abnahme, das Erreichen der Ziele nachgewiesen werden.

Anhänge geben einen kurzen Überblick über die objektorientierte Programmierung, gehen detailliert auf Programmkorrektheitsbeweise ein und stellen die theoretischen Grundlagen der Zuverlässigkeitswachstumsmodelle dar.

<table>
<tr><td>Prinzip der unklaren Ziele:
Projekte ohne klare Ziele werden ihre Ziele nie klar erreichen!</td></tr>
</table>

2 Übersicht und Leitfaden

2.1 Motivation

Es gibt mittlerweile unter Informatikern einen gewissen Konsens darüber, wie Software zu erstellen ist. Bei systematischer Arbeitsweise und Beachtung einer Reihe von handwerklichen Regeln kann man Software mit geplanten Qualitätsmerkmalen in einem wohldefinierten Arbeitsablauf produzieren. Aber selbst einfache Regeln werden häufig nicht befolgt.

Software ist häufig charakterisiert durch

- mangelnde Zuverlässigkeit,
- zu geringe Änderungsfreundlichkeit und
- zu hohen Aufwand für Anwenderunterstützung.

Hinter Schlagzeilen wie *'Software, das weit unterschätzte Risiko'* /Mül90/ verbergen sich Berichte über finanzielle Einbußen namhafter Firmen, über Raketen, die aus der Bahn torkeln, über Ampeln, die nicht verkehrsgerecht geschaltet werden können, über nicht verfügbare Kontoauszugsdrucker und über Dosierungsfehler computerkontrollierter Bestrahlungseinrichtungen. Es müssen jährlich erhebliche Mittel zur Fehlerbeseitigung im Software-Bereich aufgewendet werden.

Große Software-Systeme werden dezentral entwickelt. Die Einzelpakete lassen sich nur dann zu funktional und qualitativ hochwertigen Software-Systemen zusammenführen, wenn jedes für sich so einwandfrei ist, wie wir es z. B. für jedes Einzelteil eines Automobils als selbstverständlich empfinden. Aber gerade diese einwandfreie Zusammenarbeit der einzelnen Komponenten ist bei Software häufig nicht gegeben.

Die Schwierigkeit, Software dezentral zu entwickeln, führte deshalb häufig zu Insellösungen. Die notwendige Integration dieser Inseln zur nächsten Komplexitätsstufe technologischer und industrieller Prozesse muß sich mit der erforderlichen Zuverlässigkeit und Sicherheit steuern lassen.

Um die Möglichkeiten zum Erzeugen von Software mit definierten Zuverlässigkeitseigenschaften zu verbessern, ist weniger Grundlagenarbeit als Know-How-Transfer erforderlich.

Vor diesem Hintergrund hat der VDI 1986 die Arbeitsgruppe 4.1 *Software-Zuverlässigkeit* im VDI-Ausschuß *Technische Zuverlässigkeit* (VDI-ATZ) innerhalb des VDI-Gemeinschaftsausschusses 'Industrielle Systemtechnik' (VDI-GIS) ins Leben gerufen. Sie sollte sich mit den qualitativen und quantitativen Aspekten der Software-Zuverlässigkeit auseinandersetzen und durch ein Buch helfen, die Software-Zuverlässigkeit zu verbessern.

Das Buch fügt sich in die vorhandenen Arbeiten zu angrenzenden Gebieten ein. Dies sind Arbeiten zur Hardware-Zuverlässigkeit /VDI91/ und die von der DGQ-NTG veröffentlichten Ergebnisse *Software-Qualitätssicherung* /DGQ86/.

Das Bemühen der Arbeitsgruppe war es, in diesem Buch sowohl die Bedürfnisse des Managers und Fachmanns für die Qualitätssicherung abzudecken, als auch dem Software-Entwickler praktische Anleitungen für den Einsatz der dargestellten Methoden zu bieten. Der Leser soll bei der Umsetzung von gesichertem Wissen in die Praxis der Software-Entwicklung unterstützt werden.

Es werden Methoden dargestellt,
- um Zuverlässigkeit zu erreichen (konstruktive Maßnahmen),
- um die Einhaltung der konstruktiven Regeln nachzuweisen,
- um die Software in ihrer Betriebsumgebung zu validieren bzw. zu verifizieren,
- um die erreichten Zuverlässigkeits-Kennwerte zu ermitteln und
- um Prognosen über die Zuverlässigkeit im Betrieb zu ermöglichen.

Die Praxis zeigt, daß nach wie vor Programme eingesetzt werden, über deren Zuverlässigkeit keine quantitativen Angaben vorliegen, obwohl sie die Zuverlässigkeit umgebender Anwendungen stark beeinflussen können (z. B. komplexe Betriebssysteme). Dadurch sind Voraussagen über die Zuverlässigkeit des realisierten Gesamtsystems unmöglich. Das unterstreicht die Notwendigkeit und Bedeutung qualitativer und quantitativer Bewertung der

Software-Zuverlässigkeit für Komponenten und der daraus aufgebauten Gesamtsysteme.

2.2 Geschichtliche Entwicklung programmtechnischer Stilrichtungen

Während der Entwicklung und Veränderung der Programmiertechnik im Laufe der Zeit sind verschiedene Stilrichtungen entstanden, deren Besonderheiten und Auswirkungen auf die Zuverlässigkeit in einem kurzen historischen Exkurs dargestellt werden.

Der Exkurs beginnt mit den Verhältnissen vor der ersten großen Stildiskussion Ende der 60er Jahre.

2.2.1 Anfänge der Programmierung

Programmiert wurde in Assembler oder in einer der, wie man damals sagte, problemorientierten Programmiersprachen, COBOL, FORTRAN u.ä. Man wagte sich auch an größere Aufgaben heran, das Programmieren entwuchs dem "Programmieren-im-Kleinen" und wurde "Programmieren-im-Großen" /DeR75/. Zuverlässigkeit versuchte man durch Einsatz von Mann-Monaten zu erreichen /Bro75/. Der Mißerfolg drückte sich im Aufkommen des Schlagworts der Software-Krise aus.

2.2.2 Strukturierte Programmierung

Die erste Stildiskussion - und es war eine harte, langwährende Diskussion - brachte das Strukturierte Programmieren /Dah72, Dij76/. Das Ergebnis war eine Einschränkung, eine bewußte Disziplinierung des Vorgehens beim Programmieren: Nicht mehr die freie Gestaltung der Programmablaufstruktur war gefragt, wie von der maschinennahen Programmierung gewohnt; es wurden nur noch die Ablaufkonstrukte der Sequenz, der Fallunterscheidung und der kontrollierten Wiederholung eingesetzt. Konsequenzen daraus waren das Entdecken der Arbeitsweise *schrittweises Verfeinern* /Wir71/ und das textuelle Strukturieren, um die Lesbarkeit von Programmen und das Eindringen in ihre Bedeutung zu erhöhen bzw. zu erleichtern. Damit einher ging die Erkenntnis, daß es sich empfiehlt, nicht nur über Maschinen und Programme nachzudenken, sondern auch über die Methodik des Vorgehens beim Programmieren. Das Software-Ingenieurwesen war aus der Taufe gehoben /Nau69/.

Von den ersten Ansätzen zu dieser ersten Stildiskussion in universitären Zirkeln (um 1968) bis zur breiten Akzeptanz in der Praxis dauerte es mehr als 10 Jahre. Ohne Zweifel ergab sich daraus ein starker positiver Impuls für die Software-Zuverlässigkeit (wenn es damit nicht überhaupt erst möglich wurde, darüber zu sprechen).

2.2.3   Modulare Programmierung

Mit dem wachsenden Umfang der Programmieraufgaben wurde es unzweckmäßig, immer einen gesamten Programmkomplex zu übersetzen, und mit der damit zwangsweise gekoppelten Erhöhung des Programmieraufwands wurde es undurchführbar, nur einen Programmierer mit der Gesamterstellung eines Programms zu betrauen. Die jeweiligen Anforderungen an beteiligte Moduln mußten festgelegt werden. Das Modulare Programmieren kam auf /Par72a, Par72b, Wir77, Wir80, Wir85/.

Ein Ergebnis dieser zweiten Stildiskussion (so viel Diskussion gab es da gar nicht, weil eigentlich jeder die Notwendigkeit anerkannte und auch keine liebgewordenen Gewohnheiten aufgegeben werden mußten) war das Abfordern zusätzlicher Angaben vom Programmierer im Programmtext, um das Behandeln der Moduln durch einen Übersetzer möglich zu machen bzw. zu erleichtern: Strenge Typisierung und das Einführen von Export-/Importklauseln sind zu erwähnen. Ohne Zweifel brachte das eine Erhöhung der Software-Zuverlässigkeit. Der Zeitraum, um den es ging, um diesen Stil einzuführen, war wesentlich kürzer, etwa 1968 bis 1973; der Zwang der immer deutlicher werdenden Software-Krise machte es möglich.

Ein zweiter, nicht minder wichtiger Gegenstand dieser Diskussionsperiode war die Erkenntnis, daß es zu einem guten Programmierstil gehört, die gegenseitigen Annahmen, die in Moduln gegenüber anderen Moduln eingebaut sind, zu dokumentieren. Aus

8

der Anforderungsspezifikation entstand die Schnittstellen-Spezifikation /Par72a, Par72b, Dij76/. Das gab Anstoß zur Entwicklung von Spezifikationssprachen (die noch nicht abgeschlossen ist), zum Ausarbeiten eines Programmentwicklungsmodells (das Phasenmodell, /Boe76, Boe77, Boe81/), auch zum Aufgreifen der Forderung nach Verifikation der Programme gegenüber ihrer Spezifikation /Hoa69, Hoa73, Grs76/.

Die Diskussion über den modularen Programmstil begann um 1970. Ausgangspunkt waren wieder universitäre Zirkel. Etwa 1978 wurde die Diskussion auch in die Praxis hineingetragen. Die Ergebnisse der Diskussion sind bis heute noch nicht voll in die Praxis umgesetzt, und dies, obwohl eigentlich die Notwendigkeit nie in Frage gestellt war. Es fehlte und fehlt an einer 'griffigen', auch vom Durchschnittsprogrammierer mit angemessenem Aufwand durchführbaren, vollständigen Lösung seiner Programmierprobleme. Wäre diese vorhanden, hätte das sicherlich große positive Auswirkungen auf die Software-Zuverlässigkeit. Erreichte Teillösungen, die es selbstverständlich gibt, bestätigen dies überzeugend.

2.2.4   Objektorientierte Programmierung

Strukturierung des Programmablaufs und Strukturierung der Programmieraufgabe führten zu den beiden erstgenannten programmtechnischen Stilrichtungen, Strukturierte Programmierung und Modulare Programmierung. In diese Entwicklungslinie stellen wir als dritte und neueste Stilrichtung die objektorientierte Programmierung. Ausgangspunkt für die Diskussion darüber (etwa 1973 - 1975) waren Ideen zur Datenkapselung, zu den abstrakten Datentypen. Nicht mehr der Programmablauf als einmaliges Ereignis, angewandt auf in Dateien gespeicherte oder ad hoc eingebrachte Daten, steht im Vordergrund der Strukturierung, sondern das über längere Zeit existente Datenobjekt als Abbild einer Gegebenheit der Realität bildet den Ausgangspunkt der Programmieraufgabe, die vor allem dann Änderungs- und Verknüpfungsmöglichkeiten unter Datenobjekten aufzugreifen hat /Lis74, Gut77, Sha84/. Unterstützt wurde dieser Ansatz durch das Wachsen des Verständnisses über Datenbeschreibung in Klassen. Klassenhierarchien, gebildet durch eine Erbungsrelation unter Klassen, erwiesen sich als geeignete, aussagekräftige Strukturierungsmittel der in einem Programm zu modellierenden Gegebenheiten der Realität /Weg90/.

Zu der heutigen Diskussion des objektorientierten Programmierens trug dann, etwa ab 1978, eine andere Entwicklung noch entscheidend bei: Das Aufkommen des interaktiven Umgangs mit Rechnern am Arbeitsplatz und dabei besonders das sogenannte direktmanipulative Arbeiten, das auch und gerade unter einem objektorientierten Gesichtspunkt verstanden werden kann (ein Objekt als Abbild einer Gegebenheit der Realität findet eine Visualisierung auf dem Bildschirm und das manipulierende Umgehen mit dieser Visualisierung ist gleichbedeutend mit dem Auslösen einer Änderungs- bzw. Verknüpfungsoperation an dem Objekt /Shn83, Kay77/).

Erbungsmechanismen in den Daten, die im Zusammenhang mit objektorientiertem Programmieren wieder etwa ab 1975 entstanden, sehen wir auch als ein Rationalisierungsmittel, um den Programmumfang herabzusetzen, der sich durch Wiederholen von (sich dann u. U. sogar bei Nachlässigkeit des Programmierers widersprechenden) Objektbeschreibungen ergeben würde.

Der Programmierstil des objektorientierten Programmierens bietet methodisch einen Fortschritt hinsichtlich der Software-Zuverlässigkeit, da einmal die Artefakte dieser Art der Programmentwicklung (Objekte, Operationen an Objekten) wesentlich problemorientierter sind (Abbilden von Gegebenheiten der Realität) als diejenigen der beiden anderen genannten Programmierstile; zum anderen bietet objektorientiertes Programmieren erstmals eine brauchbare Lösung des Problems des sicheren Wiederauffindens und Wiederverwendens von Software-Stücken (jetzt, mit gewissem Wandel der Begriffsbedeutung, auch als Software-Moduln bezeichnet), die vorgeprüft sein können, dann aber über die bereits erwähnten Erbungsmechanismen in den Operationen an spezielle Aufgaben angepaßt werden können.

Leider fehlen darüber noch breite Erfahrungen.

Der Stand der Entwicklung dieses Programmierstils und die Diskussion darüber ist u. E. noch nicht so weit, daß die volle Einführung in der Praxis schon vollziehbar ist. Wir vermuten aber, daß

10

dieser letzte Schritt bald vollzogen werden kann, wenn man - ähnlich wie beim Strukturierten Programmieren - das objektorientierte Programmieren als einen auch durch Einschränkungen bzw. Disziplinieren der Ausdrucksmöglichkeiten in traditionellen Programmiersprachen erreichbaren Weg ansieht. Hier sollte man auch besonders an das Verständnis denken, das in der objektorientierten Sprache Eiffel als Ausgangspunkt gewählt wurde /Mey88a, Mey88b/, nämlich Programmieren als Kontrakt, wodurch auch für den modularen Programmierstil der (für einige der oben genannten Aspekte wie Spezifikation und Verifikation noch fehlende) Weg in die Praxis bereitet wäre.

2.3   Software-Zuverlässigkeit und andere Software-Qualitätsmerkmale

Qualität von Software ist die Beschaffenheit von Software bezüglich 'ihrer Eignung, festgelegte und vorausgesetzte Erfordernisse zu erfüllen' (nach ISO 8402 bzw. der Deutschen Begriffsnorm DIN 55 350, Teil 11).

Bestimmend für die Qualität sind Qualitätsmerkmale (siehe DIN 55 350, Teil 11). Qualitätsmerkmale von Software sind nach /DGQ86/ Anpaßbarkeit, Benutzbarkeit, Effizienz, Funktionsabdeckung, Korrektheit, Instandsetzbarkeit, Portabilität, Robustheit, Sicherheit, Verknüpfbarkeit, Wiederverwendbarkeit und Zuverlässigkeit.

Die in anderen Quellen, z. B. /Art85, Deu88/, aufgeführten Qualitätsmerkmale unterscheiden sich nach Inhalt und Anzahl erheblich. Weitgehende Übereinstimmung besteht bezüglich der Zuverlässigkeit. Sie wird in fast allen Quellen als Qualitätsmerkmal von Software genannt.

Software-Zuverlässigkeit ist demnach

> Teil der Qualität im Hinblick auf das Verhalten der 'Software' während oder nach vorgegebenen Zeitspannen bei vorgegebenen Anwendungsbedingungen. /DIN40041/

Software-Zuverlässigkeit ist die Wahrscheinlichkeit, daß eine bestimmte Software während eines bestimmten Zeitraumes ohne

Versagen betrieben werden kann. Vorausgesetzt wird dabei, daß sie in der Systemumgebung betrieben wird, für die sie konzipiert wurde, und daß die Anwendungskonstellation im spezifizierten Rahmen liegt.

2.4   Software-Lebenszyklus

Bild 2-1 zeigt einen exemplarischen Lebenszyklus (Phasenmodell) der Systementwicklung unter besonderer Berücksichtigung der Software-Entwicklung. Das Modell entspricht auf seiner linken Seite dem traditionellen 'Wasserfall-Modell' /Roy70, DoD88/, das bereits in den 70er Jahren eingeführt wurde und sich in der Praxis weitgehend durchgesetzt hat. Aus diesen Gründen, und da sich die Kapitel 3 'Konstruktive Maßnahmen' und 4 'Nachweis der Software-Zuverlässigkeit' auch in den verwendeten Begriffen an diesem Phasenmodell orientieren, soll auf neue Modelle /BDa91/, z. B. objektorientierte /Boo86/ oder das 'Spiralmodell' /Boe88/, hier nur hingewiesen werden.

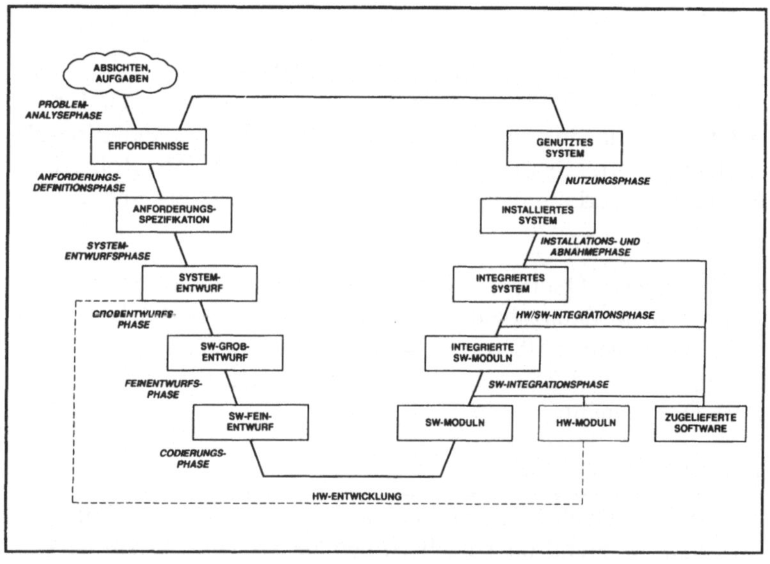

Bild 2-1: Phasenmodell der Software-Entwicklung

Die grundsätzlichen Prüfungen der Phasenprodukte sind im Lebenszyklus durch Pfeile dargestellt. Dabei sind die Prüfungen des

Entwurfs bzw. der Anforderungen ('Requirements') gegenüber ihren jeweiligen Vorgängerprodukten durch vertikale Pfeile gekennzeichnet, während die Prüfungen der Programme bzw. des Systems gegenüber der jeweiligen Referenz durch horizontale Pfeile und durch die Namen der ihnen entsprechenden Testphasen gekennzeichnet sind.

Das Modell ist beispielhaft. Je nach Umfang, Komplexität und vorgegebenen Randbedingungen können Phasen in einem konkreten Projekt zusammengefaßt oder müssen sogar noch verfeinert werden.

2.5 Schritte auf dem Weg zu zuverlässiger Software

Die Herstellung zuverlässiger Software erfordert in jeder der im obigen Bild dargestellten Phasen Maßnahmen, wie sie auch bei anderen Produkten selbstverständlich sind. Zuverlässigkeit läßt sich nicht erst am Ende der Entwicklung in die Software hineintesten oder -korrigierenn. Um eine gewünschte Zuverlässigkeit zu erreichen und diese auch nachweisen zu können, müssen die entsprechenden Aktivitäten den gesamten Software-Lebenszyklus begleiten.

Für die Zuverlässigkeit lassen sich drei Blöcke von Aktivitäten unterscheiden, die sich wechselseitig beeinflussen:
1. Festlegen von Zielen für die Zuverlässigkeit der zu erstellenden Software
2. Einsatz konstruktiver Maßnahmen zum Erreichen der Ziele
3. Anwendung von Nachweisverfahren zum Quantifizieren des Erfolgs und zur Steuerung der Projekte

In Anlehnung an das Phasenmodell in Bild 2-1 beginnt der Lebenszyklus der Software-Zuverlässigkeit mit der Analyse der Aufgaben bzw. Absichten, die durch das Gesamtsystem (Hardware und Software) umgesetzt werden sollen. In den Absichten bzw. der Aufgabe sind bereits neben inhaltlichen (funktionalen) Anforderungen auch qualitative Anforderungen enthalten. Eine dieser qualitativen Anforderungen betrifft die Zuverlässigkeit der späteren Lösung.

Um zuverlässige Software erhalten zu können, müssen zu Beginn der Arbeiten die Anforderungen an die Zuverlässigkeit ermittelt und in der Anforderungsspezifikation fixiert werden. Dafür sind keine speziellen Software-Kenntnisse erforderlich, wohl aber Kenntnisse des Anwendungssystems, in dem die Software installiert werden soll, z. B. Kenntnisse des Bankwesens, der industriellen Fertigung oder der Leittechnik. Die Zuverlässigkeitsanforderung sollte also vom Anwender bzw. Auftraggeber festgelegt werden. Sie muß in der Anforderungsspezifikation festgehalten werden (z. B. zahlenmäßig als Verfügbarkeit ausgedrückt). Sollen Versagen unterschiedlich gewichtet werden, so muß dies ebenfalls in der Anforderungsspezifikation festgeschrieben sein, genauso wie unterschiedliche Anforderungen an spezielle Applikationen oder Moduln. Alle Anforderungen, die in der Anforderungsspezifikation oder in späteren Dokumenten niedergeschrieben sind, sind zu quantifizieren. **Sie können von Software nur die Zuverlässigkeit erwarten, die Sie spezifizieren!**

Neben quantifizierten Anforderungen z. B. an die Zuverlässigkeit müssen in der Anforderungsspezifikation auch die vom Auftraggeber für notwendig erachteten konstruktiven Maßnahmen und Nachweisverfahren dokumentiert werden.

Das Festlegen von konstruktiven Maßnahmen bzw. Nachweisverfahren kann durch den Verweis auf Normen, Standards oder Literatur vereinfacht werden. Es sollte dann allerdings in späteren Phasen des Lebenszyklus genauer spezifiziert werden, welche Maßnahmen eingesetzt werden sollen, bzw. mit welchen Verfahren Ergebnisse nachgewiesen werden.

Gemäß den geforderten Zielen und Maßnahmen werden die konstruktiven Maßnahmen während der Software-Erstellung angewandt. Damit wird folgender Zweck verfolgt:
-   Erreichen der festgelegten Zuverlässigkeit, zumindest aber Verringern der Versagenswahrscheinlichkeit.
-   Erleichtern der Anwendung der Nachweisverfahren.

Das Buch stellt Maßnahmen bzw. Kombinationen von Maßnahmen vor, durch deren Einsatz
-   die Versagenswahrscheinlichkeit von Software bzw.
-   der Aufwand für den Nachweis der Zuverlässigkeit

verringert wird. Leider gestattet es der Stand der Technik noch nicht, den Erfolg jeder einzelnen Maßnahme quantitativ zu prognostizieren und zu erfassen.

In jeder Phase des Software-Lebenszyklus und beim Übergang von einer Phase zur nächsten werden Nachweisverfahren angewandt. Es lassen sich vier Gründe für den Einsatz der verschiedenen Nachweisverfahren, deren Einsatz zum Teil bereits in der Anforderungsspezifikation vorgeschrieben ist, unterscheiden:

1. Die Einhaltung der konstruktiven Maßnahmen zu belegen,
2. die Zuverlässigkeit (qualitativ) der Software zu validieren, zu verifizieren oder zu beweisen (Methoden sind z. B.: Tests, Beweise usw.),
3. Zuverlässigkeits-Kennwerte (quantitativ) zu ermitteln und
4. Prognosen über die Zuverlässigkeit im Betrieb zu ermöglichen.

Entsprechend der Zielsetzung des Nachweises kann zwischen verschiedene Verfahren ausgewählt werden. So kann die Einhaltung der geforderten konstruktiven Maßnahmen mittels statischer Analysen überprüft werden. Das Datenmaterial für die quantitative Ermittlung der Versagenswahrscheinlichkeit kann nur bei der Ausführung der Software gesammelt werden.

2.6 Zielsetzung und Zielgruppe des Buchs

Das Buch soll Empfehlungen für den Entwurf, die Produktion und Prüfung zuverlässiger Software sowie für die Quantifizierung der Zuverlässigkeit geben, die für technische und kommerzielle Software-Projekte gleichermaßen gelten.

Das Buch will als Zielgruppe

- Systemanalytiker,
- Programmierer,
- Tester,
- Qualitätssicherer und
- Projektleiter

erreichen, wendet sich aber auch an

- Auftraggeber,
- Anwender und
- Prüfstellen,

für die das Qualitätskriterium Zuverlässigkeit einen besonderen Stellenwert hat.

2.7 Hinweise zum Gebrauch des Buchs

Die einzelnen Kapitel des Buchs sind in sich abgeschlossen und so dargestellt, daß sie nicht die Lektüre anderer Kapitel voraussetzen. Dadurch kann sich z. B. eine bestimmte Zielgruppe auf die Lektüre der nur für sie relevanten Teile des Buchs beschränken. In den Anhängen werden einzelne Abschnitte der Kapitel vertieft und mit Beispielen erläutert.

ENT	COD	INT	INST	Kapitel des Buchs
X	X	X	X	3. Grundlagen
				4. Konstruktive Maßnahmen
X	X			4.1 Übergeordnete Prinzipien
X				4.2 Regeln für den Software-Entwurf
	X			4.3 Regeln für die Code-Gestaltung
				5. Nachweise
				5.1 Einführung
		X	X	5.2 Rechtsfragen
X	X			5.3 Informelle Nachweisverfahren
X	X	X		5.4 Statische Analysen
	X			5.5 Beweise
	X	X	X	5.6 Tests
			X	5.7 Einsatz und Betriebsbewährtheit
		X	X	5.8 Quantitativer Nachweis
				Anhang
	X			A Objektorientierte Programmierung
X	X			B Programmkorrektheitsbeweise
		X	X	C Zuverlässigkeitswachstumsmodelle

ENT=Entwurf   COD=Codierung
INT=Integration   INST=Installation

Tabelle 2-1: Zuordnung von Kapiteln zu Lebenszyklus-Phasen

SA[1]	PR	TE	QS	PL	AG	AN	Kapitel des Buchs
X		X	X	X	X	X	3. Grundlagen
							4. Konstruktive Maßnahmen
X	X		X				4.1 Übergeordnete Prinzipien
X			X				4.2 Regeln für den Software-Entwurf
	X		X				4.3 Regeln für die Code-Gestaltung
							5. Nachweise
X			X	X		X	5.1 Einführung
			X	X	X		5.2 Rechtsfragen
X	X		X				5.3 Informelle Nachweisverfahren
X	X		X				5.4 Statische Analysen
X	X		X		X		5.5 Beweise
	X	X	X				5.6 Tests
	X	X	X			X	5.7 Einsatz und Betriebsbewährtheit
	X	X	X	X			5.8 Quantitativer Nachweis
							Anhang
X	X			X			A Objektorientierte Programmierung
X	X		X		X		B Programmkorrektheitsbeweis
	X	X	X	X			C Zuverlässigkeitswachstumsmodelle

SA=Systemanalytiker   PR=Programmierer   TE=Tester
QS=Qualitätssicherer   PL=Projektleiter   AG=Auftraggeber
AN=Anwender

Tabelle 2-2: Zuordnung von Kapiteln zu Zielgruppen

---

[1] am Entwurf (Design) Beteiligte

Als Leitfaden zur zielgerichteten Lektüre ist in den Tabellen angegeben, für

- welche Phase des Software-Lebenszyklus (Tabelle 2-1),
- welche Zielgruppe (Tabelle 2-2) und
- welches angestrebte Ergebnis (Tabelle 2-3)

welche Kapitel relevant sind.

ZE	NZ	KV	AV	KE	ZP	Kapitel des Buchs
X	X	X	X	X	X	3. Grundlagen
						4. Konstruktive Maßnahmen
X	X					4.1 Übergeordnete Prinzipien
X	X				X	4.2 Regeln für den Software-Entwurf
X	X				X	4.3 Regeln für die Code-Gestaltung
						5. Nachweise
X			X	X		5.1 Einführung
						5.2 Rechtsfragen
		X	X			5.3 Informelle Nachweisverfahren
		X	X			5.4 Statische Analysen
		X	X			5.5 Beweise
		X	X			5.6 Tests
		X	X	X		5.7 Einsatz und Betriebsbewährtheit
			X	X		5.8 Quantitativer Nachweis
						Anhang
X	X				X	A Objektorientierte Programmierung
		X	X			B Programmkorrektheitsbeweise
				X	X	C Zuverlässigkeitswachstumsmodelle

ZE= Zuverlässigkeit erreichen

NZ= Nachweis der Zuverlässigkeit erleichtern

KV= Anwendung konstruktiver Maßnahmen validieren

AV= Applikation validieren bzw. verifizieren

KE= Zuverlässigkeitskennwerte ermitteln

ZP= Zuverlässigkeitsprognosen ermöglichen

Tabelle 2-3: Zuordnung von Kapiteln zu angestrebten Ergebnissen

2.8   Abgrenzung des Buchs

Im Buch werden alle Phasen des Software-Lebenszyklus zwischen der Anforderungsspezifikation, die als gegeben vorausgesetzt wird, und dem genutzten System (siehe Bild 2-1, Seite 12) abgedeckt. Nur die ersten Phasen, Problemanalyse und Anforderungsdefinition (mit Ausnahme der Vertragsprüfung) sowie wesentliche Teile der Nutzungsphase, wurden nicht betrachtet.

Um in vertretbarer Zeit ein Ergebnis vorlegen zu können, wurden die folgenden Themen ausgeklammert:

- hochzuverlässige Software
- Zuverlässigkeit des Gesamtsystems (Hardware/Software)
- Software-Zuverlässigkeitsmanagement und Vertragserstellung (siehe hierzu /BWB90/)
- Mensch-Maschine-Schnittstellen
- Wissensbasierte Systeme
- Spezielle Aspekte fehlertoleranter Systeme
- Software-Pflege (Änderung und Wartung)

Wissensbasierte Systeme wurden ausgeklammert, da der Stand der Technik auf diesem Gebiet noch nicht so weit konsolidiert ist, daß bereits Empfehlungen für den Praktiker in einem Buch gegeben werden könnten.

Auf spezielle Probleme fehlertoleranter Software-Systeme, z. B. deren Zuverlässigkeitskenngrößen und quantitative Nachweisverfahren, wurde nicht eingegangen, um den Rahmen des Buchs nicht zu sprengen.

Software mit extrem hohen Zuverlässigkeitsanforderungen wurde ausgeklammert, weil es hierfür eigene Normen gibt, z. B. /IEC880/. Zudem wendet sich das Buch an die große Gruppe normaler industrieller Software-Hersteller und -Anwender und nicht nur an den kleine Kreis der mit Sicherheitsfragen Befaßten.

3 Konzeptionelle Grundlagen der Software-Zuverlässigkeit

3.1 Einführung

Die Zuverlässigkeit von technischen Systemen, häufig beschrieben durch Kenngrößen wie Verfügbarkeit, Ausfallrate oder Überlebenswahrscheinlichkeit, ist eine der wichtigsten Qualitätseigenschaften dieser Systeme. Der zunehmende Einsatz der Mikroelektronik in fast allen Bereichen des Lebens führt dazu, daß man es immer häufiger mit technischen Systemen zu tun hat, die aus Hardware und Software bestehen. Zur Beschreibung der Zuverlässigkeit solcher Systeme gibt es eine Reihe von Ansätzen, aber bis heute keine präzisen und allgemein verbindlichen Angaben.

Der Grund für diese Situation ist, daß es nur für Hardware-Produkte eine allgemeingültige 'Begriffswelt' mit definierten Kenngrößen für die Zuverlässigkeit gibt /VDI91/. Im Bereich der Software haben sich definierte Begriffe und quantifizierbare Kenngrößen bis jetzt noch nicht durchgesetzt. In der Fachliteratur /Kop76, Mus87/ findet man zwar Vorschläge, die jedoch bis heute keine Allgemeingültigkeit erreicht haben. Die VDI-Arbeitsgruppe 4.1 Software-Zuverlässigkeit sah daher die Notwendigkeit, in einer Untergruppe die Grundlagen für eine entsprechende 'Begriffswelt' zu definieren. Ein wichtiger Gesichtspunkt war dabei, die Ansätze so zu formulieren, daß auf Grund der Zuverlässigkeitskenngrößen für Hardware und Software Aussagen zur Gesamtsystem-Zuverlässigkeit abgeleitet werden können.

Die Notwendigkeit der Zuverlässigkeitsbetrachtung eines technischen Systems ist dadurch gegeben, daß man ein Versagen des Systems nicht vollständig (im deterministischen Sinne) verhindern kann. Bei allen realen technischen Systemen bleibt ein (möglicherweise sehr kleines) Versagensrisiko.

Untersucht man die Gründe für das Versagen technischer Systeme, so können die Versagensursachen in 3 Gruppen eingeteilt werden (Bild 3-1).

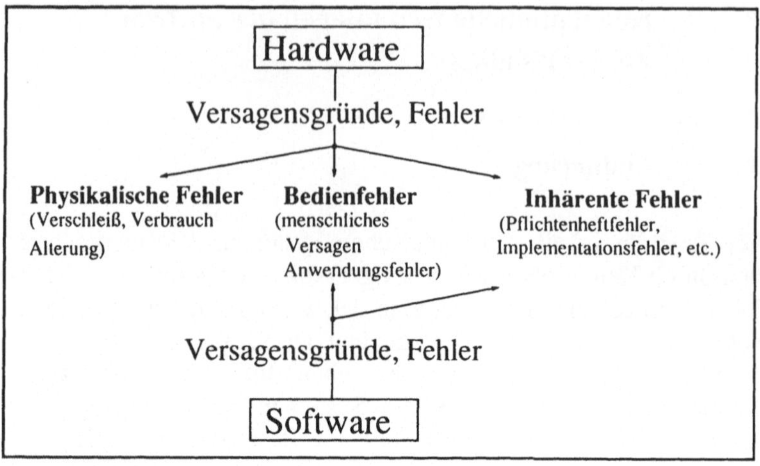

Bild 3-1: Fehler bei Hardware und Software

Bei Software und bei Hardware können Bedienfehler und inhärente Fehler (einschließlich Codierfehler) zum Versagen führen. Der wesentliche Unterschied zwischen Hardware und Software ist, daß bei Hardware physikalische Fehler durch Verschleiß, Alterung etc. als 3. Gruppe hinzukommen können.

Bedien-fehler

Die Bedienfehler, die bei Hardware- und Software-Systemen auftreten können, betreffen die Zuverlässigkeit des Systems nur mittelbar. Wie und in welchem Umfang ein System bedient werden muß, ist von der gestellten Aufgabe abhängig und wird wie alle übrigen Betriebsbedingungen durch die Anforderungsspezifikation vorgegeben. Ein Bedienfehler ist eine Bedienung, die vom vorgesehenen, spezifizierten Bedienungsumfang abweicht. Die Unempfindlichkeit eines technischen Systems gegenüber Abweichungen von den spezifizierten Betriebsbedingungen wird als Robustheit bezeichnet. Toleranz eines Systems gegenüber Fehlbedienungen ist daher ein substantieller Beitrag zur Robustheit. Robustheit ist zwar eine Qualitätskenngröße, aber primär keine Zuverlässigkeitskenngröße. Sie beeinflußt die Zuverlässigkeit nur dann, wenn eine in der Anforderungsspezifikation geforderte Robustheit nicht erreicht und dadurch ein Systemversagen ausgelöst wird.

Das Problem der Definition von Begriffen und Kenngrößen zur Software-Zuverlässigkeit reduziert sich also auf die Hardware und Software gleichermaßen betreffende Frage der Einbeziehung von inhärenten Fehlern in Aussagen und Kenngrößen zur Zuverlässigkeit. Dabei ist zu beachten, daß inhärente Fehler, zu denen auch Implementierungsfehler gehören, bei Hardware sehr häufig nicht von Fehlern durch Alterung oder Verschleiß unterschieden werden. Man kann davon ausgehen, daß bei komplexen elektronischen Hardware-Systemen, wie z. B. Mikroprozessoren, auch inhärente Fehler eine wichtige Versagensursache sind.

3.2 Grundsätze der Zuverlässigkeitsbeschreibung bei physikalischen Fehlern

Das Ausfall-/Versagensverhalten technischer Erzeugnisse und Systeme, das durch Überlebenskenngrößen einfach beschrieben werden kann, beginnt als Extremfall mit dem streng determinierten, eindeutig vorhersagbaren und stets meßbaren Verbrauch eines Lebensdauer-Vorrats (praktisch z. B. weitgehend realisiert beim Abnutzen von Autoreifen oder beim Benzinverbrauch mit dem Versagensfall 'Tank leer'). Bei solchen Abnutzungsvorgängen (Alterung, Verschleiß, Materialverbrauch) läßt sich als Überlebenskenngröße der jeweils verbleibende restliche Lebensdauer-Vorrat heranziehen. Je nach den Abnutzungsbedingungen und dem zweckmäßigsten Meßverfahren kann dieser z. B. in mm Profildicke, % Füllung o.ä. gemessen werden oder als restliche Kalenderzeit, Betriebszeit oder Zyklenanzahl bis zum Lebensdauer-Ende. Üblicherweise vermeidet man derartige Ausfälle durch entsprechende Anweisungen in der Betriebsanleitung. Durch rechtzeitig eingeleitete Maßnahmen lassen sich diese Ausfälle vollständig vermeiden. Sie werden daher bei Zuverlässigkeitsbetrachtungen im allgemeinen nicht berücksichtigt.

Im anderen Extrem reicht das Ausfall-/Versagensverhalten bis hin zum rein zufälligen, zeitlich völlig unbestimmten Ausfall/Versagen mit konstanter Ausfall-/Versagensrate λ bzw. mit der mittleren ausfall-/versagensfreien Zeit (Mean Up Time) MUT = $1/\lambda$, bis zu der z. B. noch rund 37% eines Anfangsbestandes überleben. Beim radioaktiven Zerfall entspricht dies einer Halbwertszeit

$\tau=(\ln 2)/\lambda$, bis zu der das Überleben von nur noch der Hälfte des Anfangsbestandes zu erwarten ist. Grundlage bildet hier die Exponentialverteilung.

Zwischen diesen extremen Überlebensmodellen und deren Kenngrößen liegt eine Vielzahl denkbarer Mischformen, die durch unterschiedliche Ansätze für die Ausfallrate $\lambda(t)$ beschrieben werden können. Um $\lambda(t)$ zu ermitteln, ist eine statistische Fehlerbetrachtung erforderlich. Die Daten dazu können sowohl für ein genügend großes Kollektiv nichtreparierbarer Systeme als auch für ein reparierbares Einzelsystem definiert und ermittelt werden.

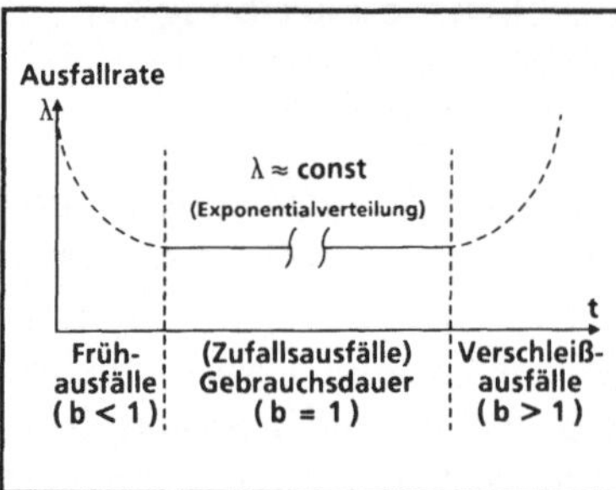

Bild 3-2: Badewannenkurve

Bei den reparierbaren Einzelsystemen geht man dabei davon aus, daß der Fehler sofort nach dem Auftreten beseitigt wird und das System wieder voll funktionsfähig ist. Zur Beschreibung der Zuverlässigkeit bei nicht eindeutig vorhersehbaren physikalischen Fehlern wird $\lambda(t)$ häufig aus der Weibullverteilung abgeleitet.

$$\lambda(t) = \frac{b}{T}\left(\frac{t}{T}\right)^{b-1} \quad \text{mit } b \geq 0;\ T > 0$$

b = Formparameter
T = Lageparameter

Die zweiparametrige Weibullverteilung beschreibt zumindest abschnittsweise die bei technischen Systemen häufig beobachtete 'Badewannenkurve' (Bild 3-2) recht gut.

An die Phase der Frühausfälle, durch anfängliche Schwachstellen bedingt (mit abnehmender Ausfallrate), schließt sich diejenige der Zufallsausfälle an (mit praktisch konstanter bzw. beschränkter Ausfallrate) und schließlich diejenige der Abnutzungsausfälle (mit ansteigender Ausfallrate).

Über die Ausfallrate $\lambda(t)$ ist die Zuverlässigkeitsfunktion (Überlebenswahrscheinlichkeit, reliability) R(t) bestimmt. *Ausfallrate*

$$R(t) = \exp\left(-\int_0^t \lambda(t)\,dt\right)$$

Als Ausfallwahrscheinlichkeit (Ausfallverteilung) ergibt sich:

$$F(t) = 1 - R(t).$$

Für reparierbare Systeme mit konstanter Ausfallrate wird als Zuverlässigkeitskenngröße meist die mittlere Verfügbarkeit V angegeben. Sie ist für beobachtbare Systeme:

$$V = \frac{MUT}{MUT + MDT}$$

MUT = $1/\lambda$ = Mean Up Time (meist MTBF, Mean Time Between Failures)

MDT = Mean Down Time (meist MTTR, Mean Time To Repair, aber eigentlich alle Zeiten des Nicht-zur-Verfügung-Stehens)

3.3 Statistisch-phänomenologische Behandlung von inhärenten Fehlern auf der Basis des Anforderungsprofils

Ein Hardware- oder Software-System besteht im allgemeinen aus mehreren Funktionseinheiten. Ein Rechnerprogramm enthält z. B. viele verschiedene Programmzweige, die jeweils nur bei ganz bestimmten Anforderungskonstellationen durchlaufen werden. Wann ein inhärenter Fehler zu einem Versagen führt, hängt davon ab, wann die entsprechende Anforderungskonstellation auftritt, bei der die fehlerhafte Funktion in Anspruch genommen wird. Beim Betrieb komplexer Systeme tritt im allgemeinen ein häufiger und nur schwer vorhersehbarer Wechsel der einzelnen Anforderungen auf, der z. B. durch den Wechsel bei Eingangsdaten oder Betriebsbedingungen bestimmt wird.

Zweckmäßigerweise beschreibt man dies über die Wahrscheinlichkeit, mit der bestimmte 'Anforderungskonstellationen' in einer Betrachtungszeit auftreten. Beispiel für eine Anwendung oder den

Anwendungsfall einer Automatisierungssoftware ist der automatisierte Fertigungsprozeß einer Firma. Jeder bestimmte Betriebszustand dieses automatisierten Fertigungsprozesses stellt über die dabei anfallenden Signale, Meßwerte und Daten für die Software eine Anforderungskonstellation dar, bei der nur eine ganz bestimmte Teilmenge des vorhandenen Funktionsumfanges genutzt wird.

Jede Anwendung oder jeder Anwendungsfall ist also gekennzeichnet durch die Menge der Teilfunktionen, die genutzt werden, und durch die Häufigkeit, mit der sie in der Betrachtungszeit in Anspruch genommen werden. Man kann daher jede Anwendung durch ein Operationsprofil entsprechend dem Bild 3-3 beschreiben.

Bei Anwendungen komplexer Software sind die möglichen Anforderungskonstellationen und damit das Operationsprofil häufig nicht vollständig bekannt bzw. seine Vollständigkeit kann nicht bewiesen werden.

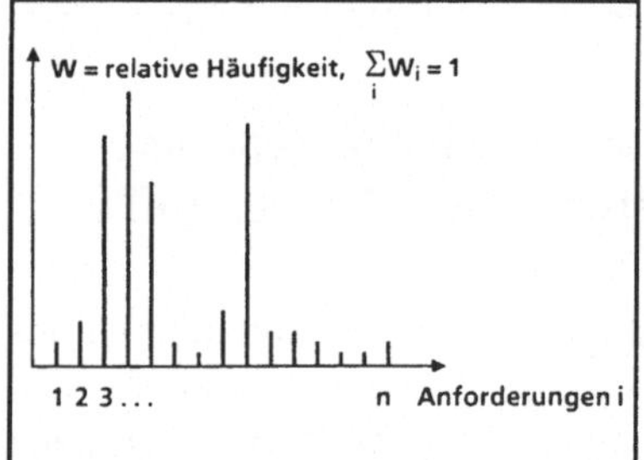

Bild 3-3: Operationsprofil

Vollständig durch Tests verifizierbare Systeme stellen dabei den Sonderfall dar, bei dem das Operationsprofil vollständig bekannt und soweit überschaubar ist, daß es vollständig in ein Test-Operationsprofil abgebildet werden kann.

Sofern das Auftreten der Anforderungen statistisch-phänomenologisch beschrieben werden kann, kann man einen probabilistischen Ansatz für das Versagen machen. **Über die Einführung einer Rate für das Wirksamwerden von inhärenten Fehlern $\lambda^*(t)$ (Versagensrate) kann die Zuverlässigkeitsfunktion R(t) oder die Verfügbarkeit V berechnet werden.** Über die zeitliche Inanspruchnahme der Funktionen i in einem gegebenen Operationsprofil wird die Zeit als Variable der Versagensrate eingeführt. Grundsätzlich besteht hier Analogie zwischen Software und Hardware, denn auch bei der Hardware wird im allgemeinen das Operationsprofil über eine

26

mehr oder weniger präzise Definition der Betriebsbedingungen vorgegeben. Prinzipiell können also inhärente Fehler nach dem gleichen statistischen Ansatz behandelt werden wie physikalische Fehler.

Auf die Unterscheidung zwischen inhärenten Fehlern und Verschleißausfällen bei Hardware kann für Zuverlässigkeitsbetrachtungen verzichtet werden, wenn man einige dadurch implizierte Einschränkungen berücksichtigt. Die wichtigste Einschränkung ist, daß gängige Zuverlässigkeitsaussagen dann, wenn inhärente Fehler einbezogen werden, nur für das vorliegende Operationsprofil und damit nur für die jeweilige Anwendung gelten. Nur dann, wenn das Operationsprofil alle Teilfunktionen mit gleicher Häufigkeit anspricht, ist eine Übertragung der Zuverlässigkeitskenngrößen von einer Anwendung auf eine andere uneingeschränkt möglich. Von einer anwendungsunabhängigen Produkt-Zuverlässigkeit kann man nur dann sprechen, wenn bei der Ermittlung der Kenngrößen das gesamte Funktionsspektrum gleichwertig abgedeckt ist, oder wenn die Fehlerfreiheit entsprechend Kapitel 5.4 bewiesen wird. Diese Ansätze gelten im wesentlichen für Fehler, die ein Versagen nach sich ziehen. Für 'nicht beobachtbare' Fehler (z. B. bei Sicherheitssystemen) kann in Analogie zu nicht beobachtbaren physikalischen Fehlern vorgegangen werden.

Ein fehlerbehaftetes System ist stets ein unkorrektes System. Es ist durch physikalische Fehler und inhärente Fehler (Programmierfehler) gekennzeichnet. Ein Versagen tritt auf, wenn das System unkorrekt ist und wenn eine Anforderung gestellt wird, die diese Abweichung von geforderter (üblicherweise in der Anforderungsspezifikation) und realisierter Funktion sichtbar macht /Gra90, NTG82/.

Die Software-Zuverlässigkeit, wie sie hier behandelt wird, bezieht sich auf das Versagen, während sich die klassische (Bauelemente-) Zuverlässigkeit auf das Eintreten der Unkorrektheit bezieht. Bei der klassischen Bauelemente-Zuverlässigkeit wird aus praktischen Gründen häufig zwischen Eintreten der Unkorrektheit und Versagen nicht unterschieden. Dennoch muß man bei der Berechnung und bei der Modellbildung Unkorrektheitswahrscheinlichkeiten und Versagenswahrscheinlichkeiten auseinanderhalten. Das Rechnen mit Korrektheitswahrscheinlichkeiten folgt denselben Regeln wie das Rechnen mit Verfügbarkeiten in den klassischen (Bauelemente-) Ansätzen zur Zuverlässigkeit.

Das Rechnen mit Versagenswahrscheinlichkeiten ist dagegen sehr viel komplizierter. Dies gilt insbesondere bei redundanten und fehlertoleranten Systemen. Da bewiesen korrekte Software in der heutigen Praxis die Ausnahme ist, geht man im vorliegenden Ansatz von der pessimistischen Annahme unkorrekter Software aus (Korrektheitswahrscheinlichkeit = 0) und betrachtet das Versagensverhalten.

3.4 Die Versagensrate und abgeleitete Kenngrößen bei Software

Software ist ein technisches Produkt, bei dem ausschließlich inhärente Fehler und keine physikalischen Fehler auftreten. Software bietet sich daher für Betrachtung und Untersuchung der Auswirkungen von inhärenten Fehlern direkt an.

Für Zuverlässigkeitsbetrachtungen müssen geeignete Schätzfunktionen für die Versagensrate $\lambda^*(t)$ gefunden werden. Zu praktikablen Schätzfunktionen und damit zu Aussagen über die Zuverlässigkeit kommt man nur, wenn $\lambda^*(t)$ auch experimentell bestimmt bzw. überprüft werden kann, d. h. wenn man die Versagenshäufigkeit über definierte Zeiten beobachtet. Will man Aussagen zur Zuverlässigkeit eines Produktes nicht erst am Ende der Lebensdauer eines Produktes oder Produktkollektives machen, müssen Beobachtungszeiträume festgelegt werden, in denen $\lambda^*(t)$ bestimmt werden kann. Die so bestimmte Funktion $\lambda^*(t)$ wird dann als Schätzung für die gesamte Lebensdauer genommen.

Bei der Ableitung einer Schätzfunktion für $\lambda^*(t)$ muß das breite Einsatzgebiet der Software betrachtet werden. Es reicht von in großen Stückzahlen ausgelieferten Versionen im Consumer-Bereich bis zu hochkomplexen Unikaten in der Prozeßleittechnik oder der Wehrtechnik. Es ist daher unter Zuverlässigkeitsgesichtspunkten zwischen reparierbaren (gepflegten oder gewarteten) Systemen und nicht reparierbaren Systemen zu unterscheiden. Bei nicht reparierbaren Systemen werden erkannte Fehler nicht beseitigt.

Ob eine bestimmte Software ein reparierbares oder ein nicht reparierbares Produkt ist, wird im allgemeinen vom Hersteller festgelegt. Er entscheidet, ob erkannte inhärente Fehler repariert werden oder ob gegebenenfalls ein fehlerhaftes Software-System durch ein neues ersetzt wird. Es kann sogar sein, daß ein Hersteller seine Software am Markt als nicht reparierbares System deklariert, obwohl er es intern als reparierbares Produkt behandelt und das reparierte (fehlerbeseitigte) System als neues Produkt auf dem Markt plaziert. Der Hersteller hat hier einen relativ großen Ermessensspielraum, der unter technischen, kommerziellen oder marktstrategischen Gesichtspunkten genutzt wird.

Im Sinne dieses Buches müssen jedoch Software-Versionen, die eine unterschiedliche Anforderungsspezifikation erfüllen oder die ein vorgegebenes Operationsprofil mit unterschiedlichen Programmstrukturen bedienen, als neues Produkt bezeichnet werden. Aus der Sicht des Anwenders bedeutet dies, daß in ihrem Funktionsumfang geänderte oder erweiterte Software grundsätzlich als neues Produkt gilt. In diesem Sinne sind z. B. neue Betriebssystemversionen neue Produkte.

Software-Pflege ist daher allein die Beseitigung inhärenter Fehler eines Produkts. Pflege im Sinne von Weiterentwicklung muß dem Entwurf eines neuen Produktes zugerechnet werden.

3.4.1 Nicht reparierbare Systeme

Für nicht reparierbare Systeme können Versagensrate $\lambda^*(t)$ und Überlebenswahrscheinlichkeit $R(t)$ nur an entsprechend großen Kollektiven ermittelt werden. Für den Bereich der Software bedeutet dies, daß dieselbe Software in großer Zahl bei gleichem oder vergleichbarem Operationsprofil eingesetzt wird. Beispiele sind der Einsatz von Textsystemen in Sekretariaten, Schachprogramme oder Betriebssysteme von Homecomputern bei festem Anwenderprogrammpaket. Fehler werden hier nicht repariert. In bestimmten Zeitabständen folgen bestenfalls überarbeitete neue Versionen.

Macht sich bei derartiger Software ein inhärenter Fehler bemerkbar, muß damit in der Regel das System nicht weggeworfen werden. Üblicherweise ist nur eine mehr oder weniger untergeordnete Funktion nicht nutzbar. Im schlimmsten Fall muß das System neu gestartet (geladen) und auf die entsprechende Funktion verzichtet werden.

Da die Ursache für das Auftreten eines Fehlers, nämlich der Software-Entwurfsfehler, nicht beseitigt wird, ergibt sich ein gleichbleibendes Ausfallverhalten. In der Praxis ist es daher sinnvoll, aus einem genügend großen Kollektiv vergleichbarer Anwendungsfälle eine mittlere konstante Versagensrate λ^* zu ermitteln und daraus die Wahrscheinlichkeit für das Auftreten eines Fehlers als Exponentialverteilung

$$F(t) = 1 - e^{-\lambda^* t}$$

zu bestimmen. Dabei ist vorausgesetzt, daß die fehlerfreien Nutzungsintervalle groß gegenüber den Laufzeiten des Programms sind. Die in der Praxis ermittelte Versagensrate ist ein Schätzwert der tatsächlichen Versagensrate und sollte daher auch mit einem Vertrauensniveau versehen werden. Es fehlen jedoch bis heute allgemein anerkannte Definitionen zur experimentellen Ermittlung dieses Vertrauensniveaus. Vorschläge hierzu werden in Abschnitt 3.4.3, Seiten 33ff. gemacht.

Die Wahrscheinlichkeit für das Auftreten eines Fehlers gibt dann die Wahrscheinlichkeit für das Auftreten einer ganz bestimmten Anforderungskonstellation an, bei der das System die Anforderungsspezifikation nicht erfüllt.

Eine weitere mögliche Kenngröße für die Zuverlässigkeit nicht reparierbarer Systeme ist die Korrektheitswahrscheinlichkeit. Sie wird im weiteren aber nicht betrachtet, da immer von inkorrekten Systemen ausgegangen wird.

3.4.2   Reparierbare Systeme

Für reparierbare Systeme wird üblicherweise die Verfügbarkeit V als Zuverlässigkeitskenngröße herangezogen. Die für Hardware definierte Verfügbarkeit (siehe Abschnitt 3.2, Seiten 23ff.) gibt

30

die mittlere Wahrscheinlichkeit an, mit der das System verfügbar ist, d. h. die gestellten Anforderungen erfüllt. Die Verfügbarkeit ist dabei eine zeitunabhängige Zuverlässigkeitskenngröße, für die gilt:

$$V = \frac{MUT}{MUT+MDT} = \frac{1/\lambda}{1/\lambda+MDT}$$

wobei λ=const. angenommen wird.

Sieht man einmal von dem durchaus unerwünschten Fall ab, daß bei einer Beseitigung inhärenter Fehler neue Fehler gemacht werden, ist $\lambda^*(t)$ bei Software normalerweise eine abfallende Treppenfunktion über der Zeit. Mit jedem beseitigten inhärenten Fehler verringert sich bei gleichem Operationsprofil der Wert von λ^*. In dem mathematischen Ansatz für λ^* muß dem also Rechnung getragen werden. In der Fachliteratur /Mus87, Bec87, Bec89/ wurden in den vergangenen Jahren verschiedene Ansätze für Zuverlässigkeitswachstumsmodelle (Quality-Growth-Models) und damit für λ^* gemacht.

Die Modellansätze für λ^* sind entweder zeitbezogen oder fehlerereignisbezogen formuliert. Bei zeitbezogenen Ansätzen wird die Versagensrate direkt als Funktion der Zeit $\lambda^*(t)$ angesetzt mit:

$$\lim_{t \to \infty} \lambda^*(t) = 0$$

Bei den ereignisbezogenen Ansätzen geht man davon aus, daß das Software-System zu Beginn der Betrachtung eine unbekannte Fehlerzahl bzw. eine unbekannte Anfangsversagensrate hat. Das beim Auftreten des i-ten Fehlers geltende λ_i^* ist dann eine Funktion von i und den Anfangsbedingungen. λ_i^* ist die Versagensrate, die nach Auftreten und Beseitigung des i-ten Fehlers und vor Auftreten des (i+1)-ten Fehlers gilt. Auch hier gilt:

$$\lim_{i \to \infty} \lambda_i^* = 0$$

Bei den ereignisbezogenen Ansätzen ist der Zeitbezug indirekt über die in zeitlicher Reihenfolge auftretenden Fehlererkennungsereignisse vorhanden.

Die Parameter (in der Regel geht man von 2- bis 3-parametrigen Modellansätzen aus) des Ansatzes für λ^* müssen nun aus experimentell ermittelten Daten abgeschätzt werden. Von besonderer Bedeutung für die Gewinnung von tatsächlichen Daten zum Versagensverhalten eines Systems ist die Festlegung einer geeigneten Beobachtungszeit. Man benötigt ja Aussagen zur Zuverlässigkeit eines Systems zu Beginn und nicht erst am Ende der Lebensdauer.

Zur Zeitbasis werden in den verschiedenen Publikationen unterschiedliche Vorschläge gemacht. Es werden Kalenderzeiten, CPU-Zeiten, Programmlaufzeiten oder Testzeiten genannt. Von ganz besonderem Interesse ist die Ableitung von Verfügbarkeitsaussagen aus der Test-, Inbetriebnahme- und Probelaufphase, also aus der Zeit vor Übergabe des Software-Systems an den Endnutzer.

Verwertbare Daten für die Zahl der gefundenen Fehler pro Testzeitintervall sind jedoch nur zu erwarten, wenn

- Tests unabhängig sind,
- Tests bei voller Funktionalität des Testlings durchgeführt werden,
- Tests stets bei festgelegtem, nicht variablem Test-Operationsprofil durchgeführt werden,
- jeder gefundene Fehler sofort beseitigt wird (ersatzweise kann ein nicht sofort beseitigbarer Fehler nur einmal gezählt werden),
- Aufzeichnungen von Testzeiten und gefundenen Fehlern nach vorgegebenen Regeln erfolgen.

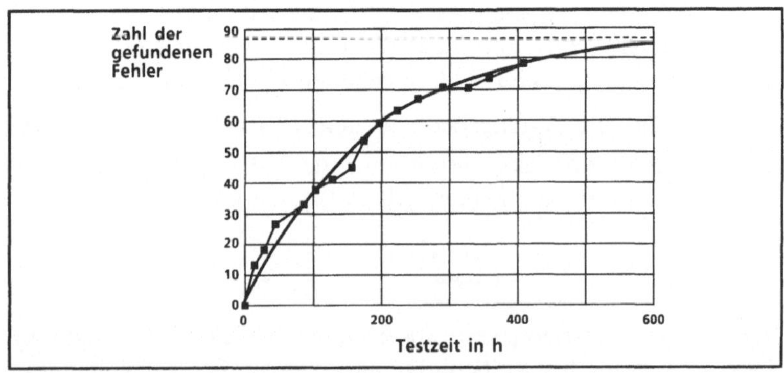

Bild 3-4: Anzahl beseitigter Fehler über kumulierten Test-Stunden

32

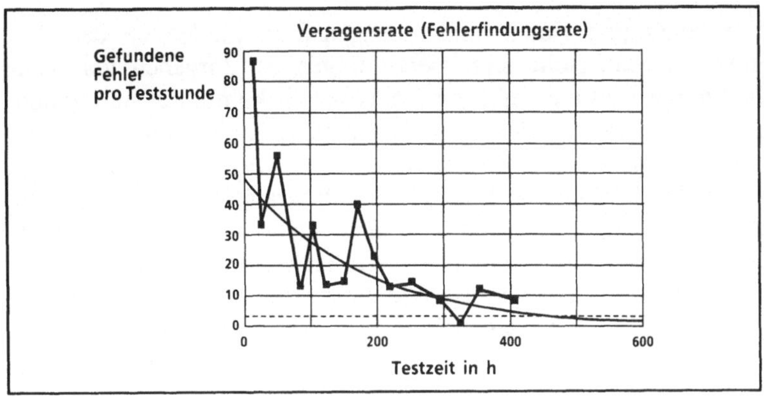

Bild 3-5: Anzahl beseitigter Fehler pro Test-Stunde über kumulierten Test-Stunden

Aus den ermittelten Fehlern bzw. der ermittelten Versagensrate (siehe Bild 3-4 bzw. 3-5) kann durch Interpolation (z. B. nach der Maximum-Likelihood-Methode) die Funktion $\lambda^*(t)$ bzw. λ_i^* ermittelt werden.

Streng genommen können daher für die Software-Verfügbarkeit nur Schätzwerte angegeben werden, die mit einem Unsicherheitsbereich behaftet sind. Angaben zur Software-Verfügbarkeit sollten daher mit einem Vertrauensniveau versehen werden. Vorschläge hierzu sind in Kapitel 3.4.3 zu finden. Näheres zu den theoretischen Grundlagen findet sich im Anhang C.

3.4.3 Ausgewählte Zuverlässigkeitswachstumsmodelle

Die Zuverlässigkeitswachstumsmodelle stellen einen Versuch dar, zu einer Schätzung für die Versagensrate λ^* zu kommen. Um auf Grund eines Zuverlässigkeitswachstumsmodells zu Aussagen zu kommen, sind zunächst Daten zu sammeln. Diese Daten können prinzipiell für ein Programm oder für eine kleinere Einheit, wie ein Modul, eine Task oder eine Prozedur, gesammelt werden; im folgenden sei unter einem 'Programm' das entsprechende Untersuchungsobjekt verstanden.

Die benötigten Daten sind versagensfreie Laufzeiten des Programms. Man stelle sich hierzu folgendes Vorgehen vor: Eine lauffähige Fassung des Programms wurde kompiliert und gebunden. Jetzt wird das Programm mit zufällig gewählten Eingabedaten (Testoperationsprofil) so oft gestartet, bis ein Fehler auftritt. Die dabei angefallene Laufzeit des Programms ergibt insgesamt die Zeit bis zum Versagen, also eine versagensfreie Laufzeit. Danach wird der Fehler korrigiert, das Programm erneut kompiliert und gebunden, und durch Laufenlassen mit dem Testoperationsprofil die nächste versagensfreie Laufzeit ermittelt. Dieser Ablauf wiederholt sich.

In einem realen Entwicklungs- bzw. Testprozeß kann es schwierig sein, diese versagensfreien Laufzeiten zu ermitteln, z. B. wenn mehrere Leute testen oder wenn es sich um einen Rechner handelt, der die Laufzeiten des Programms nicht automatisch erfaßt. Organisatorische Lösungen hierfür hängen stark vom jeweils verfolgten Entwicklungskonzept ab; es wird oft ein Kompromiß zwischen optimalen und möglichen Genauigkeiten erforderlich sein. Insbesondere, falls kleinere Einheiten als ein ganzes Programm betrachtet werden sollen, wird eine Instrumentierung zur Laufzeiterfassung erforderlich sein.

Ferner ist folgendes zu beachten:

- Das Testoperationsprofil muß repräsentativ für den zukünftigen Betrieb sein, wenn die gewonnenen Zuverlässigkeitsdaten darauf übertragen werden sollen. Ist dies nicht erreichbar, soll man das Testoperationsprofil so wählen, daß im Testbetrieb eine stärkere Beanspruchung erwartet wird als im zukünftigen Betrieb, um konservative Ergebnisse zu erhalten.

- Die im folgenden vorgestellten Modelle gehen davon aus, daß die versagensfreien Laufzeiten exponentialverteilt sind. In der Regel ist dies erst gegeben, wenn das Programm eine gewisse Stabilität erreicht hat. Für die Praxis heißt das, daß man mit der Datenerfassung erst dann beginnen darf, wenn das Programm einen nachweisbar ablauffähigen Zustand erreicht hat.

Je besser diese Voraussetzungen für die erfaßten Daten zutreffen, desto verwertbarer werden sie für die Wachstumsmodelle sein.

Das Bild 3-6 zeigt einen Datensatz aus der Literatur. Auf der Abszisse ist die laufende Nummer der gefundenen und beseitigten Fehler aufgetragen, auf der Ordinate der Logarithmus der Laufzeit seit dem jeweils vorhergehenden Fehler. Meist zeigt eine Darstellung nach Bild 3-6 einen annähernd linearen Trend. Es empfiehlt sich jedoch, dies für die eigenen Daten zu verifizieren, indem man einen entsprechenden Plot herstellt.

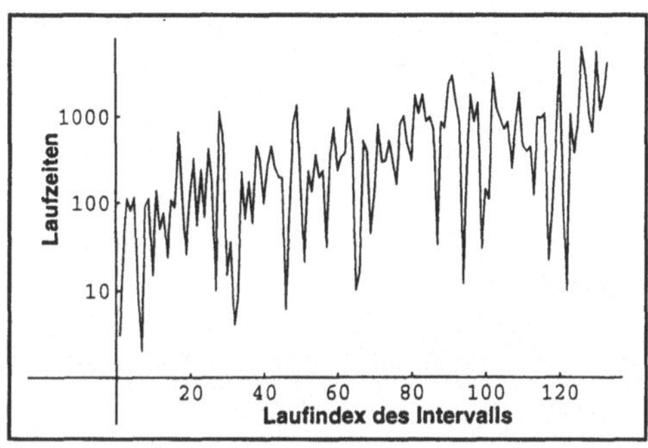

Bild 3-6: Versagensverhalten eines Programms /Mus75/, Zeit zwischen Fehlern über der Anzahl der gefundenen Fehler

Trends, wie sie beispielhaft in Bild 3-6 sichtbar werden, können mit Zuverlässigkeitswachstumsmodellen modelliert werden.

Ein Zuverlässigkeitswachstumsmodell geht davon aus, daß es eine treibende Ressource gibt, die einen Zuverlässigkeitsparameter in vorgegebener Weise beeinflußt. Wenn man von exponentialverteilten versagensfreien Laufzeiten ausgeht, so bietet sich als Zuverlässigkeitsparameter die Versagensrate λ^* an. Als treibende Ressource bietet sich zum Beispiel die Fehlerkorrektur an.

In diesem Fall würde man also ansetzen, daß sich die Versagensrate mit jeder Fehlerkorrektur in vorgegebener Weise ändert.

Ein Beispiel für ein solches Modell wird im folgenden Abschnitt vorgestellt. Die Wahl des Korrekturereignisses als treibende Ressource ist zwar naheliegend und realistisch, jedoch nicht die einzig mögliche. Alternativ wird auch die gesamte kulminierte Laufzeit während des Tests als treibende Ressource angesehen, die dann nicht zu spezifischen Zeitpunkten wirkt, sondern gleichmäßig über die Laufzeit verteilt. Ein Beispiel hierfür wird im Abschnitt 3.4.3.2, Seiten 37ff. vorgestellt.

Die beiden im folgenden als Beispiele beschriebenen Modelle zeichnen sich durch Einfachheit und Praktikabilität aus.

3.4.3.1   Das geometrische Modell von Moranda

Der im Bild 3-6 beobachtete lineare Trend im halblogarithmischen Maßstab gilt offensichtlich nur im Mittel, nicht aber für die versagensfreien Laufzeiten selber. Es liegt deshalb folgende, auf Moranda /Mor75/ zurückgehende Modellannahme nahe:

Seien T_i (i = 1...n) n beobachtete fehlerfreie Laufzeiten mit $T_i \neq 0$, so wird angenommen:

$$\frac{E\{T_{i-1}\}}{E\{T_i\}} = r$$

Dabei ist $E\{T_i\}$ der mathematische Erwartungswert der Zufallsgröße T_i. Mit der Annahme der Exponentialverteilung gilt:

$$E\{T_i\} = \frac{1}{\lambda_i^*}$$

Daraus gewinnt man sofort die dem Moranda-Modell zugrundeliegende Beziehung:

$$\frac{\lambda_i^*}{\lambda_{i-1}^*} = r \quad \text{bzw.} \quad \lambda_i^* = \lambda_1^* \, r^{\,i-1}$$

Auf Grund des Datenmaterials sind die beiden Parameter λ_1^* und r zu schätzen. Damit hat man die Verteilungen für alle T_i auf Grund der Modellannahme.

Trägt man die Versagensrate über der Laufzeit des Programms auf, so erhält man eine abschnittweise konstante Treppenfunktion, deren Stufen bei den Versagenszeiten T_i liegen.

3.4.3.2 Der logarithmische Poissonprozeß nach Musa und Okumoto

Ein Poissonprozeß ist gekennzeichnet durch eine Rate $\lambda^*(t)$, mit der betrachtete Ereignisse (hier Versagensfälle) eintreffen. Für die Versagenswahrscheinlichkeit W gilt:

$$\lambda^*(t)\, dt = W \qquad \{\text{ein Versagen tritt ein im Intervall } (t, t + dt)\}$$

Beim Poissonprozeß ist das von ihm beschriebene Ereignis nur vom Zeitpunkt t, nicht aber von der Vergangenheit abhängig. Die mittlere Anzahl der Versagensfälle bis zum Zeitpunkt t ist gegeben durch:

$$\mu(t) = \int_0^t \lambda^*(x)\, dx$$

Der im Bild 3-6 beobachtete lineare Trend im halblogarithmischen Maßstab wird durch die auf Okumoto und Musa zurückgehende Modellannahme nachgebildet:

$$\lambda^*(t) = \lambda_0^* e^{-\Theta\mu(t)}$$

Damit ergibt sich

$$\lambda^*(t) = \lambda_0^* \exp\left(-\Theta\int_0^t \lambda^*(x)\, dx\right)$$

Dieses Modell hat die beiden Parameter λ_0^* und Θ, da $\mu(t)$ durch $\lambda^*(t)$ gegeben ist. Setzt man $e^{-\Theta}=r$, so wird die Verwandtschaft zum im Abschnitt 3.4.3.1 vorgestellten Modell deutlich. Im Bild 3-6 entspricht die Abszisse der Größe μ und die Ordinate der Größe $\ln(\lambda_0^* / \lambda^*)$.

Betrachtet man in diesem Fall den Verlauf der Versagensrate über der Laufzeit des Programms, so erhält man durch Integration der Gleichung für $\lambda^*(t)$ die für diesen Modellansatz charakteristische Abhängigkeit

$$\lambda^*(t) = \frac{\lambda_0^*}{\lambda_0^*\Theta t + 1}$$

was keine Stufenfunktion, sondern eine kontinuierliche Funktion darstellt. Die Parameter dieser Funktion müssen aus den Testdaten ermittelt werden. Für $\mu(t)$ erhält man

$$\mu(t) = \frac{1}{\Theta} \ln (\lambda_0^* \Theta t + 1)$$

Auf Grund dieses Zusammenhanges hat das Modell seinen Namen erhalten.

3.4.3.3 Ein einfaches Regressionsmodell zur Parameterschätzung

Auf Grund des im Bild 3-6, Seite 35 beobachteten linearen Trends im halblogarithmischen Maßstab bietet sich das Verfahren der linearen Regression zur Parameterschätzung an. Als erstes ist eine Ausgleichsgerade für das Datenmaterial zu bestimmen; ihre Stützpunkte ergeben sich zu:

$$\overline{z_i} = \frac{\sum\limits_{j=1}^{n} \ln T_j}{n} + \left(i - \frac{n+1}{2}\right) \frac{\sum\limits_{j=1}^{n} j \ln T_j - \frac{n+1}{2} \sum\limits_{j=1}^{n} j \ln T_j}{\sum\limits_{j=1}^{n} \left(j - \frac{n+1}{2}\right)^2}$$

n = Gesamtzahl der Stützpunkte

$\overline{z_i}$ = Erwartungswert des Logarithmus der Ausfallzeiten T_i

Die Mittelwerte $\overline{z_i}$ sind asymptotisch normalverteilt; ihre Varianz ergibt sich zu:

$$\text{var}\{\overline{z_i}\} = \frac{\pi^2}{6n} \left(1 + \frac{12 \left(i - \frac{n+1}{2}\right)^2}{(n+1)(n-1)}\right)$$

Um zu einem Konfidenzbereich für die Ausgleichsgerade zu kommen, plottet man zusätzlich

$$z_{0i} = \overline{z_i} + t_\alpha \sqrt{\text{var}\{\overline{z_i}\}}$$

$$z_{ui} = \overline{z_i} - t_\alpha \sqrt{\mathrm{var}\{\overline{z_i}\}}$$

Hierdurch wird ein Konfidenzmaß für die Ausgleichsgerade angegeben, das mit wachsender Anzahl der Beobachtungen immer schmaler wird. Die Stützpunkte selbst können viel stärker streuen. Der Wert, den man für t_α einsetzt, bestimmt das Vertrauensniveau α.

Für genügend große Wertezahl i (i > 30) ergibt sich z. B.

$t_\alpha = 1$ $\alpha = 0{,}68$
$t_\alpha = 1{,}645$ $\alpha = 0{,}9$
$t_\alpha = 2$ $\alpha = 0{,}95$
$t_\alpha = 3$ $\alpha = 0{,}997$

Das Konfidenzniveau α gibt die Wahrscheinlichkeit an, mit der die wahren Erwartungswerte im durch z_{oi} und z_{ui} gegebenen 'Schlauch' liegen. Ein Konfidenzniveau von 90% ($t_\alpha = 1{,}645$) ist ein in der Sicherheitstechnik oft verwendeter Wert; er sei der leichten Vergleichbarkeit der Ergebnisse wegen auch hier empfohlen.

Es sei hier angemerkt, daß die Normalverteilung lediglich asymptotisch gilt. Für kleinere Kollektive kann in Anlehnung an die Praxis in der Meßtechnik (z. B. DIN 1319) für t_α der Studentfaktor $t_{\alpha n}$ eingesetzt werden. Schließlich sind aus der so gewonnenen Ausgleichsgeraden Schätzungen für die Ausfallraten λ_i^* zu ermitteln. Es gilt die Beziehung

$$\lambda_i^* = \exp(-C - E\{\ln T_i\})$$

mit C=0,5772 (Eulersche Konstante).

$\overline{z_i}$, z_{oi} und z_{ui} geben nun eine Schätzung für $E\{\ln T_i\}$, wobei sich

$$\lambda_i^* = \sqrt{\lambda_{oi}^* \, \lambda_{ui}^*}$$

ergibt. λ_i^* genügt, wenn man es wegen der Unsicherheiten als Zufallsvariable auffaßt, einer Lognormalverteilung, deren Medianwert sich zu

$$\lambda_i^* = \exp(-C - \overline{z_i})$$

ergibt. Die Lognormalverteilung wird üblicherweise durch einen Streufaktor k so charakterisiert, daß der tatsächliche Wert mit z.B. 90 % Konfidenzniveau im Intervall $(\lambda_i^*/k_i, \lambda_i^* k_i)$ liegt. Falls oben $t_\alpha = 1{,}645$ verwendet wird, erhält man z. B.:

$$k_i = \frac{\exp(-C - z_{oi})}{\exp(-C - z_i)} = \frac{\exp(- z_{oi})}{\exp(- z_i)}$$

Im folgenden Bild ist die Zeit zwischen dem Auftreten von Fehlern über der Anzahl der gefundenen Fehler dargestellt.

Für den angegebenen Datensatz erhält man als Schätzung für die nächste Ausfallrate:

$$\lambda_{n+1}^* = 4{,}76 \cdot 10^{-4}$$

mit $k_{n+1} = 1{,}44$ für 90% Konfidenzniveau

n ist die Nummer des letzten im Datensatz noch aufgeführten und in der Betrachtungseinheit beseitigten Fehlers.

Bild 3-7 stellt Bild 3-6 mit Ausgleichsgerade und Konfidenzintervall dar.

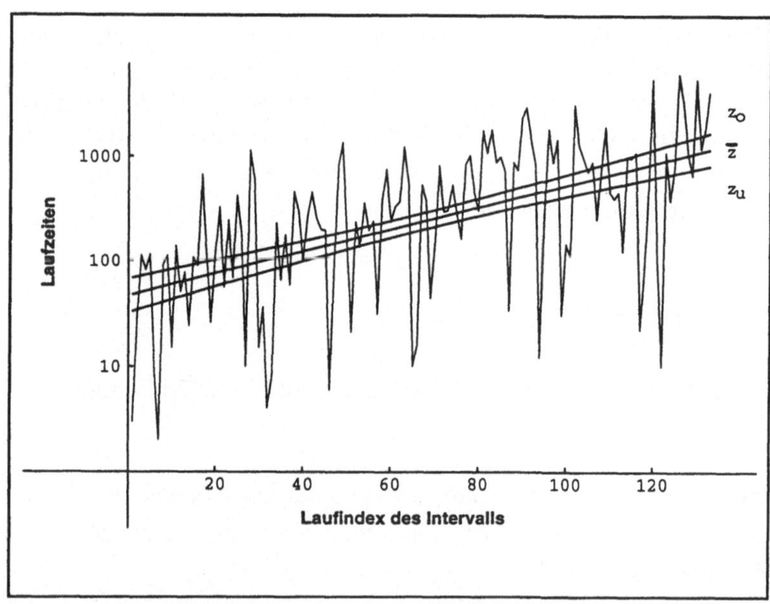

Bild 3-7: Ausgleichsgerade mit Konfidenzintervall

Die mit dem k-Faktor quantifizierten Unsicherheiten berücksichtigen natürlich nur die statistischen Unsicherheiten unter der Voraussetzung, daß die Modellannahmen gelten.

Abschließend bleibt anzumerken, daß in diese Überlegungen nicht einging, ob es sich um ein ereignisorientiertes oder um ein zeitorientiertes Modell handelt. In gleicher Weise lassen sich λ_0^* und Θ bestimmen. Dieses Verhalten läßt sich auch bei anderen Schätzverfahren aufzeigen; in der Literatur wird belegt, daß eine Unterscheidung, ob gegebene Daten einem ereignisbezogenen oder einem zeitbezogenen Wachstumsmodell entstammen, nicht möglich ist.

3.5 Teilsystem- und Gesamtsystem-Zuverlässigkeit

In der Regel bestehen komplexe Systeme aus Teilsystemen und diese wiederum aus Moduln. Es besteht hier weitgehende Analogie zwischen Hardware und Software. Bei der Systemerstellung werden auf der untersten Ebene die Moduln geprüft, aus 'fehlerfreien' Moduln die Teilsysteme gebildet, diese wiederum geprüft und dann zum Gesamtsystem zusammengefügt. Dabei tritt dann häufig der wohlbekannte Effekt auf, daß ein aus geprüften und für 'fehlerfrei' befundenen Einheiten zusammengesetztes System in der Regel nicht sofort funktioniert, sondern daß vielmehr der sogenannte 'Integrationstest' mit implizierter Fehlerbeseitigung einer der wichtigsten Schritte zum funktionsfähigen System ist.

Mit jedem Schritt zur Integration ändert sich für die zu integrierende Einheit (Modul, Teilsystem etc.) das tatsächliche Operationsprofil. Da inhärente Fehler mit betrachtet werden müssen, können damit streng genommen die im Einzeltest der Einheit gewonnenen Zuverlässigkeitsaussagen nicht zu endgültigen Aussagen für die Zuverlässigkeit des Gesamtsystems führen.

Für Software-Systeme ergibt sich daraus die wichtige Konsequenz, daß die System-Zuverlässigkeit eines Software-Systems nicht endgültig aus den ermittelten Kenngrößen der Teilsysteme bzw. Moduln berechnet werden kann. Die Teilsystem-Zuverlässigkeitskenngrößen stellen nicht einmal zwangsläufig eine obere Grenze für die Gesamtsystem-Zuverlässigkeit dar. Bei fehlertoleranten Systemen kann die Gesamtsystem-Zuverlässigkeit z. B. höher sein als die Zuverlässigkeit des schwächsten Moduls oder Teilsystems. Diese Aussage gilt im übrigen auch für komplexe Hardware-Systeme und für Systeme aus Hard- und Software.

Dessen ungeachtet kann jedoch in der Regel die Aussage bestehen bleiben, daß, je höher die Zuverlässigkeit der Teilsysteme ist, desto höher die Gesamtsystem-Zuverlässigkeit sein wird. Für die Praxis ergibt sich daraus, daß Zuverlässigkeitskenngrößen als zu gewährleistende Qualitätsmerkmale sinnvollerweise nur auf das Gesamtsystem bezogen und am Gesamtsystem ermittelt werden sollten. Die Strategie zum Erreichen dieses Qualitätsmerkmals sollte daher nicht nur auf das Erreichen möglichst guter Zuverlässigkeitskenngrößen für die einzelnen Moduln abheben, sondern vielmehr darauf, daß auf dem Weg vom Modultest über den Teilsystemtest zum Gesamtsystemtest möglichst das vollständige Operationsprofil simuliert wird. Je besser das System strukturiert ist, desto eher kann man den Teilsystemtest reduzieren und den Testaufwand auf den Gesamtsystemtest konzentrieren.

4 Konstruktive Maßnahmen zur Erreichung zuverlässiger Software

Im folgenden werden Prinzipien und Regeln vorgestellt beziehungsweise empfohlen, die der Entwicklung zuverlässiger Software dienen. Es zeigte sich bei der Erarbeitung des Kapitels, daß die Formulierung von Regeln und die erstrebte Akzeptanz 'normierter' Verfahrensweisen im Bereich der Software-Entwicklung noch immer stark durch subjektive Bewertungen der Zielgruppe 'Software-Entwickler' geprägt ist.

Die Prinzipien und Regeln sind für *Informatiker* gedacht oder Personen, die bereits *Programmiererfahrung* besitzen. Sie gelten nicht nur für die professionellen Programmierer, sondern auch für die, die nur gelegentlich Programme schreiben. Soweit sie den Code betreffen, beziehen sie sich auf gängige höhere Programmiersprachen. Sie betreffen in erster Linie Produkte und nur in zweiter Linie Produktionsweisen.

Selbst eine nur stichprobenartige Überprüfung der publizierten Aussagen zu diesem Thema zeigt, daß sich die im folgenden beschriebenen Prinzipien und Regeln ohne weiteres auf die gesamte Branche der Software-Entwicklung übertragen läßt. Die Differenzen zwischen den Bewertungen Betroffener gründen in der überwiegenden Zahl aller Fälle auf der Tatsache, daß zuvor keine gemeinsame Diskussionsbasis geschaffen worden war.

Aus diesem Grund wurde den folgenden Regeln ein Textteil vorangestellt, der in seiner Gesamtheit allgemein gehalten ist, jedoch zum jeweiligen Beobachtungsobjekt präzise Aussagen enthält. Dieser Textteil formuliert die 'philosophische' Basis der dann folgenden Abschnitte.

Die Begründungen im einzelnen ergeben sich zumeist aus der Psychologie des menschlichen Verhaltens; besonders aus der begrenzten Wahrnehmungs-, Merk- und Erkenntnisfähigkeit. Für den einzelnen Systemanalytiker und Programmentwickler ergibt sich daraus die Verpflichtung, bei seiner Arbeit auch die möglicherweise geringere Einsicht eines anderen Projektbeteiligten zu berücksichtigen.

Ebenso wie sich beim Herstellen von Bauwerken bestimmte Regeln und Erfahrungswerte herausgebildet haben, deren Einhaltung sich über Jahrhunderte hinweg als sinnvoll erwiesen hat, ist man nun auf dem Software-Gebiet dabei, einschlägige Verhaltensweisen zu erarbeiten. Es handelt sich dabei um die Grundsätze ingenieurgemäßen Arbeitens und handwerklich soliden Umsetzens.

Bei der Erstellung dieser Regeln wurde zwar auf Klarheit des Ausdrucks geachtet, in Diskussionen hat sich aber auch gezeigt, daß die Erläuterungen zu den teilweise gegensätzlich wirkenden Regeln wegen ihrer knappen Fassung *gelegentlich mißverständlich* sind. Kürze, Lesbarkeit und Genauigkeit wurden bei Formulierungen bevorzugt. Hinsichtlich der Richtigkeit des Verstehens wurde vom gesunden Menschenverstand des Lesers ausgegangen. Angesichts der unterschiedlichen Ausgangspunkte wurde auch eine gewisse Redundanz der Textteile als akzeptabel erachtet.

Vor der eigentlichen Software-Entwicklung ist die Erstellung einer fehlerfreien Anforderungsspezifikation anzustreben. Deren Fehlerfreiheit ist Voraussetzung zur Ermittlung einer Kenngröße der Software-Zuverlässigkeit.

Quantitative Aussagen zur Software-Zuverlässigkeit benötigen eine nachprüfbare Basis. Das Verhalten der Software kann nur gegen die zugrunde liegende Anforderungsspezifikation als der *alleinigen Instanz* der 'Richtigkeit' gemessen werden. Das heißt, daß das Verhalten der Software *nicht* gegen die *Erwartungshaltung* der Person gemessen werden soll, die ein Fehlverhalten der Software zu erkennen glaubt.

Zwischen dem wirklich Gewollten (der gewünschten Dienstleistung) und der Anforderungsspezifikation besteht eine 'Semantische Lücke'. Eine entsprechende Lücke besteht auch zwischen der Anforderungsspezifikation und dem Programmcode (der Funktionalität des Programmsystems).

Eine 'Semantische Lücke' zwischen der Anforderungsspezifikation und dem Gewollten zieht Abweichungen der tatsächlichen Software-Funktion von der erwarteten nach sich.

Um die 'Semantische Lücke' möglichst gut zu überbrücken, müssen im Rahmen der Entwicklung bestimmte Prinzipien beachtet und neben konstruktiven auch analytische Maßnahmen ergriffen werden.

4.1 Prinzipien der Phasen Anforderungsspezifikation, Entwurf (Design) und Codierung

Ähnlich wie bei der Besprechung eines zukünftigen Hausherren mit seinem Architekten müssen auch im Rahmen der Software-Produktion Prinzipien der 'sach- und fachgerechten' Ausführung beachtet werden. Die Arbeiten des Architekten münden in der Erstellung detaillierter Konstruktionszeichnungen, Bauanweisungen und Massenberechnungen.

Bei der Software-Erstellung werden in Anforderungsspezifikation, Entwurfs- (Design-) und Codierungsvorgaben die notwendigen Anweisungen zur Realisierung festgehalten.

In beiden Fällen sind die genannten Dokumente die Basis allen Handelns und allen Vergleichens zwischen Ist und Soll.

Die in den folgenden Abschnitten vorgestellten Prinzipien dienen der Erstellung einer im obigen Sinne fehlerfreien Anforderungsspezifikation, dem darauf aufbauenden Systemdesign oder Systementwurf und schließlich der Festlegung des Programmcodes. Sie sind die Basis der in dem Kapitel 'Regeln für den Software-Entwurf' auf den Seiten 68ff. vorgeschlagenen Regeln. Auf Grund der wechselseitigen Beeinflussung lassen sich Querbezüge bei der Erläuterung eines Prinzips leider nicht vermeiden.

Für jedes Programmiervorhaben sollen mindestens folgende Punkte ausdrücklich durch Regeln festgelegt werden:

P1 Passende *Projektorganisation*
P2 *Art der Verwendung von Programmunterbrechungen*
P3 Art und Weise der *Kommunikation* zwischen Unterbrechungsroutinen und anderen Unterprogrammen
P4 *Vergabe der Bezeichner*
P5 Form, Umfang im einzelnen und Position der *Kommentare*

Die Regeln sind *gemeinsam* mit der für die Qualitätssicherung zuständigen Institution aufzustellen.

4.1.1   Prinzip der Verständlichkeit

Verständlichkeit für andere Fachleute (sachkundige Dritte), beschrieben durch die Attribute Einfachheit, Gliederung und Prägnanz, ist ebenso wichtig wie die Korrektheit der logischen Funktion.

Beispiel 4-1: <u>Einfachheit</u>   <u>KompliziertheitVerständlichkeit:</u>

"Hier kann man alles gut verstehen. Es werden kurze Sätze und bekannte Wörter verwendet. Fachwörter werden erklärt. Erklärungen sind anschaulich, so daß sich jeder was darunter vorstellen kann."	"Mein Name, welcher sich als kontradiktorischer Gegensatz zu dem soeben vorgestellten Gegenpol ergibt, subsumiert all jene stilistischen Charakteristika, die die Rezeption auf der Wort- und Satzebene behindern, wobei extrem verschachtelte Satzkonstruktionen ebenso wie die multiple Verwendung von Fremd-, Fach- und sonstigen esoterischen Wörtern zu einem (nicht selten auch Prestigezwecken dienenden) hochelaborierten Sprachmuster auf meist hohem Abstraktionsniveau beitragen."

Beispiel 4-2: <u>Ordnung</u>   <u>Unübersichtlichkeit</u>

"Man tut alles, damit der Leser sich zurechtfindet und die Übersicht behält. Wie erreicht man das? Indem man sowohl für die äußere Übersichtlichkeit als auch die innere Folgerichtigkeit sorgt: Äußere Übersichtlichkeit ('Gliederung'): Dazu gehört die Ankündigung, wie der Text aufgebaut ist; dazu gehören Absätze, Überschriften, strukturierende Bemerkungen und die Hervorhebung wichtiger Stellen. Innere Folgerichtigkeit ('Ordnung'): Dazu gehört, daß alles logisch aufeinander aufbaut, daß alles schön der Reihe nach erläutert wird. Auf gedankliche Beziehungen und Querverbindungen wird deutlich hingewiesen."	"Bei mir kommt alles hintereinanderweg, so wie es gerade kommt. Wichtige Wörter oder Sätze werden nicht hervorgehoben und vieles geht durcheinander. Ich mache kaum Absätze, und der Leser weiß nicht, wohin die Reise geht. Ich heiße auch noch so, weil die Übersichtlichkeit nicht gegeben ist, aber am Anfang lege ich gleich los, ohne zu sagen, worauf ich eingehen will. Der Leser weiß nicht, wie alles zusammengehört. Manche Sätze stehen beziehungslos nebeneinander."

Viele Informationen mit wenigen Worten. Kurz und bündig, auf's Wesentliche beschränkt. Manchmal zu gedrängt.	"Gestatten, daß ich mich Ihnen vorstelle: Mein Name ist 'Weitschweifigkeit'. Mit meinem Namen sind meine Eigenschaften, also diejenigen Merkmale, an denen man mich erkennen kann, schon angedeutet: Ich liebe es, viele Worte zu machen, oder anders herum ausgedrückt: Ich hasse es, mich kurz zu fassen und mich auf das Allerwichtigste zu beschränken. .... Ich benutze also zwei Möglichkeiten, weitschweifig zu sein: Einmal die sprachliche Weitschweifigkeit (ein- und dasselbe mit verschiedenen Worten wiederholen und 'breittreten'), und zum anderen die inhaltliche Weitschweifigkeit (auf Nebensächlichkeiten kommen, weit ausholen und alles ausführlich bringen)."

4.1.2   Prinzip der Modularisierung

Mit 'Modularisierung' bezeichnet man die Trennung von Teilfunktionen innerhalb eines Moduls in selbständige Teilmoduln. Bei dem Entwurf von Moduln (bzw. Klassen bei der objektorientierten Programmierung) muß von folgenden Fragestellungen ausgegangen werden:

Modularisierung

-   Welche Aufgaben hat der Modul/das Objekt bzw. welche Dienste muß er/es anbieten?
-   Welche Daten werden gebraucht?
-   Welche Prozeduren/Methoden werden gebraucht, um die gewünschten Dienste anzubieten?

Nach Beantwortung dieser Fragen sollen dann die Dienste und Daten zu Moduln/Klassen zusammengefaßt und entschieden werden, wieviele Ebenen der Klassenhierarchie notwendig sind und/oder ob *top-down* oder *bottom-up* vorgegangen wird.

Für jeden Modul (u. U. bestehend aus Funktionen/Klassen) ist ein Graph zur Darstellung seiner Hierarchie zu erstellen. Der Graph soll möglichst auf einem DIN A4-Blatt darstellbar sein.

Sechs Gründe sprechen für eine Modularisierung:

1.   Reduzierung der Modulgröße

2.   Steigerung der Verständlichkeit, Erleichterung von Top-Down-Entwicklung und von Änderungen

3. Codierung der Funktionalitäten in jeweils nur einem Modul.
   Bei objektorientierter Programmierung werden gegenüber
   Prozeduren und Funktionen prozeduraler Programmierung
   Objekte modular zusammengefaßt. Jedes Objekt beinhaltet
   die in ihm verwendeten Daten und die auf diese Daten anwendbaren Prozeduren und Funktionen (Methoden). Objekte
   mit gleichen Eigenschaften läßt man von derselben Klasse
   abstammen (siehe auch Punkt 5 Mehrfachnutzung). Die Zusammenfassung von Objekten in diesem Sinne führt zu Moduln mit starker innerer Bindung.

4. *Trennung der Verarbeitung* (Berechnungen und Formatierun-
   gen) *vom Verwalten der Aufrufe* (Treiber und Entscheidungen).

5. Mehrfachnutzung von Moduln
   Durch Mehrfachnutzung von Moduln lassen sich Entwick-
   lungskosten sparen. Weiterhin profitiert man von früheren
   Verifikationsanstrengungen und von Betriebserfahrung. Im
   allgemeinen vollzieht sich dies durch das Einbauen bereits für
   andere Zwecke erstellter oder benutzter Moduln. Ohne Modularisierung müßte sich Mehrfach-Benutzung auf ganze Systeme beschränken und wäre daher in nur geringem Umfang
   möglich. Eine besondere Art von Mehrfachbenutzung stellt
   die objektorientierte Programmierung zur Verfügung: Mit
   Hilfe des Erbungsmechanismus wird eine Nachfolger-Klasse
   befähigt, Daten und Unterprogramme einer Vorgänger-Klasse
   zu verwenden, und dies u. U. ohne sie besonders angeben
   oder aufrufen zu müssen.

6. *Vereinfachen der Implementierung*
   Bei modularem Aufbau läßt sich ein umfangreiches System
   leichter schreiben und ändern. Allerdings besteht hier die Gefahr, Moduln zu erzeugen, deren Kohäsion schlechter als die
   kommunikative Kohäsion ist (siehe Kapitel 4.1.4.3, Seiten
   60ff.). Kohäsion wird hier als Maß für die innere Bindung in
   einem Modul verstanden.

Die Modularisierung führt unter Berücksichtigung aller genannten
Aspekte zu einem gut an die aktuellen Anforderungen angepaßten
System.

Betrachtet man aber dieselben Aussagen unter dem Aspekt der Portabilität, ist das folgende Theorem zu beachten:

> *Je besser ein System an das aktuelle Umfeld angepaßt ist, desto schwieriger wird die Anpassung an ein anderes Umfeld.*

Wendet man das Theorem auf die Entwicklung von Software an, wird deutlich, daß Aussagen zur Wiederverwendbarkeit von Software-Teilen in der Funktionsbeschreibung gemacht werden müssen.

Ist die Wiederverwendbarkeit von Software-Teilen in der Funktionsbeschreibung qualifiziert festgelegt, muß sie als eigenständiges Qualitätsmerkmal bei der Gesamtentwicklung Berücksichtigung finden.

4.1.3   Prinzip der losen Kopplung

Kopplung ist ein Maß für die Abhängigkeit der in einem System definierten Moduln voneinander. Die schwächste Kopplung liegt bei absoluter Unabhängigkeit vor. Damit würde jedoch der Systemaspekt verletzt, der eine Bindung der Systemelemente untereinander voraussetzt. Im Sinne der angestrebten hohen Software-Zuverlässigkeit empfiehlt es sich, die Kopplung ohne Verletzung des Systemaspektes so niedrig wie möglich zu halten.

Kopplung

Entsprechend lassen sich folgende Kopplungsarten definieren:

Datenkopplung	lose (gut)↓
Strukturkopplung	↓
Kontrollkopplung	↓
Globalkopplung	↓
Inhaltskopplung	eng (schlecht)↓

Der Bewertung - gut bis schlecht - liegt folgende Argumentation zugrunde:

1. Je geringer die Bindung zwischen zwei Moduln ist, desto geringer ist die Gefahr, daß sich das Fehlverhalten eines Moduls als Symptom in einem anderen Modul auswirkt.

2. Die Anpassung eines Moduls an geänderte Anforderungen
   soll Änderungen anderer Moduln nur mit minimaler Wahrscheinlichkeit erforderlich machen.

Punkt zwei ist unter dem Aspekt der Anpassung eines Software-
Systems formuliert. Dies scheint über den Aspekt der reinen Software-Zuverlässigkeit hinauszugehen. Er läßt sich jedoch auch wie
folgt formulieren:

2a. Bei notwendig werdenden Fehlerbehebungen in einem Modul
    sollen so wenige Folgeanpassungen wie möglich in einem an-
    deren Modul erforderlich werden, der mit dem Fehlverhalten
    ursächlich nicht in direkter Verbindung steht.

Kopplung zwischen Moduln kann in Mischformen der definierten
Kopplungsarten vorliegen.

4.1.3.1 Datenkopplung

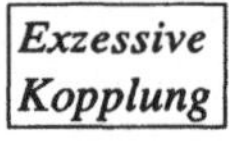

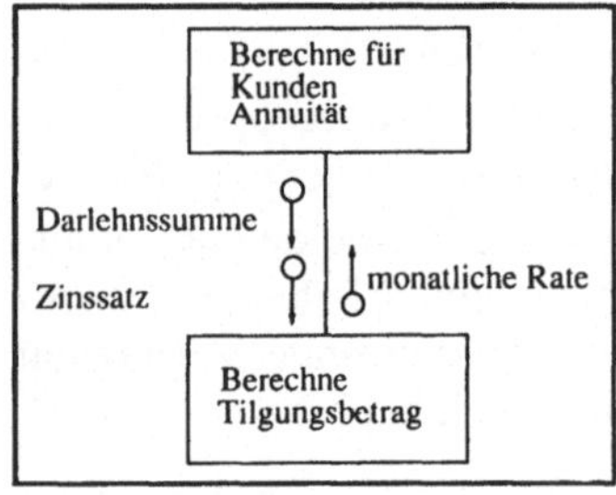

Bild 4-1: Datenkopplung

Moduln sind datengekoppelt, wenn sie Informationen über Parameter austauschen. Die Parameter sind entweder selbständige Felder oder homogene Tabellen gleicher Datenarten. Geringe Kohäsion[2] eines Moduls oder nicht erkannte Datenstrukturen hoher Kohäsion sind Ursachen für eine exzessive Datenkopplung.

<u>Lösung</u>

Durch eine bessere Abgrenzung der Funktionalität oder der pro-
blembezogenen Datenstruktur ergibt sich ein niedrigerer Kopplungsgrad.

<u>Gefahren</u>

Eine andere Datenstruktur darf jedoch nicht zur Bildung künstlicher, aufgeblasener 'Superfunktionen' (Ausführen von miteinander

---

[2] Siehe auch Kapitel 'Prinzip der hohen Kohäsion', Seiten 56ff.

sachlich nicht verbundenen Tätigkeiten) führen, da dies wiederum
das Prinzip der Kohäsion verletzen würde.

Beispiel 4-4: Datenstrukturen zur Modulkopplung "Adreßdaten"

Gut   Schlecht

Name	Name
Vorname	Vorname
Straße	Straße
Stockwerk	PKW_Kennzeichen
Postleitzahl	Vereinszugehörigkeiten
Ort	Faschingsprinz_ja_nein
Land	Reiseziel_letzter_Urlaub

In der rechten Spalte werden die Daten 'PKW_Kennzeichen, Ver-
einszugehörigkeiten, Faschingsprinz_ja_nein, Reiseziel_letzter_-
Urlaub' in der Struktur 'Adreßdaten' geführt, obwohl sie sachlich
nicht dazu gehören. Für den betreffenden Modul wird eine gute
Datenkopplung nur suggeriert.

4.1.3.2   Trampdaten

Zum Effekt der Trampdaten führt die nicht genügend durchdachte
Definition von Moduln, das 'Durchschleusen' von Daten über
mehrere hierarchische Ebenen hinweg, ohne daß die Daten auf
den mittleren Ebenen verwendet werden.

Kopplung durch Trampdaten

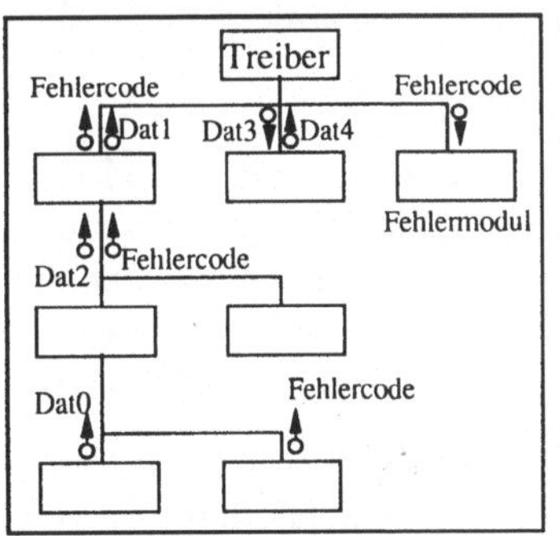

Trampdaten entstehen beispielsweise, wenn Fehlermeldungen durch
ein zentrales 'Fehlermodul' weit
entfernt von der Stelle der Fehlerentdeckung   bearbeitet   werden
(decision split).

Die Kopplung in Bild 4-2 ist
scheinbar gut, da nur eine reine Datenkopplung erlaubten Umfangs[3]

Bild 4-2: Trampdaten

---

[3]   Siehe auch das Kapitel Prinzip der 'Magischen Sieben', Seiten 67ff.

vorliegt. Andererseits 'vagabundiert' das Datum 'Fehlercode' durch das System, unerwünscht und zumeist bedeutungslos für die durchlaufenen Moduln. Die Gefahr einer zufälligen und unerwünschten Änderung des Datums ist hoch.

Lösung

Es empfiehlt sich die Überarbeitung des Entwurfs (Fehlerbearbeitung näher am Ort der Fehlererkennung) und ferner die Nutzung arbeitsspeicherresidenter Dateien (informational cluster / cache).

Gefahren

Moduln zur Bearbeitung von Sonderfällen benötigen mindestens die Funktionalität des Vergleichs, der Entscheidungsfindung und der aus dem Vergleichsergebnis abzuleitenden Aktion. Wenn Daten für die Entscheidungsfindung *und* für die anschließende Aktion *nicht* im *selben* Modul verfügbar sind, liegt ein 'decision split' vor.

| *Decision Split* | Der ausführende Anteil einer Entscheidung sollte jedoch so dicht wie möglich beim erkennenden Anteil liegen. Ansonsten müssen Steuerfelder vom Modul in das System geschickt werden, um den entdeckten Tatbestand zu signalisieren, was wiederum zu Trampdaten führt. |

Wenn die Funktionalität auf eine hierarchisch zu tief stehende Stufe verschoben und somit zu restriktiv wird, besteht die Gefahr, das Prinzip der 'Magischen Sieben' zu verletzen.

4.1.3.3 Strukturkopplung

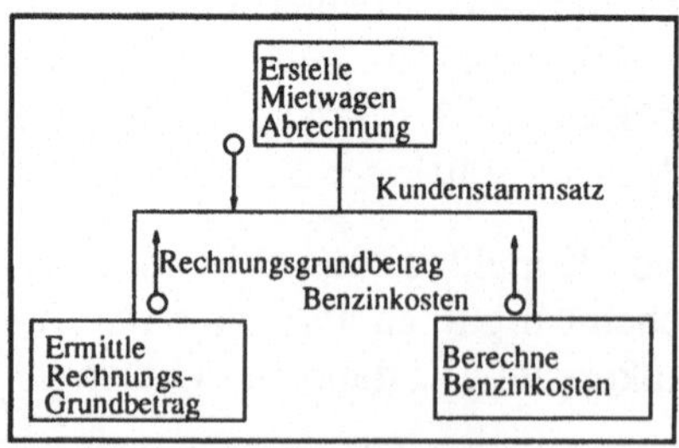

Bild 4-3: Strukturkopplung

Struktur-kopplung

Strukturgekoppelte Moduln sind über Datenstrukturen gekoppelt, die mehr Daten enthalten als zur Sicherstellung der Modulfunktionalität erforderlich sind.

Im nebenstehenden Beispiel enthält der Kundenstammsatz viele eng verwandte Daten, die kundenbezogene Abrechnungsdetails zum Mietverhältnis eines Leihwagens erfassen. Obwohl die nachgeordneten Moduln zur Durchführung ihrer Aufgaben nur wenige Felder des Kundenstammsatzes (z. B. Benzinverbrauch, Wagentyp, gefahrene Kilometer, Anzahl Tage) benötigen, müssen sie den gesamten Stammsatz übernehmen.

Problematisch kann folgende Situation werden:

Soll eine eventuell fehlerhaft realisierte Feldlänge der Lizenznummer am Anfang des Stammsatzes angepaßt werden, macht dies ebenfalls eine Anpassung der beteiligten Moduln notwendig, obwohl sie dieses Feld zur Durchführung ihrer Funktionen nicht benötigen.

Die Strukturkopplung erzeugt Abhängigkeiten zwischen ansonsten unabhängigen Moduln. Sie macht sich insbesondere bei Änderungsvorgängen unangenehm bemerkbar und begünstigt die Gefahr der Fehlerentstehung.

<u>Lösung</u>

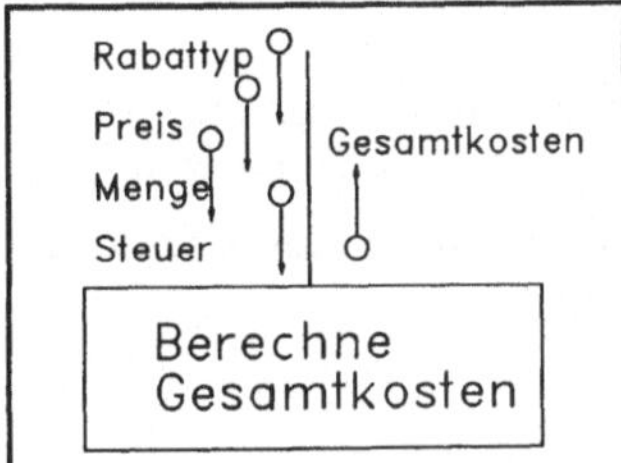

Kopplung nur durch notwendige Daten vornehmen oder in komplizierten Fällen durch Nutzung zentralspeicherresidenter Dateien (informational clusters / caches).

Bild 4-4: Lösung der Strukturkopplung

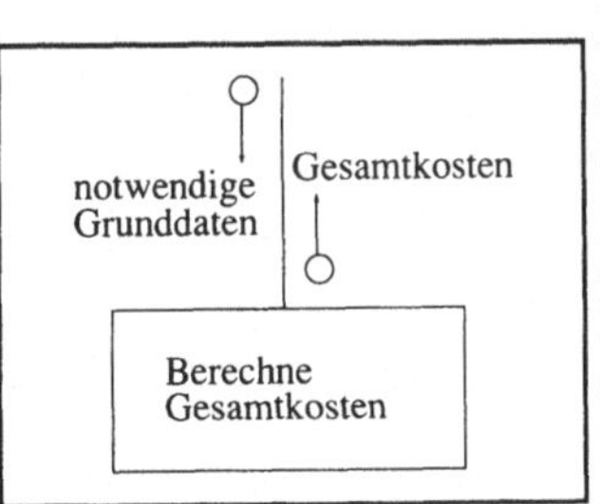

Bild 4-5: Bündelung

<u>Regel</u>

Es dürfen keinesfalls artfremde Daten zu einer neuen Datengruppe gebündelt werden. *Bünde-lung*

Die Bündelung ist über die Definition künstlicher, bedeutungsloser Datenstrukturen eine Unterform der Strukturkopplung. Sie muß durch eine entsprechende Entbündelung aufgehoben werden.

4.1.3.4   Kontrollkopplung

Moduln sind 'kontrollgekoppelt', wenn eines dem anderen ein Datum mit dem alleinigen Zweck sendet, die interne Logik des empfangenden Moduls zu steuern.

Zum Beispiel könnte der Inhalt des Steuerfelds alternativ folgende Funktionen auslösen:

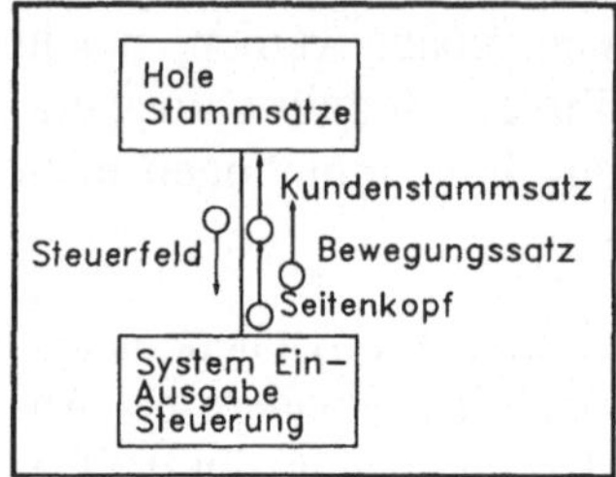

1   Hole nächsten Kundenstammsatz
2   Hole nächsten Bewegungssatz
3   Hole nächsten Kundenstammsatz und hole nächsten Bewegungssatz
4   Hole Seitenkopf

Bild 4-6: Kontrollkopplung

Hier entscheidet der rufende Modul über das Steuerfeld explizit über den Ablauf der internen Logik des gerufenen Moduls. Dies widerspricht dem 'black box'-Prinzip.

Falls ein gerufener Modul ein Steuerfeld zum rufenden Modul sendet, handelt es sich um einen sehr ähnlichen Fall der Kontrollkopplung, der *Autoritätsumkehrung*. Damit wird der Grundsatz der hierarchischen Dekomposition verletzt.

<u>Lösung</u>

Die geringe Kohäsion der Moduln muß durch Überarbeiten des Entwurfs verbessert werden.

<u>Gefahren</u>

Inakzeptable Steuerfelder (control flags) müssen von beschreibenden Daten (descriptive flags) unterschieden werden.

Unbedenkliche Daten lassen sich zwanglos durch *Substantive* beschreiben:

Alter,
Warenpreis,
Postleitzahl

Durch Adjektive beschriebene Daten sind ebenfalls unbedenklich:

> Postleitzahl ist *numerisch*
> Bewegungsdatei ist *geleert*
> Das Ei ist *verdorben*

Steuerfelder (control flags) sind mit *Verben* verbunden:

> *Lies* nächsten Satz
> *Weise* Kundenstammsatz *ab*
> *Positioniere* Satzzähler für die Kundenstammdatei

4.1.3.5 Kopplung über globale Daten

Moduln unterliegen der Kopplung über globale Daten, wenn sie auf Datenbereiche zugreifen können, die allen Moduln des Gesamtsystems zur Nutzung freistehen.[4]

Globale Kopplung

Fehler eines Moduls können sich in noch weit stärkerem Maße als in allen zuvor beschriebenen Kopplungsarten als Symptom in 'weit entfernten' Moduln äußern.

<u>Lösung</u>

Bei dieser Kopplungsart ist die Überarbeitung des Entwurfs nach den beschriebenen Regeln zwingend. Die Anwendung zentralspeicherresidenter Dateien (informational clusters / caches) kann zu einer niedrigeren Kopplungsstufe führen. Als Ziel ist generell anzustreben, daß die Elemente eines Moduls, d. h. seine Daten, Prozeduren und Methoden, nur in dem Gültigkeitsbereich definiert werden, in dem sie auch Verwendung finden.

Durch einen hohen Grad der Datenkapselung wird bei der objektorientierten Programmierung diesem Ziel Rechnung getragen (siehe auch Seiten 183f.).

<u>Gefahren</u>

Keine!

---

[4] Beachte auch: Regeln zur Codegestaltung, Kapitel 4.3.3, 4.3.6 und 4.3.10, insbesondere die sprachspezifischen Regeln auf den Seiten 102ff., FORTRAN (Common), COBOL (Data Division in Procedure Division)

4.1.3.6   Inhaltliche Kopplung

Inhalt-
liche
Kopplung

Die Inhaltliche Kopplung liegt vor, wenn die betroffenen Moduln wechselseitig Entscheidungen des jeweils anderen Moduls beeinflussen.

Beispiel ist die Zuweisung eines Sprungziels im gerufenen Modul durch den rufenden Modul. In diesem Fall hat man das Gebiet der strukturierten Vorgehensweise verlassen. (Beachte insbesondere die Anmerkungen zum ALTER-Statement in COBOL, Seite 104)

<u>Lösung</u>

Möglicherweise vollständige Überarbeitung der Anforderungsspezifikation oder des Entwurfs (Designs) erforderlich.

<u>Gefahren</u>

Keine!

4.1.4   Prinzip der hohen Kohäsion

Kohäsion

Kohäsion (Zusammenhalt, module strength) ist ein Maß für die Stärke der funktionalen Bindung von Aktivitäten oder Sachverhalten in einer Betrachtungseinheit. Im Sinne der angestrebten hohen Software-Zuverlässigkeit empfiehlt sich zur Erfüllung übergeordneter Aufgaben die Zusammenfassung von Einzelfunktionen in einem Modul oder artgleicher Datenarten in einer Datenstruktur (Record)[5] (Verkapselung oder Datenkapselung).

Entsprechend lassen sich folgende Kohäsionsarten definieren:

funktional	hoch, (gut) ↓
	(black box) ↓
sequentiell bzw. kommunikativ	↓
prozedural bzw. zeitlich	↓
zufällig	niedrig, (schlecht) ↓
	(white box) ↓

---

[5] Siehe auch 4.1.3.1 'Datenkopplung', Seite 50.

Die nähere Betrachtung von Beispiel A-1, (Seiten 183ff.) soll zur Erläuterung dieses Aspektes dienen. Im Objekt *ort* sind die gewünschten Daten und Methoden zur Bearbeitung eines Ortes im Koordinatensystem zusammengefaßt. Alle Elemente der Klasse dienen einzig und allein dieser Aufgabe.

Der folgende Entscheidungsbaum gibt eine Übersicht zum Prinzip der Kohäsion.

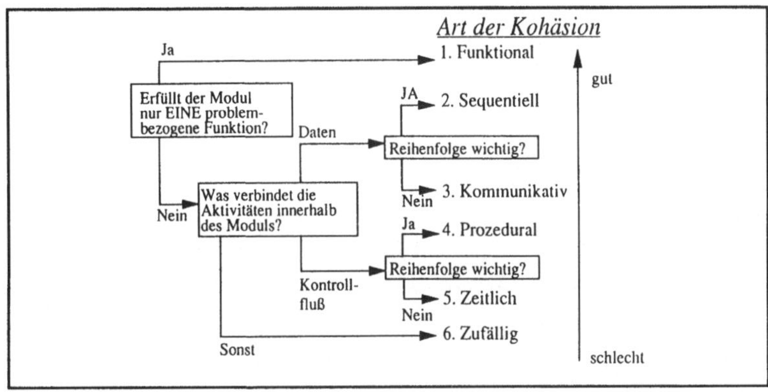

Bild 4-7: Bewertung der Kohäsionsarten

Die Einordnung der zeitlichen Kohäsion trifft für die kommerzielle Datenverarbeitung, jedoch nicht für die Echtzeit-Datenverarbeitung zu. Hier muß gegebenenfalls anders bewertet werden.

4.1.4.1   Funktionale Kohäsion

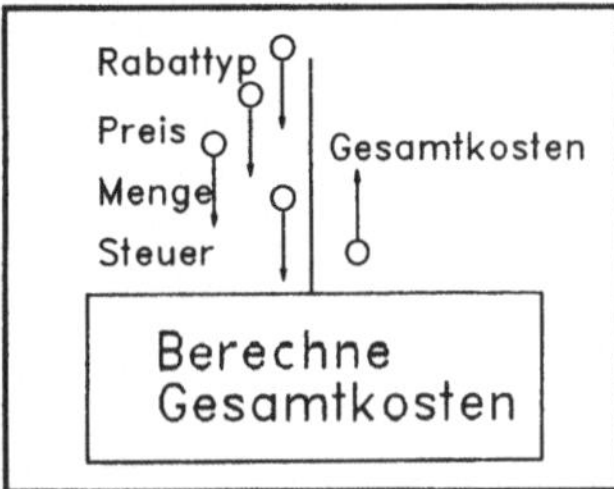

Bild 4-8: Funktionale Kohäsion

Funktionale Kohäsion liegt vor, wenn ein Modul nur Elemente enthält bzw. Daten bearbeitet, die zur Lösung der einzigen Aufgabe des Moduls dienen. *Funktionale Kohäsion*

In Bild 4-8 darf der Modul nicht die zusätzliche Aufgabe haben, das Anschreiben zur Rechnung zu erstellen. Man kann sagen, daß unabhängig von der Komplexität eines Moduls, unabhängig von der Anzahl der Teilfunktionen, die zur Erfüllung der Aufgabe erforderlich sind, ein Modul mit funktionaler Kohäsion durch eine einheitliche problembezogene Funktion geschaffen wird.

4.1.4.1.1 Verletzung der funktionalen Kohäsion durch Verbindung artfremder Methoden in einer Klasse

<u>Beispiel 4-5: Gut</u>   <u>Schlecht</u>

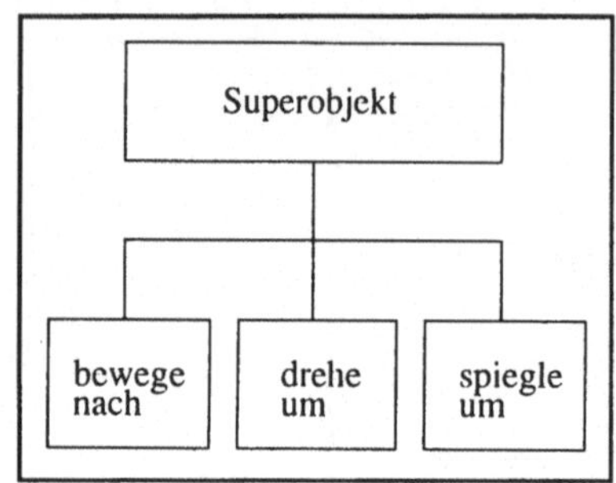

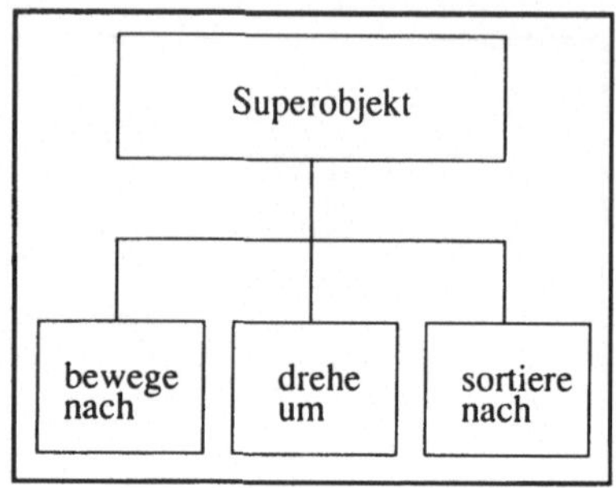

Im rechts stehenden Beispiel ist die Methode 'sortiere nach' mit den beiden anderen Methoden nicht artverwandt.

4.1.4.1.2 Verletzung der funktionalen Kohäsion durch Steigerung der Komplexität

Einige objektorientierte Programmiersprachen erlauben Mehrfacherbung, d. h. eine Klasse kann mehrere Vaterklassen haben und deren Eigenschaften erben. Die Mehrfacherbung ist möglichst zu vermeiden, weil dadurch Komplexität und Unübersichtlichkeit meist steigen.

<u>Beispiel 4-6: Gut</u>   <u>Schlecht</u>

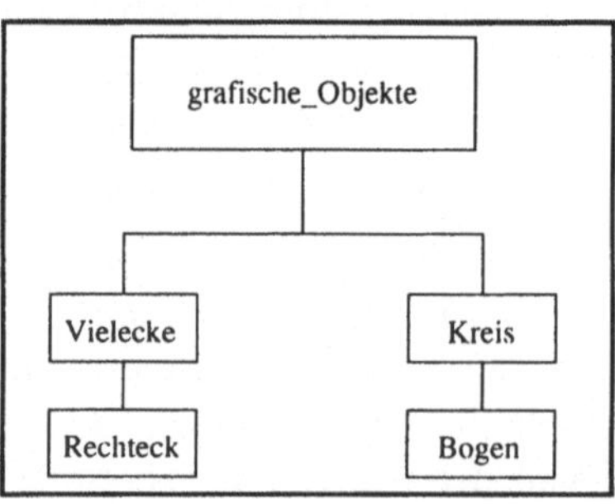

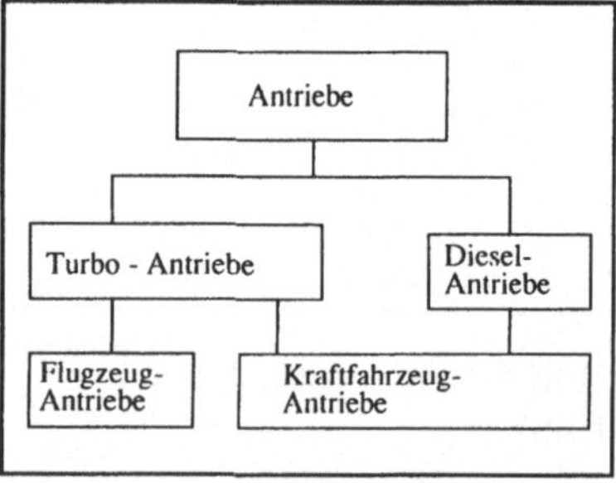

Das linke Beispiel zeigt einen baumartigen Erbungsgraphen bzw.
eine einfache Erbung. Das rechte Beispiel zeigt einen allgemeine-
ren Erbungsgraphen bzw. Mehrfacherbung.

4.1.4.2   Sequentielle Kohäsion

Bei einem Modul sequentiellen Kohäsionstyps werden Teilfunk-
tionen nacheinander aktiviert, wobei die Ergebnisse einer Teilfunktion als Eingabe für die nächste Teilfunktion dienen. Daß es
sich hierbei nicht mehr um eine funktionale Kohäsion handelt,
kann man häufig an der Wahl der Modulbezeichnung erkennen,
denn es werden Aktivitäten mit dem Wort 'und' verknüpft.

Der Pseudocode für den Modul 'Formatiere und prüfe Satz' laute:

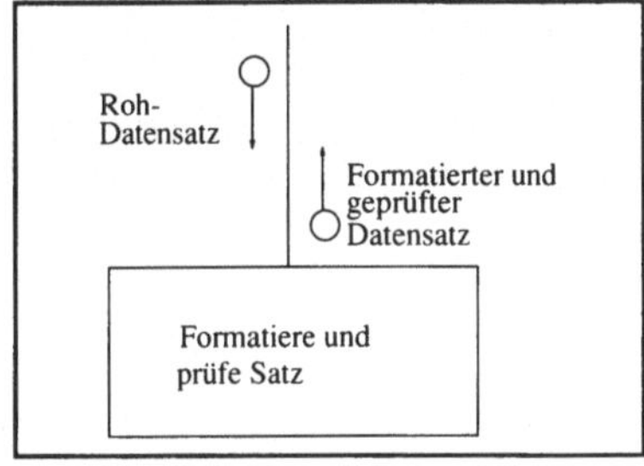

Bild 4-9: Sequentielle Kohäsion

Bei Änderungen einer Teilfunktion besteht die Gefahr der verse-
hentlichen Änderung der anderen Teilfunktionen, da sie sich im
gleichen Modul befinden.

<u>Lösung</u>

Aufteilung der Funktionen auf mehrere Moduln.

<u>Gefahren</u>

Das rufende Modul kann durch die Aufteilung möglicherweise zu
viele direkt nachgeordnete Moduln erhalten. Sollte dies der Fall
sein, ist der Vorteil der höheren Kohäsion dagegen abzuwägen.

Im Zweifel ist ein Modul mit sequentieller Kohäsion der Verletzung des Prinzips der 'Magischen Sieben' vorzuziehen.

In vielen Fällen ist sequentielle Kohäsion dem Ziel des Erstellens zuverlässiger Software nicht abträglich.

4.1.4.3   Kommunikative Kohäsion

Kommu-
nikative
Kohäsion

Verwendet ein Modul, beziehungsweise verwenden die Aktivitäten innerhalb des Moduls zur Durchführung ihrer wesensmäßig verschiedenartigen Aufgaben gleiche Eingangs- bzw. Ausgangsdaten, handelt es sich um kommunikative Kohäsion.

<u>Beispiel</u>

Aus einer Datenbank sei der 'Kundenname' und der 'Kreditsaldo' zu ermitteln. Im schlechten Beispiel geschieht dies in einem einzigen Modul mit kommunikativer Kohäsion. Sollte an einer anderen Stelle des Programmsystems die Ermittlung ausschließlich des Kundennamens notwendig sein, kann man entweder dieses Modul mit seiner unnötigen Datenkopplung (Kreditsaldo) akzeptieren, oder erneut die Anweisungen zum Finden des Kundennamens codieren.

<u>Beispiel 4-7: Gut</u>   <u>Schlecht</u>

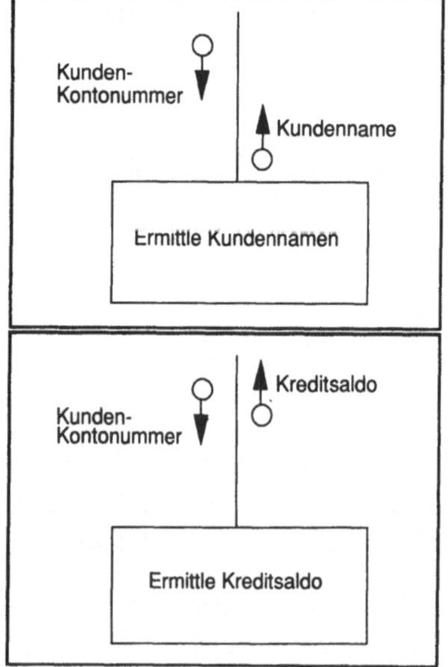

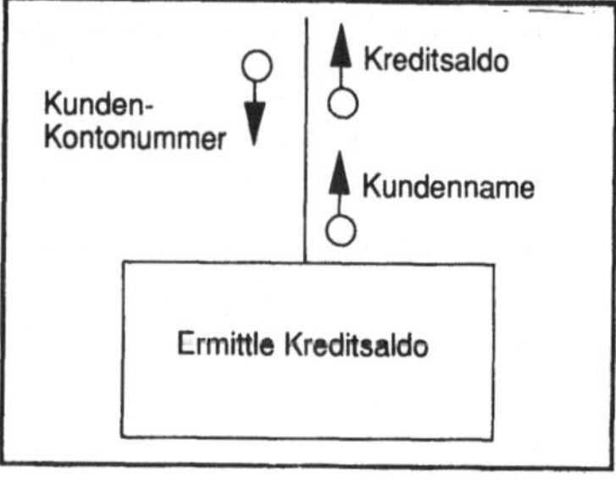

Ähnlich wie bei der sequentiellen Kohäsion liegt ein negativer Einfluß insbesondere bei der Wartung und Wiederverwendbarkeit der Moduln vor.

<u>Lösung</u>

Trennung des Moduls nach Funktionen. Aufteilung der Funktionen auf mehrere Moduln.

<u>Gefahren</u>

Es besteht jedoch die Gefahr einer Aufteilung in zu viele nachgeordnete Moduln. Im Gegensatz zur Tolerierung von Moduln mit sequentieller Kohäsion sind hier jedoch wesentlich strengere Maßstäbe anzusetzen. Bei Abwägung der Risiken und Aufwendungen einer Überarbeitung des Entwurfs der rufenden Funktion ist in manchen Fällen das Beibehalten eines Moduls mit kommunikativer Kohäsion einer Änderung des Entwurfs vorzuziehen.

4.1.5   Prozedurale Kohäsion

Bei der prozeduralen Kohäsion werden in einem Modul verschiedene voneinander unabhängige Aktivitäten ausgeführt.

Proze-durale Kohäsion

Dabei wird die Kontrolle zur Durchführung einer Aktivität von einer Teilaktivität an die nächste weitergegeben. Dies ist im Verhalten deutlich von der sequentiellen Kohäsion unterschieden, bei der Daten von einer zur nächsten Teilaktivität weitergegeben wurden.

Mit dieser Form der Kohäsion wird die Grenze der 'läßlichen Sünden' überschritten.

Der Pseudocode für den Schreib-/Lese- und Editier-Modul laute:

```
modul Schreib/Lese und Edit-Modul
    verwende stammsatz
    schreibe stammsatz
    lies kundensatz
    fülle alle numerischen felder
            mit führenden Nullen auf
    erstelle teileditierten kundensatz
endmodul
```

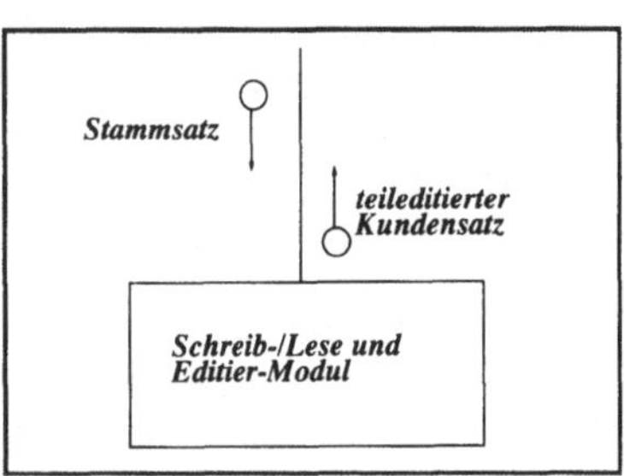

Bild 4-10: Prozedurale Kohäsion

<u>Lösung</u>

Die Lösung dieser und aller folgenden Kohäsionsvarianten liegt in einer Überarbeitung des Entwurfs. Nur so lassen sich durch 'Flußdiagramm-Denken' oder falsche Modularisierung entstandene 'Funktionscluster' in Funktionen höherer Kohäsionsstufen gliedern.

<u>Gefahren:</u>

Keine!

4.1.5.1 Zeitliche Kohäsion

Zeitliche Kohäsion Zeitliche Kohäsion läßt sich gut an einem Beispiel aus dem täglichen Leben beschreiben. Beachten Sie die Beschreibung der folgenden abendlichen Vorgänge:

<u>Modul 'Tagesabschluß'</u>

1.   Ausschalten des Fernsehers
2.   Frühstückskaffee vorbereiten
3.   Katze vor die Tür setzen
4.   Zähne putzen
5.   Zu Bett gehen
6.   Licht ausschalten

Der Modul 'Tagesabschluß' besteht aus sechs voneinander völlig unabhängigen Teilfunktionen, deren einzige Gemeinsamkeit das Faktum ist, daß sie zu einem bestimmten Zeitpunkt aktiviert werden.

Bild 4-11 dokumentiert diese Situation an einer EDV-Anwendung. Schon die grafische Repräsentation zeigt die Unübersichtlichkeit des Moduls.

Wenn die Funktionalität des Systems geändert werden muß, führt die Existenz von Moduln dieses Kohäsionsgrades zu amüsanten, aber unerwünschten Resultaten.

Nehmen wir an, daß im Beispiel aus dem 'täglichen Leben' auf Grund geänderter Anwesenheitszeiten der betroffenen Person die 'Spielregeln' angepaßt werden müssen:

Die Katze muß schon mittags vor die Tür gesetzt werden.

```
modul initialisierung
*pflegt zähler_a/_b, feldtabelle,*
*summentabelle,schalter_a/_b*
  rewind tape_a
  set zähler_a=0
  rewind tape_b
  set zähler_b=0
  clear feldtabelle
  clear summentabelle
  set schalter_a=TRUE
  set schalter_b=FALSE
endmodul
```

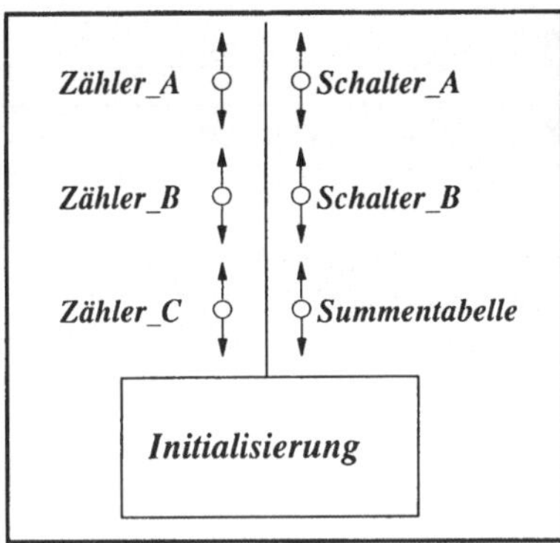

Bild 4-11: Zeitliche Kohäsion

Da es zur Zeit nur einen Modul gibt, der die Fähigkeit 'Katze vor die Tür setzen' hat und falls den geänderten Verhältnissen nur durch Einsatz des bestehenden Moduls Rechnung getragen werden soll, folgt daraus: Die Person ist auf Grund der Modulstruktur gezwungen, bereits mittags

- den Fernseher auszuschalten,
- den Frühstückskaffee vorzubereiten,
- die Zähne zu putzen,
- zu Bett zu gehen und
- das Licht auszuschalten.

Die Konsequenzen von Änderungen des Umfelds bei Moduln mit zeitlicher Kohäsion sind offensichtlich.

Nehmen wir an, daß sich im EDV-orientierten Beispiel ebenfalls die Notwendigkeit einer Änderung ergebe:

> Bei der Vollinitialisierung UND bei Monatswechsel müssen das Tape_b, der Schalter_b und die Summentabelle initialisiert werden.

Es gibt zwei Lösungsvarianten unterschiedlicher Qualität. Beide Lösungsvarianten verschlechtern die Wartbarkeit. Die zweite Variante, die in der Realität nur zu oft gewählt wird, verschlechtert zusätzlich den Kopplungsgrad zur Kontrollkopplung und verändert die 'black box' zu einer 'grey box':

modul initialisierung tape_b
* pflegt summentabelle, schalter b *
  rewind tape_b
  clear summentabelle
  set schalter_b=FALSE
endmodul
	modul initialisierung
	* pflegt zähler a, zähler b, feldtabelle,
	  summentabelle, schalter a, schalter b
	  Schalter monwechs und
	  vollini steuern*
	if voll_ini=true
	   rewind tape_a
	   set zähler_a=0
	   ...
	endif
	if monwechs=true or voll_ini=true
	   clear summentabelle
	   rewind tape_b
	   set schalter_b=FALSE
	endif
	endmodul

Lösung

Die Verbesserung dieser durch Flußdiagramm-Denken und durch
Definition von Initialisierungs- und Ende-Moduln entstandenen
Situation kann durch bessere Beachtung der schon beschriebenen
Prinzipien erfolgen.

Gefahren

Nach der Aufteilung des Moduls nach Funktionen müssen neue
Moduln aus den Teilen und möglicherweise anderen gleichartigen
Funktionalitäten des Gesamtsystems gebildet werden.

4.1.5.2   Zufällige Kohäsion/Klassenbildung

Zufällige Kohäsion Durch spontanes 'zufallsgesteuertes' Modularisieren entstehen
Moduln/Objektklassen ohne innere Bindung. Da sie keine präzise
definierte einheitliche Aufgabe erfüllen, muß der rufende Modul
zur korrekten Steuerung Detailkenntnisse über den gerufenen Modul besitzen. Bei der objektorientierten Programmierung ist in der
Praxis der häufigste und schlimmste Fehler die Definition von
Klassen, die keine sind.

In den nächsten beiden Beispielen soll folgender Aspekt (hier unter Datengesichtspunkten) hervorgehoben werden: Obwohl die

Klassen *bogen* und *rechteck* grafische Klassen sind und daher gemeinsame Eigenschaften haben, wäre die direkte Abstammung von derselben Klasse nicht sinnvoll. Die Variablen 'x' und 'y' bezeichnen die Koordinaten des Mittelpunktes in der Klasse *kreis*. Drei Variablenpaare 'x1,y1,x2,y2,x3,y3' bezeichnen die Koordinaten dreier Eckpunkte der Klasse *rechtwinklige_Vierecke*. Die Methode *Vorbelegung* dient bei allen Klassen zur Vorbelegung der Variablen.

Beispiel 4-9: <u>Gut</u>   <u>Schlecht</u>

Gut	Schlecht

```kreis = OBJECT```
 `x, y, radius : INTEGER;`
 `PROCEDURE Vorbelegung`
 `    (vorbelegung_x, vorbelegung_y,`
 `     vorbelegung_radius : INTEGER)`
 `END;`
 `bogen = OBJECT(kreis)  anfangs-`
 `    winkel, endwinkel : INTEGER;`
 `PROCEDURE Vorbelegung`
 `(vorbelegung_x, vorbelegung_y,`
 `vorbelegung_radius,`
 `vorbelegung_anfangswinkel,`
 `vorbelegung_endwinkel: INTEGER)`
 `END;`
	`(* Die Objekte 'bogen' und 'rechteck'`
	 `haben zu wenige gemeinsame Eigen-`
	 `schaften, um beide Nachkommen`
	 `derselben Klasse zu sein. *)`
	
	 `bogen = OBJECT(kreis) anfangs-`
	 `    winkel, endwinkel : INTEGER;`
	 `PROCEDURE Vorbelegung`
	 `(vorbelegung_x, vorbelegung_y,`
	 ` vorbelegung_radius,`
	 ` vorbelegung_anfangswinkel,`
	 ` vorbelegung_endwinkel:INTEGER)`
	 `END;`

`rechtwinklige_vierecke = OBJECT`
 `    x1,x2,x3,y1,y2,y3 : INTEGER`
 ` (* Koordinaten dreier Eckpunkte *)`
 `END;`
 `rechteck=OBJECT`
 `        (rechtwinklige_vierecke)`
 `PROCEDURE Vorbelegung`
 `  (vorbelegung_x1, vorbelegung_x2,`
 `   vorbelegung_x3, vorbelegung_y1,`
 `   vorbelegung_y2, vorbelegung_y3`
 `           : INTEGER)`
 `END;`
	`rechteck = OBJECT(kreis)`
	 `    x1,x2,x3,y1,y2,y3 : INTEGER;`
	 ` (*Koordinaten dreier Eckpunkte*)`
	
	 `PROCEDURE Vorbelegung`
	 ` (vorbelegung_x1, vorbelegung_x2,`
	 `  vorbelegung_x3, vorbelegung_y1,`
	 `  vorbelegung_y2, vorbelegung_y3`
	 `          : INTEGER)`
	 `END;`

Im guten Beispiel ist die Klasse '*rechtwinklige_Vierecke*' im Sinne der objektorientierten Programmierung eine Schnittmenge aller rechtwinkligen Vierecke und nicht eine Vereinigungsmenge von diesen. Es beinhaltet Elemente, die allen rechtwinkligen Vierekken gemeinsam sind.

Wenn man diese Beispiele unter manipulativen Gesichtspunkten betrachtet, könnte die direkte Abstammung von derselben Vaterklasse durchaus sinnvoll sein.

<u>Lösung</u>

Trennung des Moduls nach Funktionen, falls notwendig Verdichtung zu neuen Moduln auf niedrigerer Ebene.

<u>Gefahren</u>

Auch hier gilt: Es kann nur besser werden.

Der Aufwand des neuerlichen Durchdenkens der Klassenstruktur kann jedoch beträchtlich sein.

4.1.6 Prinzip der 'heilen' Welt

Die Aussagen zu diesem Prinzip sind zwar nicht gleichermaßen zwingend wie die bisher vorgestellten, jedoch ebenso nachvollziehbar und kollektiver Erfahrungsschatz der mit der Software-Erstellung Beschäftigten. Die kreative Arbeit bei der Erstellung eines Software-Entwurfs sollte mit dem Ansatz der fehlerfreien 'idealen' Welt, des 'eingeschwungenen Zustands', beginnen und erst nach Kenntnis der Teilfunktionalitäten schrittweise Sonderfälle und Fehlersituationen einbeziehen.

Erst die Essenz, dann die Sonderfälle

Bei alternativem Ansatz führt die Priorisierung bzw. gleichwertige Berücksichtigung von Fehler- und Sondersituationen von Beginn des Software-Entwurfs an häufig zu unnötig komplizierten und somit mißverständlichen und fehleranfälligen Strukturen. Das gleiche gilt, wenn zu früh von geringstmöglichem Betriebsmittelbedarf ausgegangen wird.

> *Es ist leichter, ein funktionierendes System effizienter als ein auf Effizienz angelegtes System funktionsfähig zu machen.*

Das Prinzip der 'heilen Welt' weist als 'Zeitraum-Betrachtung' schon in den Bereich des Projektmanagements, während alle anderen Prinzipien als Einzelaussagen zu Produkten zu betrachten sind.

4.1.7   Prinzip der 'Magischen Sieben'

Die kognitiven Fähigkeiten des Menschen können Gruppen von bis zu sieben Objekten simultan erfassen. Bei mehr als sieben Objekten sinkt diese Fähigkeit rapide /Mil56/.

Diese Erkenntnis ist die Motivation zur Begrenzung aller Vorgänge und Strukturen innerhalb einer Betrachtungseinheit (Dokumentation, Programm etc.), die spontan und simultan erkannt und bearbeitet werden sollen, auf maximal sieben Elemente.

Alle anderen Prinzipien müssen beachtet werden

Die 'Magische Sieben' sollte nur in begründeten Ausnahmefällen überschritten werden. Dabei ist jedoch zu beachten, daß alle anderen Prinzipien nach wie vor berücksichtigt werden müssen. Gut gegliederte Funktionsstrukturen sind immer besser als andere, die 'sklavisch' einer absoluten Vorgabe (z. B. nie mehr als 7) folgen!

Beispiel 4-10: Gut   Schlecht

Gut	Schlecht
1. Reihenfolgeprüfung	1. Eingangsprüfungen
2. Satzvalidierung	
3. Umformatierung	
4. Prüfziffernermittlung	
5. Datensatz zur Fortschreibung zusammenstellen	2. Datensatz bearbeiten
6. Zusammengestellten Datensatz fortschreiben	
7. Freien Datenbereich ermitteln	3. Protokoll erstellen
8. Protokoll erstellen	

Im links stehenden Beispiel werden acht gut spezialisierte Teilfunktionen der Hauptfunktionalität 'Fortschreibung der Stammdaten' definiert. Es wird jedoch das Prinzip der 'Magischen Sieben' verletzt. Im rechts stehenden Beispiel wird eine gute Gliederung in Teilfunktionen suggeriert auf Grund der Tatsache, daß nur drei Teilfunktionen existieren, das Prinzip der 'Magischen Sieben' also nicht verletzt wird.

Anforderungsspezifikationen, die wie im rechten Beispiel vage formulierte Beschreibungen ('Eingangsprüfungen') enthalten, führen entsprechend der Erfahrung zu Programmen, die in gleichem Maße unpräzise den Inhalt der Beschreibung erfüllen. Die Anwendung wird hinsichtlich dieser Teilfunktion unzuverlässig. Daher ist also die linke Lösungsvariante vorzuziehen.

4.2   Regeln für den Software-Entwurf

Vor Beginn des eigentlichen Entwurfs-Vorgangs ist zu prüfen, welche Anforderungen zu erfüllen sind. Diese müssen schriftlich vorliegen. Die sie enthaltende Schrift wird hier 'Anforderungsspezifikation' genannt.

<u>Regeln</u>

- Vor Beginn der eigentlichen Entwurfstätigkeit ist die Anforderungsspezifikation vom Entwickler zu überprüfen, um sicherzugehen, daß die Anforderungen verstanden wurden.
- Bei der Überprüfung der Anforderungsspezifikation ist neben den inhaltlichen Aspekten auch auf Vollständigkeit und Widerspruchsfreiheit zu achten.
- Es ist zu überprüfen, ob in der Anforderungsspezifikation nur das *WAS* und nicht das *WIE* behandelt wurde.
- Der Entwickler soll sich die Richtigkeit seines Verständnisses vom Auftraggeber bestätigen lassen.

<u>Erläuterung</u>

Etwa ein Drittel der Prüfzeit der Anforderungsspezifikation sollte mit der Klärung über das reine Verständnis hinausgehender Fragen zugebracht werden.

Des weiteren ist festzuhalten, wo *Änderungen* der Anforderungen

- im Laufe der Erstellung des Software-Produkts sowie
- im Laufe seines späteren 'Lebens'

zu erwarten oder möglich sind und unter Umständen auch, wo nicht.

Im Rahmen der Überprüfung sind anhand des vorläufigen Benutzerhandbuchs auch software-ergonomische Aspekte zu beachten, insbesondere die *Benutzerfreundlichkeit* der aufgestellten Anforderungen.

Mit besonderer Sorgfalt sind die Teile der Anforderungsspezifikation zu überprüfen, die Reaktionen der Anwendung auf *fehlerhafte Eingaben oder Eingangssignale* beschreiben.

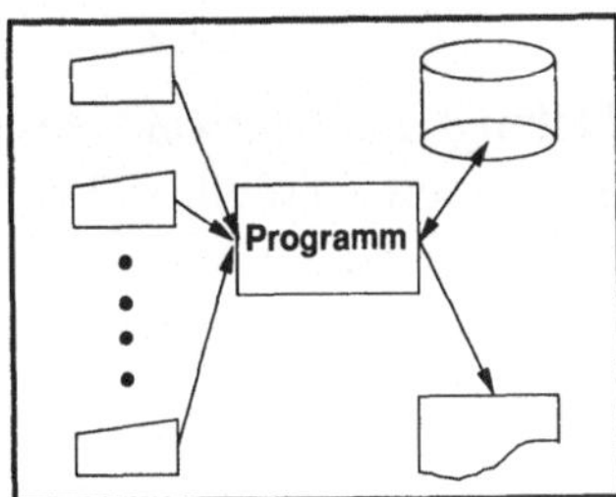

Bild 4-12: Grafische Darstellung

Von Ausnahmefällen abgesehen, sind grafische Darstellungen beispielsweise entsprechend DIN 66001 oder den Methoden der Strukturierten Analyse zu verwenden.

Die im folgenden aufgeführten Regeln sind numeriert, um ihre Referenzierung zu erleichtern. In jedem Software-Entwicklungsvorhaben soll zwischen den Beteiligten vereinbart werden, wie die Regeln zu interpretieren sind, insbesondere, welche strikt eingehalten werden müssen. Weiterhin ist eine Interpretation deshalb unumgänglich, weil es Sichtweisen gibt, nach denen die Regeln widersprüchlich sind. Um sie so einprägsam und knapp wie möglich zu halten, sind manche Regeln nur als Stichworte formuliert.

4.2.1   Änderungsfreundlichkeit

I.1

Man soll sich bereits in einem frühen Entwurfsstadium Rechenschaft darüber geben, *welche Teile* der Software voraussichtlich *Änderungen* unterworfen werden und welche nicht.

Die Grobstruktur des Programms für eine Operations-Statistik eines Krankenhauses umfaßt z. B. folgende Routinen:

- Dateneingabe
- Überprüfung der eingegebenen Daten
- Zugangsprozeduren zu dem Programm
- Datensicherungsprozeduren
- Verarbeitungsprozeduren für die Statistik
- Auswahlprozeduren für die verschiedenen Programmteile.

Änderung der Software ist nur in den beiden zuletzt genannten Teilen, den Verarbeitungsprozeduren und Auswahlprozeduren, zu erwarten.

I.2

Die Modularisierung ist so zu wählen, daß die wahrscheinlichsten Änderungen mit der *Änderung eines oder nur weniger Bausteine bzw. Moduln* ausführbar sind.

Beispiel:

Da die zwei Programmteile: 'Verarbeitung' und 'Auswahl' aus dem Beispiel zu *I.1* wahrscheinlich geändert werden, sollten sie in jeweils einem Baustein (Unit, Prozedur-Datei) untergebracht werden. Die restlichen Programmteile sollten sich in anderen Bausteinen befinden.

I.3

Jede Verbesserung der Änderungsfreundlichkeit ist sorgfältig *abzuwägen* gegen dem damit normalerweise verbundenen Mehrverbrauch an Rechenzeit, Speicherplatz und andren Betriebsmitteln.

4.2.2   Grundsätze des Entwurfs

II.1

Bei Programmen, deren Umfang 20 Seiten an Code übersteigt, soll der Entwurf mindestens *zwei Stufen* umfassen:
- den *Grobentwurf* (Systemarchitektur) und
- den *Feinentwurf* (Unterprogrammstruktur).

Aus dem Grobentwurf kann die Gliederung in Units bzw. (je nach Sprache) in Packages hervorgehen. Bei der objektorientierten Programmierung ist das Ergebnis des Grobentwurfs die Klassenbildung. Aus dem Feinentwurf entsteht eine Gliederung in Unterprogramme und bei der objektorientierten Programmierung eine Gliederung in Methoden und Daten, die jede Klasse beinhaltet.

Beispiel 4-11: Empfohlene Programmstrukturen

Seiten Code < 2	2< Seiten Code <20	Seiten Code > 20
PROGRAM	PROGRAM	PROGRAM
...	...	...
...	PROCEDURE	END.
...	...	
...	PROCEDURE	UNIT
END.	...	...
	FUNCTION	PROCEDURE
	...	...
	PROCEDURE	FUNCTION
	...	...
	FUNCTION	UNIT
	...	...
	END.	PROCEDURE...

II.2

Wahl eines geeigneten *Modells* zur Lösung des Problems; Vorgehen nach den Modellvorgaben. Mögliche Lösungsverfahren dieser Art sind das Arbeiten mit

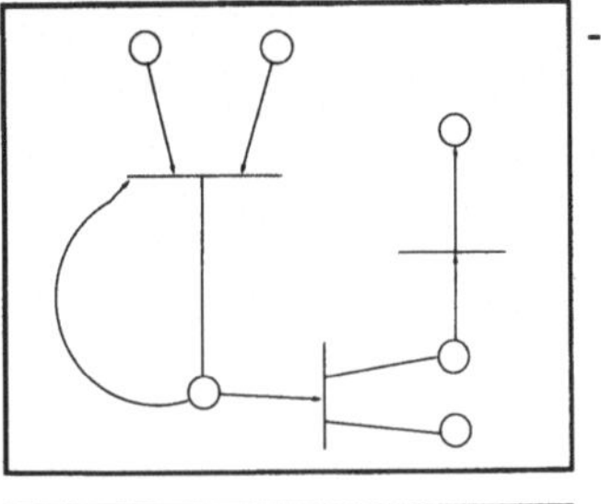

- *Petri-Netzen,*

  falls dynamisches Verhalten zu modellieren ist,

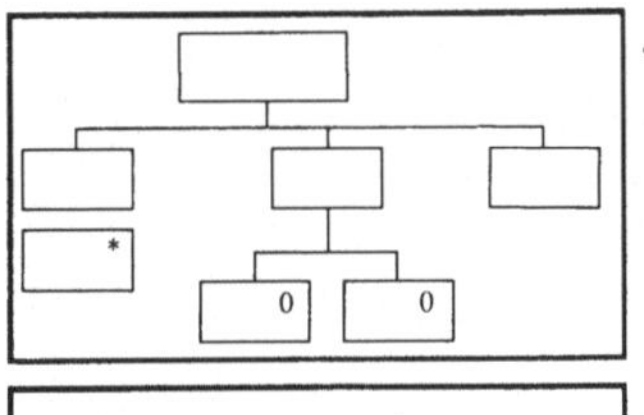

- *Jackson Structured Programming,*

  falls die Abhängigkeiten von der Datenstruktur bestimmt sind,

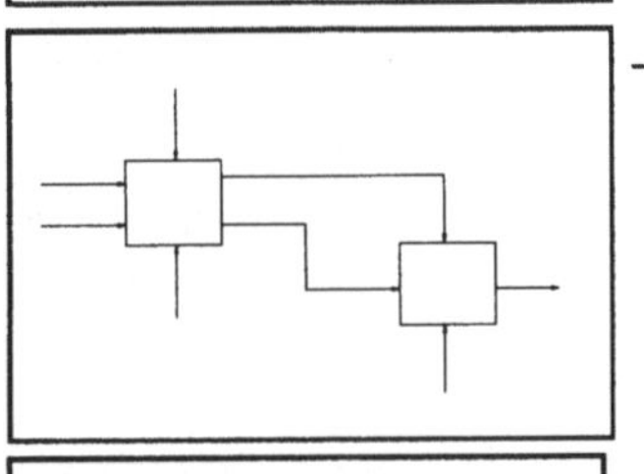

- *Structured Analysis and Design Technique,*
  falls Datenbewegungen zwischen Aktivitäten eine wichtige Rolle spielen,

$$n \in N \wedge x \in N \wedge$$
$$(\forall i: i \in N_1, i \leq n: A(i) \in N)$$

- Beschreibung in *Prädikatenlogik,* falls sich die Aufgabe in die Beschreibung verschiedener Einzelzustände und deren Übergänge zergliedern läßt. Siehe auch Notation des Anhangs B.

II.3

Der Entwurf muß in seinem Aufbau sowie seiner Daten- und Ablaufstruktur das zu lösende *Problem widerspiegeln.* Gliederungsaspekte können im einzelnen sein:

- Art der *Funktion,*
- Zuordnung zu bestimmten *Geräten,*

- Behandlung bestimmter *Daten,*
- *Echtzeit-Aspekte,*
- Fragen der *Änderungsfreundlichkeit,*
- *Sicherheitsaspekte,*
- schmale *Datenschnittstellen.*

Im allgemeinen wird jedes System einen Kompromiß zwischen mehreren sich anbietenden Gliederungsaspekten darstellen. Die Gliederungsgesichtspunkte sind deutlich hervorzuheben.

II.4

Zuerst sind *Grundsatzfragen* zu klären:

- Wie hat die Grobgliederung auszusehen?
- Wie sehen die wichtigsten Datenstrukturen aus?
- Wo werden die Hauptfunktionen ausgeführt?

II.5

Ein *Top-down-Entwurf* oder ein gemischter Entwurf ist einem reinen Bottom-up-Entwurf vorzuziehen.

II.6

Während der Erstellung notwendig werdende *Änderungen* sind *vom Allgemeinen zum Speziellen* fortschreitend nachzuziehen.

II.7

Unterliegt die Software besonderen *Zuverlässigkeitsanforderungen,* soll man während des gesamten Entwurfsvorgangs die anzuwendenden *Verifikationsmethoden* im Auge haben und sein Programm so gestalten, daß es leicht verifizierbar ist.

II.8

In Übereinstimmung mit den gewählten Nachweisverfahren sind Zwischen-Verifikationsschritte vorzusehen.

II.9

Die Schnittstellen der Methoden (Teile der Methodenbeschreibung, die auch in den Botschaften an die Objekte verwendet werden, um die Methoden zu aktivieren) sind wie bei Unterprogrammen besonders deutlich im Methodenkopf zu beschreiben.

Der Klassenkopf muß beinhalten:

- Klassennamen und -variablen
- Vaterklassen
- Methodennamen

II.10

Bei der Bearbeitung von Objekten mit gemeinsamen Haupteigenschaften und verschiedenen Teileigenschaften ist Polymorphie zu verwenden (siehe auch Seiten 179ff.).

4.2.3   Einzelheiten des Programmentwurfs

III.1

Der Entwurf soll *werkzeugunterstützt* vor sich gehen; das Werkzeug soll auch die Kommentierung unterstützen.

III.2

Während des Entwurfs ist das Datenlexikon (Data Dictionary) einzurichten bzw. das der Anforderungsspezifikation fortzuführen.

III.3 Projektbegleitende Dokumentation

Beispiel 4-12: Gut   Schlecht

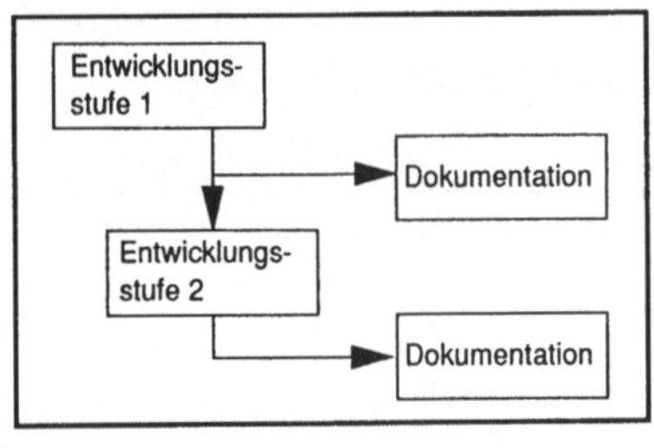

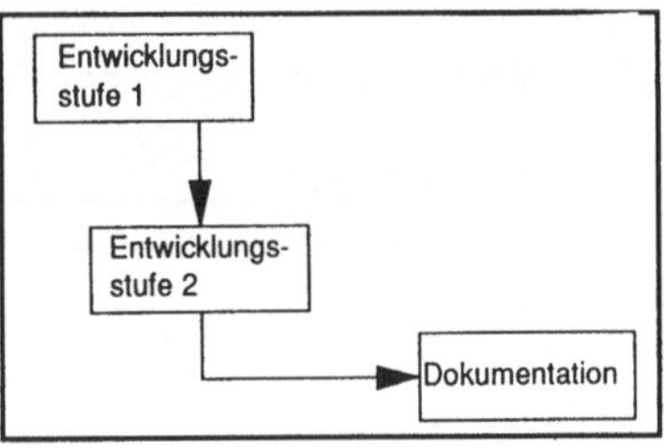

III.4

Wahl einer dem Problem *angemessenen Datenstruktur* (z.B. vom Problem abgeleitet, der Aufgabe entsprechend)

Funktionale Kohäsion

Beispiel:
In einer Firma werden Rechnungen an die Kunden verschickt. Zu diesem Zweck soll ein Programm zur Adressenverwaltung ge-

73

schrieben werden. Die Adressen werden bei der Rechnungsschreibung in den Rechnungskopf eingesetzt.

Beispiel 4-13: Gut   Schlecht

```
TYPE zeiger = ^adresse;              TYPE zeiger = ^adresse;
   adresse = RECORD                     adresse = RECORD
   anrede   : STRING[10];               vorname: STRING[20];
   vorname : STRING[20];                name   : STRING[20];
   name     : STRING[20];               strasse: STRING[20];
   strasse  : STRING[20];               plz   : STRING[4];
   hausnr   : STRING[ 4];               ort   : STRING[20];
   plz      : STRING[ 4];               BestNr : STRING[10];
   ort      : STRING[20];               KontoNr: STRING[10];
   END;                              END;
```

Im rechts stehenden Beispiel werden die Daten '*BestNr*´ und ´*KontoNr*' in der Struktur 'Adresse' geführt, obwohl sie sachlich nicht dazu gehören.

III.5

Wahl einer dem Problem *angemessenen Programm-Ablaufstruktur* (z.B. vom Problem abgeleitet, der Aufgabe entsprechend; siehe auch Seiten 80ff.).

III.6

Abfangen von *Versagensfällen* während des Laufs und *wohldefinierte Programmreaktion* bei Erkennung einer Fehlfunktion.

Beispiel 4-14: Gut   Schlecht

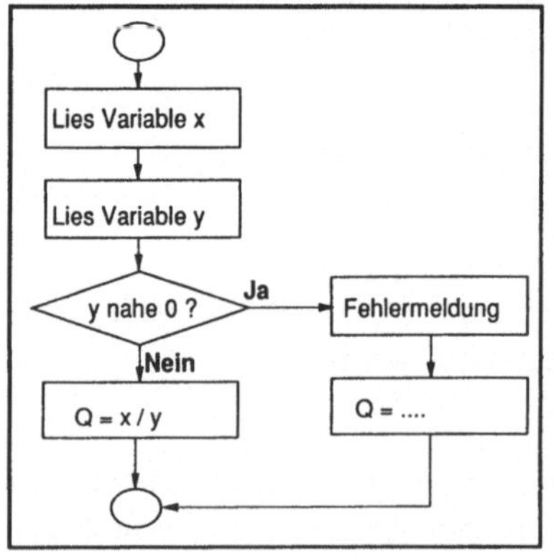

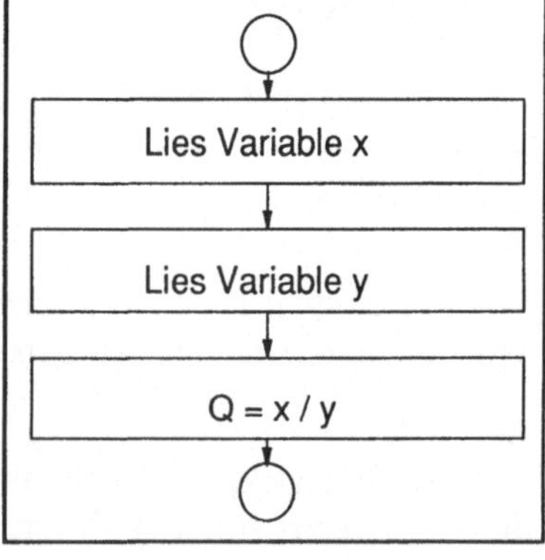

III.7

Nur autorisiertes Lesen (Datenschutz) oder Schreiben (Datenschutz, Datensicherheit).

III.8

Schutz von Konstanten und des ausführbaren Codes gegen Überschreiben (nur bei hohen Zuverlässigkeitsanforderungen), beispielsweise durch Verwendung von ROMs, Speichersegmentierungen oder erzwungene Überwachung der Adressierung.

III.9

Dateien sollen nach Möglichkeit nur von hierfür spezialisierten Bausteinen (siehe auch Prinzip der engen Kohäsion) verändert werden. Am Beispiel des Lesens und Schreibens einer Datei sei dies verdeutlicht:

Beispiel 4-15: Gut   Schlecht

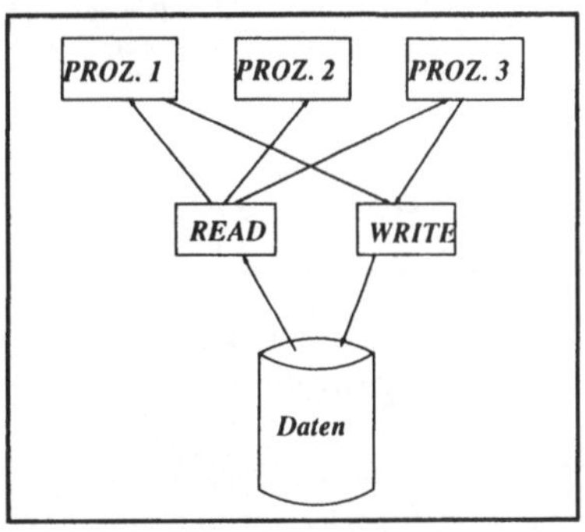

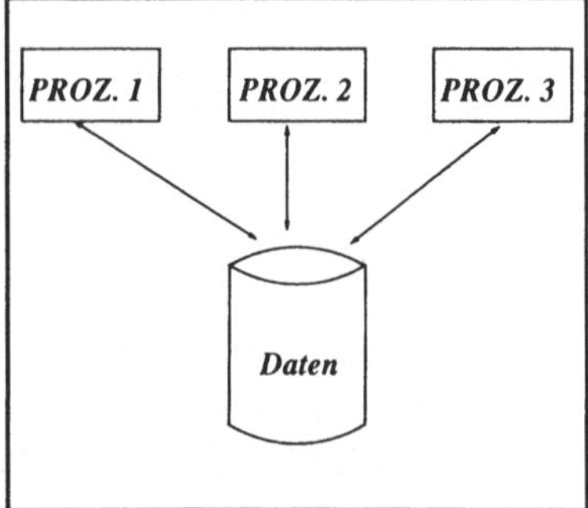

III.10

Minimierung der Echtzeiteinflüsse; Gründe für Abweichungen sind zu dokumentieren.

Beispiel:
Bei zeitkritischen Aufgaben mögen Unterbrechungen unumgänglich sein, damit die Zeitforderungen erfüllt werden können.

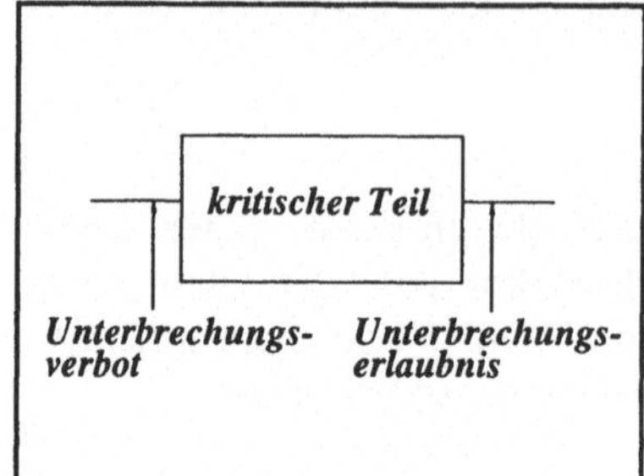

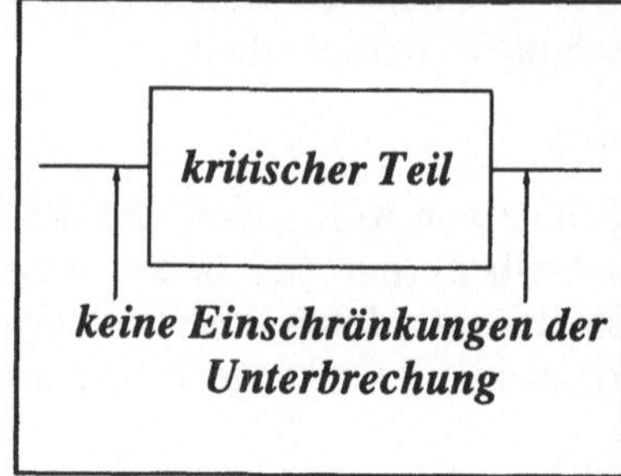

III.11

Während des Entwurfs ist festzuhalten, *wo* seitens der Software auf *Hardware-Eigen-
schaften* eingegangen werden
muß. Beispielsweise ist die
Rechengenauigkeit der zu ver-
wendenden Hardware fest-
zuhalten.

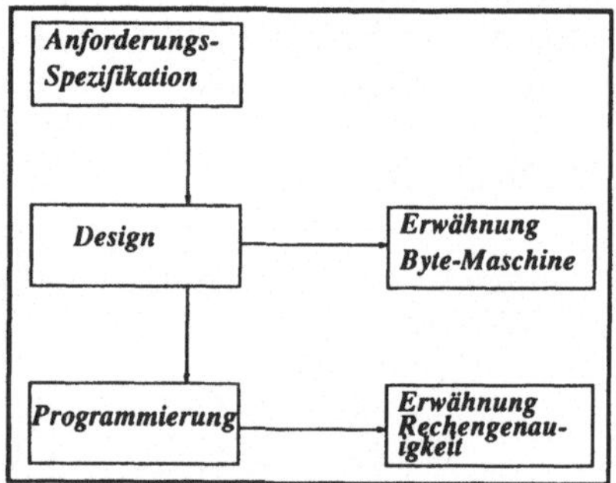

Bild 4-13: Dokumentation
Hardware-Eigenschaften

III.12

Das *Wiederverwenden* bereits
vorhandener Bausteine ist ab-
zuwägen gegen die möglicherweise damit verbundenen
Anpassungsprobleme. Dabei sind eher *Bibliotheksfunktionen* zu
benutzen als neue zu schreiben!

Begründung:
> Zeitersparnis und Zuverlässigkeitsgewinn; in der Regel auch
> gut dokumentierte Schnittstelle.

Vorausgesetzt ist die Betriebsbewährtheit der Routinen.

III.13

Einhaltung vereinbarter Bausteingrößen und -komplexitäten; etwa
bezüglich ihrer Ablaufgraphen.

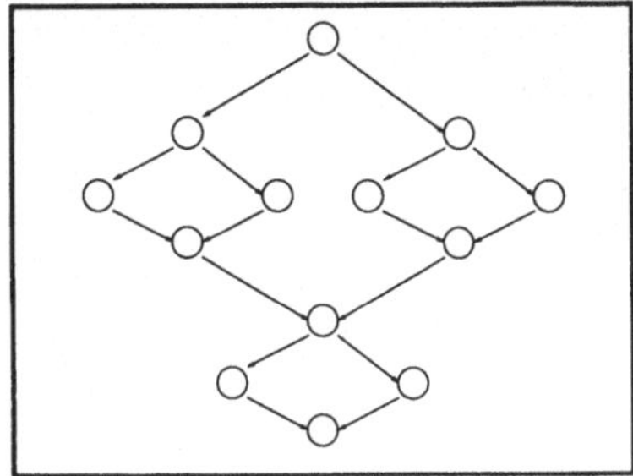 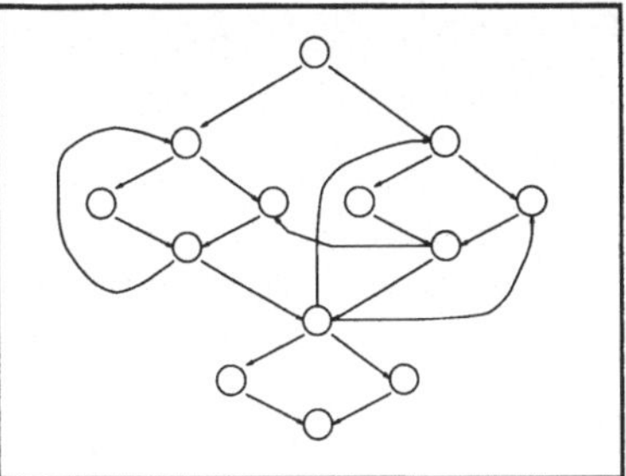

III.14

Um Portabilität zu erreichen, weitestgehende *Unabhängigkeit von der Hardware,* auf der das Programm laufen soll, anstreben.

4.3 Regeln für die Codierung (Programmerstellung)

Wie schon in der Einleitung zum Kapitel 4 erläutert, verstehen sich die vorgeschlagenen Regeln vor allem für gängige 'Höhere Programmiersprachen', wie FORTRAN, Pascal, Modula, Ada, C, COBOL oder dergleichen. Einige dieser Regeln werden durch manche dieser Sprachen bereits mehr oder weniger gut unterstützt.

Die Regeln bedürfen einer sprachspezifischen Interpretation. Für Assemblerprogramme gelten sie nur eingeschränkt. Sie sind auch nicht für Systemprogramme gedacht, sondern in erster Linie für Anwenderprogramme. Auch Programme in objektorientierten Sprachen oder in deklarativen Sprachen werden hiervon nur hinsichtlich ihrer prozeduralen Anteile erfaßt.

Des weiteren gelten diese Regeln für *'normale' Software,* also für Programme, die für verschiedene unterschiedliche Anwender gedacht sind, die also keine Einzelstücke darstellen, andererseits aber auch nicht besonders hohe Anforderungen zu erfüllen brauchen. Regeln für sicherheitsrelevante Software wären viel enger zu ziehen.

4.3.1 Grundsätze

G1 - Verständlichkeit

Verständlichkeit für andere Fachleute ist ebenso wichtig wie Korrektheit der logischen Funktion.

Begründung:
   Die meiste Arbeit wird in der Programmpflege aufgewendet. Verständlichkeit ist zudem wichtig für die Nachweisführung.

<u>Beispiel 4-18: Gut</u>   <u>Schlecht</u>

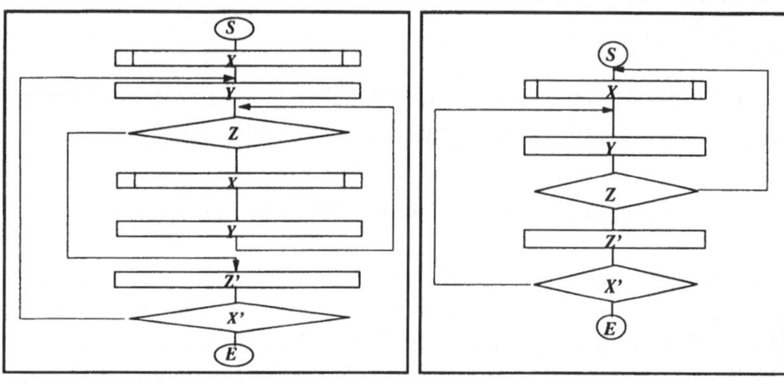

G2 - Lesbarkeit gegen Zeitersparnis

Lesbarkeit eines Programms ist wichtiger als Zeitersparnis beim Schreiben.
Begründung:
   Wie oben; zusätzlich: Jedes Programm wird öfter gelesen als geschrieben (siehe auch Punkt A4 auf Seite 81).

G3 - Vermeiden von 'Tricks'

Folgende 'Tricks' sollen nicht angewendet werden:

-   Mehrfachverwendung von Speicherplatz für jeweils verschiedene Zwecke
-   Veränderung des Wertes des Schleifenzählers in einer FOR-Schleife
-   Manipulation von Zeichen oder Zeichenreihen über arithmetische oder logische Operationen
-   Nachbildung von Punktrechnungsarten mit Schiebebefehlen

- Einstreuung von Assembler- oder Maschinen-Befehlen
- Änderungen von Anweisungen oder Befehlen durch das Programm selbst

G4 - Reihenfolge

Lesbarkeit vom Anfang zum Ende innerhalb eines Bausteins.

Beispiel 4-19: Gut   Schlecht

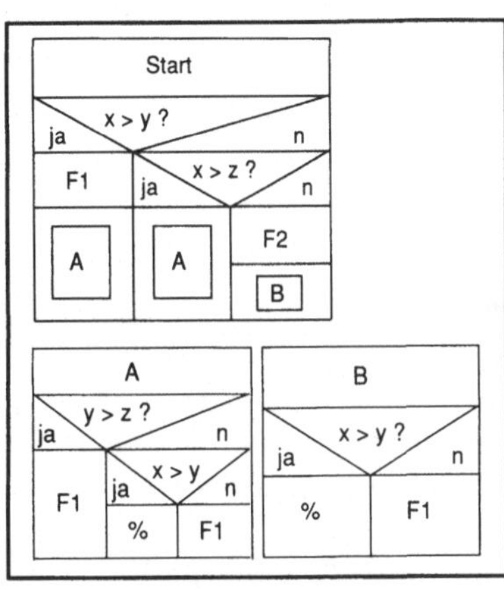

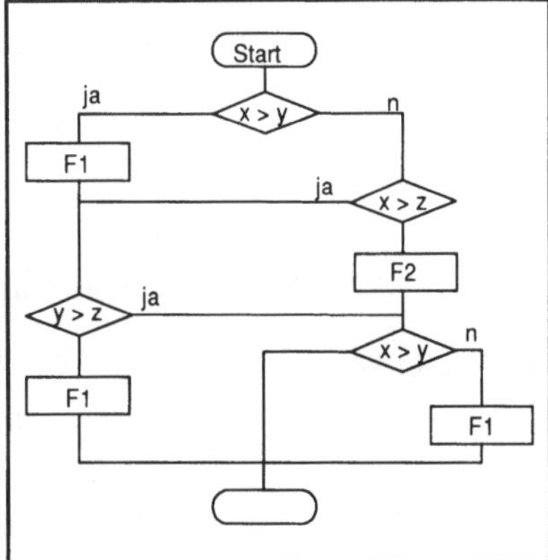

G5 - Betriebsmittelbedarf

In vielen Fällen ist die Verständlichkeit wichtiger als geringer Betriebsmittelbedarf (z. B. Bedarf an Speicherplatz oder Rechenzeit).

G6 - Problemorientierter Aufbau

Das Programm muß in seinem Aufbau, seiner Daten- und Ablaufstruktur das zu lösende Problem widerspiegeln.

G7 - Klarheit

Kein Abstrich bei der Klarheit zugunsten von Genialität.

G8 - Defensivität

Defensiv programmieren (wie insbesondere in Regeln G2, G4 und G7 ausgeführt).

G9 - Einzelregeln

Innerhalb eines Unternehmens oder Großprojekts sind

- ein einheitlicher Programmierstil,

- ein einheitlicher Dokumentationsstil und
- ein einheitliches Programmlayout

festzulegen und zu verwenden.

Die folgenden Abschnitte (4.3.2 bis 4.3.12) sind nicht für alle Anwendungsfälle widerspruchsfrei. Sie sind im Konfliktfall so zu interpretieren, daß die oben genannten Grundsätze bestmöglich erfüllt werden.

4.3.2   Allgemeine Gesichtspunkte

A1 - Absicht

Das die jeweilige Absicht des Programmierers am deutlichsten wiedergebende Sprachelement ist zu verwenden. (Anders gesagt: Das am besten dem zur Lösung herangezogenen Modell jeweils entsprechende Sprachelement ...). Im folgenden Beispiel werden Konstruktionen zur Fallunterscheidung bei einer Folge ganzer Zahlen vorgestellt.

<u>Beispiel 4-20: Gut</u>   <u>Schlecht</u>

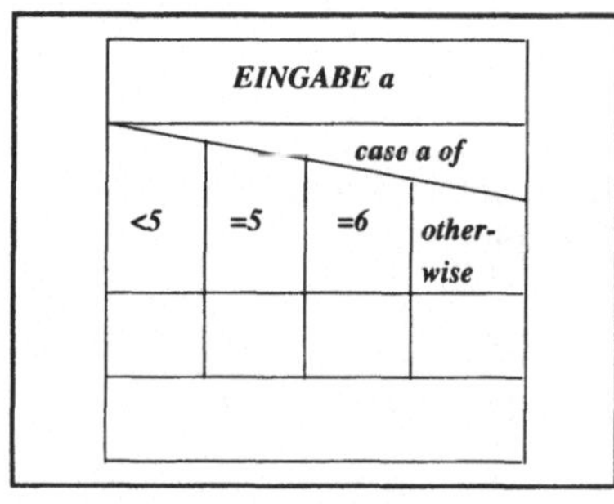

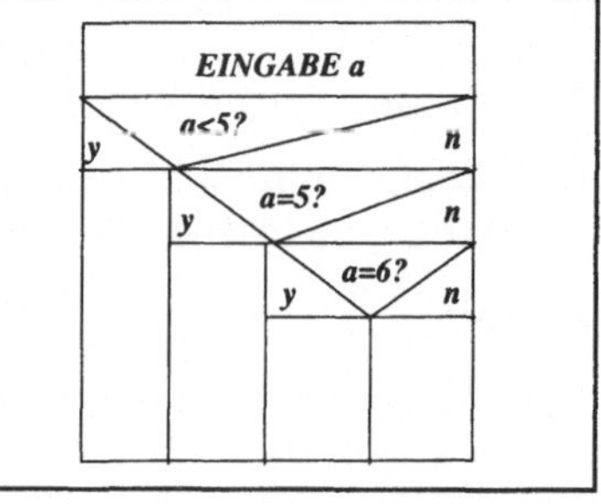

A2 - Sequenzen

Eher *Sequenzen* als Schachtelungen.

A3 - Schachtelungstiefe

Ungewöhnlich große Schachtelungstiefen sind zu begründen. Dies gilt für Schachtelungstiefen >4. Betroffen sind die Schachtelungen von Verzweigungen, Datenstrukturen, Verzeigerungen und Schachtelungen von Klammern. (Diese Forderung gilt **nicht** für die Schachtelung von Unterprogrammen.)

A4 - Boolesche Ausdrücke

Die Länge Boolescher Ausdrücke ist zu begrenzen. Innerhalb eines Booleschen Ausdrucks dürfen höchstens vier logische Operatoren vorkommen.

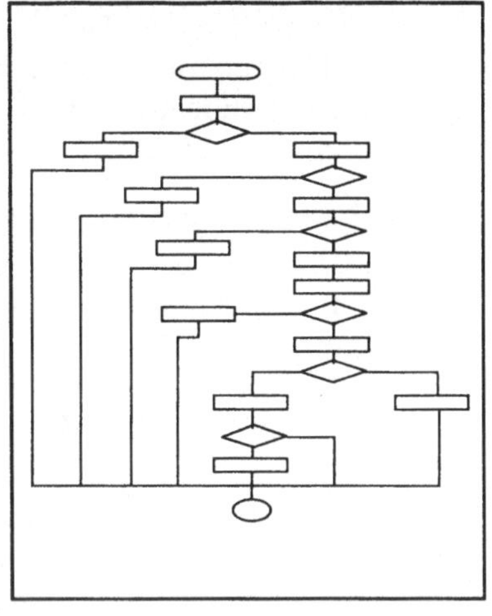

Bild 4-14: Tiefe Schachtelung

Beispiel 4-21: Gut   Schlecht

Gut	Schlecht

```PROGRAM boole;```
```VAR a,b,c,d,e,f: INTEGER;```
``` Bool1, Bool2: BOOLEAN;```
```BEGIN```
``` ...```
``` Bool1:= (f>0) AND (b=1);```
``` Bool2:= (e=4) AND```
```   (e>a OR e>100);```
``` IF (Bool1 OR Bool2) THEN```
```   BEGIN```
```   d:= (a*c+b-e)DIV f;```
```   WRITE ('Ergebnis: ', d);```
``` END; {ENDIF}```
```END.```
	```PROGRAM boole;```
	```VAR a,b,c,d,e,f: INTEGER;```
	
	``` BEGIN```
	``` ...```
	``` IF (f>0) AND (b=1) OR (e=4) AND```
	``` (e>a) OR (e>100)```
	``` THEN```
	``` BEGIN```
	``` d:= (a*c+b-e)DIV f;```
	``` WRITE ('Ergebnis: ', d);```
	``` END; {ENDIF}```
	```END.```

A5 - Klammerung

Zur Verbesserung der Übersichtlichkeit arithmetischer oder Boolescher (logischer) Ausdrücke sind Klammern einzusetzen. Die Begrenzung der Schachtelungstiefe ist zu berücksichtigen.

A6 - Sprachspezifische Regeln

Für jede Programmiersprache sind genau diese Sprache betreffende Interpretationen der vorliegenden Regeln zu geben. Wo es erforderlich ist, sind diese Regeln weiter zu detaillieren.

A7 - Dokumentation der Motivation

Wo gegen Regeln verstoßen wird, ist dies besonders zu begründen. Die Begründung ist über die Absicht, die mit dem Regelverstoß verfolgt wurde, zu geben.

A8 - Verzicht auf Optimierungen

Die richtige Erfüllung einer Aufgabe hat Priorität gegenüber jeder Optimierung nach Betriebsmittelbedarf. Bei Anwendungen, die im Echtzeit-Betrieb genutzt werden, gehört die Erfüllung von z. B. Laufzeitforderungen mit zur gestellten Aufgabe. Optimierungen (hinsichtlich Laufzeit, Speicherbedarf etc.) sollten, sofern sie erforderlich sind, *allenfalls nachträglich* ausgeführt werden.

A9 - Angemessene Datenstruktur

Die Programmstruktur und die Struktur der gewählten Algorithmen sollen den zu verarbeitenden oder zu erzeugenden Daten angemessen sein. Eine rekursiv definierte Datenstruktur soll rekursiv bearbeitet werden.

A10

Eher logische Ausdrücke als Verzweigungen

Beispiel 4-22: Gut   Schlecht

Gut	Schlecht

<pre>PROGRAM regel_a10;
VAR a,b,c: BOOLEAN;
VAR d,x,y,z: INTEGER;
BEGIN
  READ a,b,c;
   IF a AND b AND c
   THEN BEGIN
     x:=5;
     y:=x+d;
     INC(z);
   END;
END.</pre>
	<pre>PROGRAM regel_a10;
	VAR a,b,c: BOOLEAN;
	VAR d,x,y,z: INTEGER;
	BEGIN
	READ a,b,c;
	 IF a THEN
	  IF b THEN
	   IF c THEN
	    BEGIN
	     x:=5;
	     y:=x+d;
	     INC(z)
	   END;
	END.</pre>

A11 - Sprachstandard

Einhalten des Sprachstandards; Abweichungen sind zu begründen.
(Mit anderen Worten: Keine Verwendung von Spracheigenschaften, die dialektspezifisch sind.)

Begründung:
> Portabilität auf Rechner anderer Hersteller.

Ausnahme:
> In manchen Fällen mag die Verwendung besonderer Sprach-
> eigenschaften so vorteilhaft sein, daß man im Interesse des
> Gesamtprojekts nicht auf sie verzichten sollte. Dies gilt insbe-
> sondere bei verbreiteten, herstellereigenen Dialekten (Indu-
> striestandard im Gegensatz zur Norm).

A12 - Spracheinheitlichkeit

Möglichst weitgehende Einheitlichkeit hinsichtlich der benutzten
Spracheigenschaften.

Falls die Sprache mehrere Möglichkeiten zum Ausdruck einer
einzigen Absicht besitzt, soll nur eine davon verwendet werden
(z. B. bei der Sprache C). Die als Operatorüberladung bezeichnete
Verwendung desselben Operators für verschiedene Operationen
ist möglichst zu vermeiden.

Beispiel 4-23: Gut   Schlecht

```
main()                     main()
{                          {
DO                         DO
  s=i*2+3;                   s=i*2+3;
  i++;                       i+=1;

  ...                        ...

  z=s*(i+5)                  z=s*(i+5);
  i++;                       i++;

  ...                        ...

  r=i*i+z-s;                 r=i*i+z-s;
  i++;                       i=inc(i);

  ...                        ...

WHILE (i<100);             WHILE (i<100);

  ...                        ...

}                          }
```

Im guten Beispiel wird für die Erhöhung des Wertes von 'i' nur der
Operator '++' verwendet. Im schlechten Beispiel wird 'i' darüber
hinaus mit Hilfe von '+' und 'inc' verändert.

A13 - Fehlermeldungen

Von Systemunterprogrammen zurückgegebene Fehlermeldungen
sind auszuwerten. Dabei dürfen keine dem Programm bekannten
Informationen verloren gehen; das heißt, es darf der Informations-
gehalt der Meldung nicht vermindert werden (häufige Gefahr bei
Verwendung zentralisierter Routinen zur Fehlerbearbeitung).

4.3.3   Datenspezifische Gesichtspunkte

D1 - Datenstruktur

Über ein Programm hinweg soll die Datenstruktur einheitlich sein.

Beispiel 4-24: Gut   Schlecht

```
TYPE adresse = RECORD            TYPE adresse1= RECORD
    anrede   : STRING[10];           anrede  : STRING[10];
    vorname : STRING[20];            vorname  : STRING[20];
    name     : STRING[20];           name    : STRING[20];
    postfach : STRING[10];           postfach : STRING[10];
    strasse  : STRING[30];           strasse : STRING[30];
    ort         : STRING[30];        ort     : STRING[30];
END;                             END;

                                 TYPE adresse2= RECORD
                                     name    : STRING[30];
                                     vorname : STRING[10];
                                     ort     : STRING[30];
                                     postfach : INTEGER;
                                 END;
```

Im schlechten Beispiel wird bei 'adresse2' nicht nur die Struktur
des Datensatzes, sondern auch der Typ des Feldes *postfach* gegenüber 'adresse1' geändert.

D2 - Daten-Zweck

Daten dürfen nur mit einem einzigen Zweck verwendet werden
(keine Varianten oder Äquivalenzen). Dies soll aber nicht die Erweiterung bzw. Spezialisierung von Datenstrukturen im Zuge der
Erbung bei der objektorientierten Programmierung einschränken.

D3 - Statische Variable

Bevorzugen statischer Variabler vor dynamischen; Vermeiden unstrukturierter, verzeigerter Haufen.

Begründung:
> Schwierigkeit des Verstehens und Testens.

Nicht ausgeschlossen:
> Herstellung und Handhabung von Graphen, etwa Bäumen.

D4 - Adressierungsarten

Nach Möglichkeit nur eine Adressierungsart für ein Datenelement, vor allem bei maschinennahen Sprachen.

D5 - Feldadressierung

In jeder Feldadressierung muß die Anzahl der Feldreferenzen der Anzahl der vereinbarten Felddimensionen entsprechen.

D6 - Abstrakte Datentypen

Abstrakte Datentypen sind soweit möglich zu verwenden.

Begründung:
> Datenabstraktion erlaubt die Betrachtung eines Datums von verschiedenen Detailebenen aus sowie die Zuordnung dieses Datums zum Kontext der darauf anwendbaren Operationen /Pre87/. Abstrakte Datentypen im hier gemeinten Sinn gibt es in objektorientierten Sprachen. Sie sind durch Daten und darauf anwendbare Operationen gekennzeichnet. Sie sind anderen Klassen als denen, in denen sie vereinbart wurden, ererblich.

Durch die Art der Abstraktion bei der objektorientierten Programmierung, nämlich die Abstammung der Objekte mit gleichen Eigenschaften von derselben Klasse, kann ein hoher Abstraktionsgrad zugunsten eines besseren Verständnisses des Gesamtproblems erreicht werden.

Zur Erläuterung diene das folgende Beispiel.

Die ursprüngliche *position* wird zum Kreismittelpunkt und zum Mittelpunkt eines Dreiecks. Dadurch gewinnt sie eine allgemeinere, 'abstrakte' Bedeutung. Alle Elemente (Daten und Methoden) zur Bearbeitung der Objekte der Klassen *kreis* und *dreieck* sind innerhalb dieser Klassen definiert. *kreis* und *dreieck* stammen von der Klasse *ort* ab. Die Klasse *ort* ist ein Nachkomme der Klasse *position* und erbt die Eigenschaften der Klasse *position*. Je höher man sich in der Klassenhierarchie in Richtung Wurzelklasse bewegt, desto höher ist der Grad der Abstraktion. (In diesem Beispiel ist die Implementierung der Methoden nicht angegeben.)

Beispiel 4-25: Abstrakte Datentypen

```
position = OBJECT
 x,y : INTEGER;
 PROCEDURE Vorbelegung(vorbelegung_x,vorbelegung_y :    INTEGER);
END;
ort 6= OBJECT(position)
 sichtbar : BOOLEAN;
 PROCEDURE Vorbelegung(vorbelegung_x,vorbelegung_y :    INTEGER);
 PROCEDURE Zeige;VIRTUAL;
 PROCEDURE Verberge;VIRTUAL;
 FUNCTION IstSichtbar : BOOLEAN;
 PROCEDURE BewegeNach(neu_x, neu_y : INTEGER);
END;
kreis 7= OBJECT(ort)
 radius : INTEGER;
 PROCEDURE Vorbelegung(vorbelegung_x,vorbelegung_y,vorbelegung_radius:
       INTEGER);
 PROCEDURE Zeige;VIRTUAL;
 PROCEDURE Verberge;VIRTUAL;
 PROCEDURE Erweitere(erweitere_um : INTEGER);
END;
dreieck 8 = OBJECT(ort)
x1,y1,x2,y2 : INTEGER;9
 PROCEDURE10 Vorbelegung(vorbelegung_x1, vorbelegung_y1,vorbelegung_x2,
       vorbelegung_y2,vorbelegung_x_mittelpunkt,vorbelegung_y_mittelpunkt:
       INTEGER);
 PROCEDURE Zeige;VIRTUAL;
 PROCEDURE Verberge;VIRTUAL;
END;
```

---

6   'ort' ist ein Nachkomme der Klasse 'position'.
7   'kreis' ist ein Nachkomme der Klasse 'ort'.
8   'dreieck' ist ein Nachkomme der Klasse 'ort'.
9   x1,x2 und y1,y2 sind die Koordinaten zweier Eckpunkte des Dreiecks.
10 'vorbelegung_x_mittelpunkt' und 'vorbelegung_y_mittelpunkt' sind die Koordinaten des Dreieckmittelpunktes. Der Dreieckmittelpunkt ist der Schnittpunkt der drei Winkelhalbierenden.

D7 - *Datenlexikon*

Der Zusammenhang der schließlich verwendeten Datenstruktur mit dem in der Entwurfsphase erstellten Datenlexikon (Data Dictionary) ist darzustellen.

D8 - *Datentyp*

Der dem jeweiligen Zweck angemessene Datentyp ist zu verwenden. Nicht erwünscht ist beispielsweise die Verwendung des Typs INTEGER zur Zeichendarstellung.

Gründe für Ausnahmen von der Wertedarstellung eines internen Datentyps im Zusammenhang mit seiner Verwendung sind zu dokumentieren.

D9 - *Zeiger*

Zeiger sind durch Kommentare herauszuheben.

D10 - *Datenkapselung*

Die Datenkapselung darf nicht durchbrochen werden, auch nicht in den Sprachen, wo es syntaktisch erlaubt ist (z. B. durch direkten Zugriff auf die interne Repräsentation oder durch Sprünge, Zeigeroperationen etc.).

4.3.4   Arithmetische Berechnungen

B1 - *Position von Formeln*

Verzweigungsbefehle sollen der Steuerung des Kontrollflusses und nicht der Abwicklung von Rechenvorgängen dienen. Sinngemäß sollen Formeln nicht in Ausgabeanweisungen und anderen Unterprogrammaufrufen vorkommen.

B2 - *Übereinstimmung der Rechenvorschriften*

Rechenvorschriften für arithmetisch komplizierte Ausdrücke sollen so codiert werden, daß ihre Übereinstimmung mit dem jeweiligen Ausdruck aus dem Code leicht zu ersehen ist.

Die Sprungantwort eines RC-Integriergliedes (τ ist die Zeitkonstante):

$$u_2(t) = U_0(1-e^{-t/\tau}),$$

<table>
<tr><td>

```pascal
PROGRAM rc_int;
VAR unull, uzwei, zeit, tau: REAL;
BEGIN
  unull:=1;
  READ(tau);
  zeit:=0.04;
  REPEAT
   uzwei:=unull*(1-EXP(-zeit/tau));
   WRITELN(uzwei);
   zeit:=zeit+0.04;
  UNTIL zeit > 10.0;
END.
```

</td><td>

```pascal
PROGRAM rc_int;
 VAR uanfang,uende,zeitkonstante,
          q,r,t;
 REAL;
 BEGIN
  uanfang:=1;
  t:=0.04;
  READ(zeitkonstante);
  REPEAT
   q:= -zeitkonstante/t;
   r:= 1-EXP(1/q);
   uende := uanfang*r;
   WRITELN(uende);
   t:=t+0.04;
  UNTIL t > 10
END.
```

</td></tr>
</table>

B3 - *Verzweigungsbedingungen*

Verzweigungsbedingungen sollen nicht von umfangreichen Berechnungen abhängen. Falls dies auf Grund des zu lösenden Problems nicht eingehalten werden kann, sollen Zwischenvariable in geeigneter Weise eingeschaltet werden; deren Bedeutung ist sorgfältig zu kommentieren.

<table>
<tr><td>

```pascal
PROGRAM rechne;
VAR a,b,q: REAL;
BEGIN
  REPEAT
    READ(a,b);
    q:= (1-SIN(EXP(a)) /
        COS(EXP(b)))*b;
    IF q >= 0.0 THEN
      WRITELN (q);
    {ENDIF}
  UNITIL q < 0.0;
END.
```

</td><td>

```pascal
PROGRAM rechne;
VAR a,b: REAL;
  ende : BOOLEAN;
BEGIN
 ende:= FALSE;
 WHILE NOT ende DO
 BEGIN
  READ(a,b);
  IF (1-SIN(EXP(a))/
      COS(EXP(b)))*b < 0
  THEN
   ende := TRUE
  ELSE
   WRITELN((1-SIN(EXP(a))/
            COS(EXP(b)))*b)
 END
END.
```

</td></tr>
</table>

B4 - Typumwandlungen

Typumwandlungen sind zu begründen.

4.3.5   Echtzeitaspekte

E1 - Blockierung von Betriebsmitteln

Die Blockierung von Betriebsmitteln (Kanäle, Dateien, Prozessoren usw.) soll erst unmittelbar vor der Nutzung erfolgen und danach sofort wieder aufgehoben werden.

E2 - Blockierungsdauer

Die Blockierungszeit von Betriebsmitteln soll minimiert werden.

E3 - Effizienz

In manchen Fällen mag es erforderlich sein, der Effizienz wegen (z. B. Zeitersparnis) einen 'unübersichtlichen' Algorithmus einem 'übersichtlichen' vorzuziehen. Der Gewinn an Effizienz muß kritisch gegen den Verlust an Übersichtlichkeit und den erhöhten Nachweisaufwand abgewogen werden.

E4 - Ermitteln der Zeitgrenzen

Die kürzeste und längste Bearbeitungsdauer (Laufzeit) müssen ermittelt und zusammen mit der verwendeten Hardware dokumentiert werden.

E5 - Verwenden von Unterbrechungen

Unterbrechungen (Interrupts): Die Verwendung einer jeden Programmunterbrechung ist zu dokumentieren.

Beispiel:
>   Interrupt2 wird von der Uhr nach Ablauf der Eingabezeit
>   ausgelöst.
>   Interrupt3 kommt von Ventil8, wenn Ventil8 defekt.

E6 - Ausbleiben von Unterbrechungen

Das Programmverhalten beim Ausbleiben etwa erwarteter Unterbrechungen ist zu dokumentieren.

Beispiel:

> Wenn Interrupt5 ausbleibt, wird 10 Sekunden gewartet. Ist der Interrupt in dieser Wartezeit nicht eingetroffen, wird Alarm ausgelöst.

E7 - Unterbrechungslawinen

Das Programmverhalten bei Unterbrechungslawinen und bei geschachtelten Unterbrechungen ist nachzuweisen.

Beispiel:

> Wenn Unterbrechungen geschachtelt auftreten, kann der Interrupt1 nicht alle 2 Sekunden wiederholt auftreten. Er kann das Programm somit nicht mehrfach unterbrechen. Die anderen Interrupts werden somit mit Sicherheit behandelt.

4.3.6 Modularisierung, Gliederung in Bausteine

M1 - Unterprogrammlänge

> Ein Unterprogramm (functional primitive, Basis-Funktion, Methode), dessen Code-Länge einschließlich Kommentar und Vereinbarungen 50 Zeilen übersteigt, *soll* in Unterprogramme gegliedert werden. Wenn die Länge 200 Zeilen übersteigt, *muß* es in weitere Unterprogramme gegliedert werden. Die Vorschriften für Schachtelungstiefen bleiben davon unberührt.
>
> Mehr als zwei Seiten an Code umfassende Unterprogramme sind allenfalls dann tolerierbar, wenn sie intern rein sequentiell ablaufen. Beachten Sie aber auch in diesem Zusammenhang die Aussagen auf den Seiten 67f.

M2 - Units oder Packages

Besitzt ein Programm (eine Klasse) mehr als 7 Unterprogramme (Methoden), wird empfohlen, diese in übergeordnete Einheiten (Klassen, Units, Packages) zusammenzufassen. Eine größere Anzahl von Unterprogrammen (Methoden) ist bei artverwandten erlaubt.

Prinzipien der 'Magischen Sieben', der Bündelung und Kohäsion

90

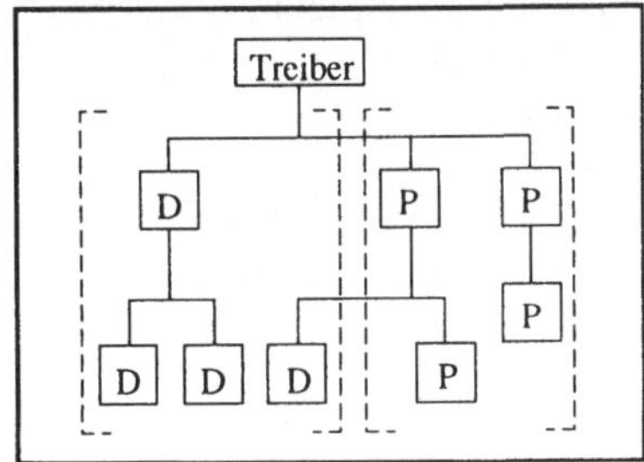

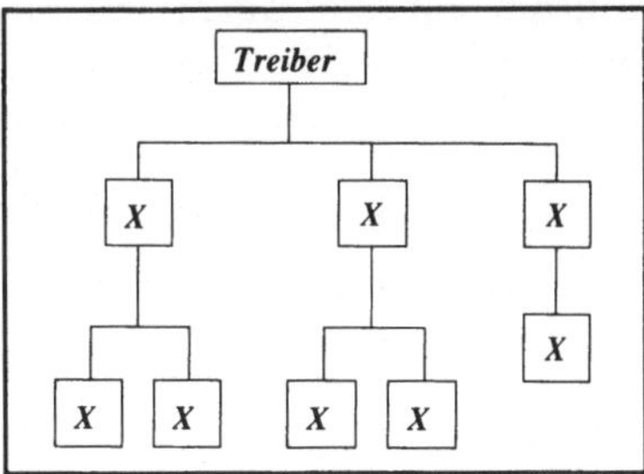

— durchgezogene Linien beschreiben Aufrufrelationen
- - gestrichelte Bereiche bezeichnen ein Package, Unit oder eine Klasse
D: Disketten-Programm
P: Drucker-Programm

M3 - Hierarchischer Aufbau

Ein längeres, auf einem Prozessor sequentiell arbeitendes Programm, ist hierarchisch aufzubauen. Der Programmaufbau muß den Entwurf widerspiegeln. Beim Codieren einer Klasse ist deren Wiederverwendbarkeit und die Wiederverwendbarkeit ihrer Daten und Methoden zur Grundlage zu machen.

M4 - Bausteine

Bausteine sind nach folgenden Gesichtspunkten anzulegen:

M41 - Eine einzige Aufgabe

Wohl definierte einheitliche Aufgabe für jeden Baustein. Die Aufgabe ist im Kopf des Bausteins zu erklären.

Prinzip der hohen Kohäsion
Prinzip der losen Kopplung

M42 - Geheimnisprinzip, Black-Box-Prinzip

Ein Baustein muß von außen ohne Kenntnis seiner internen Einzelheiten benutzbar sein. Er muß seinerseits funktionieren können, ohne Einzelheiten des aufrufenden Bausteins berücksichtigen zu müssen. Unmittelbare Eingriffe in die Ablaufsteuerung eines übergeordneten oder nachgeordneten Unterprogramms sind verboten. Es dürfen keine Parameter übergeben werden, die unmittelbar auf Verzweigungen wirken. Diese Einschränkung gilt nicht für die Verarbeitung von Rückmeldungen in rufenden Bausteinen.

Die Modularisierung ist vielmehr so zu wählen, daß in erster Linie Einfluß auf die Daten des jeweils anderen Bausteins ausgeübt wird.

Beispiel 4-29: Gut   Schlecht

```
PROGRAM test                        PROGRAM test
INTEGER var1,var2,var3              INTEGER var1,var2,var3
...                                 ...
var1=1                              var1=1
...                                 ...
...                                 CALL sub1(var1,var2,var3)
CALL sub1(var1,var2,var3)           ...
...                                 ...
STOP                                STOP
END                                 END
```

```
SUBROUTINE                          SUBROUTINE
sub1(var11,var21,var31)             sub1(sprung,var21,var31)
INTEGER var11,var21,var31           INTEGER sprung,var21,var31
...                                 ...
...                                 GOTO (100,200,300,...) sprung
IF (var11.EQ.1) THEN                ...
   ...                              100 CONTINUE
   ...                                 ...
ELSE                                   ...
   ...                              200 CONTINUE
   ...                                 ...
ENDIF                                  ...
...                                 300 CONTINUE
RETURN                                 ...
END                                 RETURN
                                    END
```

M43 - Vollständige Verstehbarkeit aus der Schnittstelle heraus

Die Schnittstelle muß alle Informationen enthalten, die man zur Benutzung des Bausteins benötigt; sie muß auch alle Informationen enthalten, die der Baustein von außen braucht und nach außen zurückgibt.

M44 - Lokalität/Globalität

Lokale Variable sind statt globaler, lokale Unterprogramme statt globaler zu verwenden. Die Anzahl der globalen Parameter ist zu minimieren. Globale Parameter (siehe auch Kapitel 'Kontrollkopplung', Seiten 54ff.) dürfen verwendet werden, um das Durchschleusen von Daten über mehrere Hierarchiestufen zu vermeiden.

Gründe für die Verwendung globaler Parameter müssen dokumentiert werden. Globale Parameter eines Bausteins dürfen nicht Bestandteil der Aufrufliste dieses Bausteins sein.

Prinzip Kopplung Fraktion: Trampdaten

Beispiel 4-30: Gut   Schlecht

...	...
Volumen := Kugel (Radius);	Kugel;
...	...
WRITE (Volumen);	WRITE (Volumen);
...	...

Konstanten sind für die Bausteine, in denen sie verwendet werden, global zu definieren.

M45 - Schmale Datenschnittstelle

Prinzip der maximalen Entkopplung und des geringsten Datenverkehrs zwischen zwei Bausteinen. Empfohlene Parameteranzahl: <= 7, besser <=5. Falls eine größere Parameterzahl erforderlich wird, empfiehlt sich das Bilden übergeordneter Datenstrukturen (z. B. Sätze, Verbunde, Strukturen).

Prinzip der losen Kopplung Prinzip der 'Magischen Sieben'

Hinweis: Die im Baustein verwendeten globalen Parameter sind Teil der Datenschnittstelle.

M46 - Übergabe von Datenstrukturen

Höhere Datenstrukturen sind nur dann zu übergeben, wenn die Übergabe der untergeordneten nicht ausreicht. Wenn ein Baustein nur einen Teil eines Verbundes verarbeitet, ist nur dieser Teil zu übergeben.

Strukturkopplung

M47 - Dokumentation der Schnittstelle

Die Dokumentation hat den Typ der ausgetauschten Parameter, ihren *Gebrauch* (schreibend, lesend, ...) und ihre begriffliche *Bedeutung* zu umfassen.

Alle die Schnittstelle betreffenden Informationen sollen sowohl im gerufenen Baustein als auch an jeder aufrufenden Stelle erkenntlich sein. Dies vermindert die Inanspruchnahme des Gedächtnisses des Lesers und die Notwendigkeit, zu blättern oder zu rollen.

Bei der objektorientierten Programmierung sind die Schnittstellen der Methoden und der Klassenkopf besonders deutlich zu beschreiben.

Der Klassenkopf muß beinhalten:

- Klassennamen und -variablen
- Vaterklassen
- Methodennamen

M48 - Parameteranzahl und -art bei Botschaften

Bei Polymorphie ist mit besonderer Sorgfalt zu prüfen, ob auch die richtigen Methoden angesprochen werden.
Anmerkung:
> Es kann sein, daß eine Botschaft mit falscher Anzahl und falschen Typen von Parametern an ein Objekt gesendet wird. Infolge der dynamischen Bindung sind zur Übersetzungszeit die Parameterzahl und -art nicht prüfbar.

M49 - Nur ein Eingang und nur ein Ausgang

Im Regelfall darf ein Unterprogramm nur einen Eingang und einen Ausgang haben. In Sonderfällen können hier Abweichungen geboten sein, um die übergeordneten Gesichtspunkte besser zu erfüllen; etwa zwei Ausgänge, von denen der eine benutzt wird, um im Fehlerfall das Programm abzubrechen; oder ein Eingang zur Errechnung der Sinus-Funktion und ein zweiter zur Errechnung der Cosinus-Funktion.

M5 - Schachtelungen

Mehrfache Schachtelungen von Unterprogrammaufrufen sind nur
bis zu einer Schachtelungstiefe von 1 erlaubt. Beispiel:

erlaubt: Prozedur(a,b,Funkt(x,y),c);
verboten: Prozedur(a,b,Funkt(x,Fun(y)),c);
erlaubt: Hilf := Fun(y);
                Zwiwert := Funkt(x,Hilf);
                Prozedur(a,b,Zwiwert,c)[11];

4.3.7   Online-Zwischenprüfungen

Z1 - Division durch Null

Division durch Null muß abgefangen werden, falls nicht bewiesen
ist, daß sie nicht stattfinden kann.

Beispiel 4-31: Gut   Schlecht

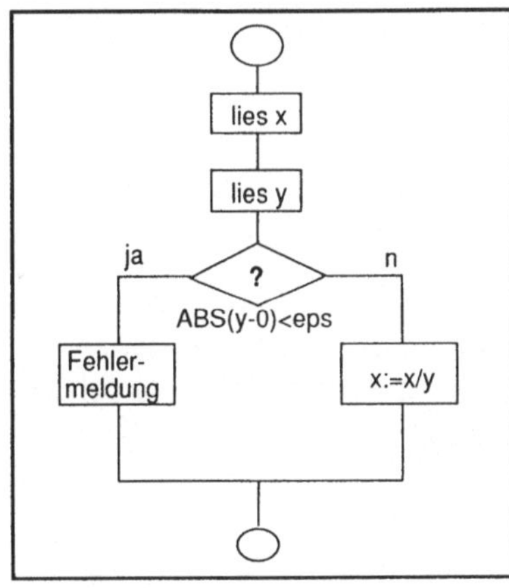

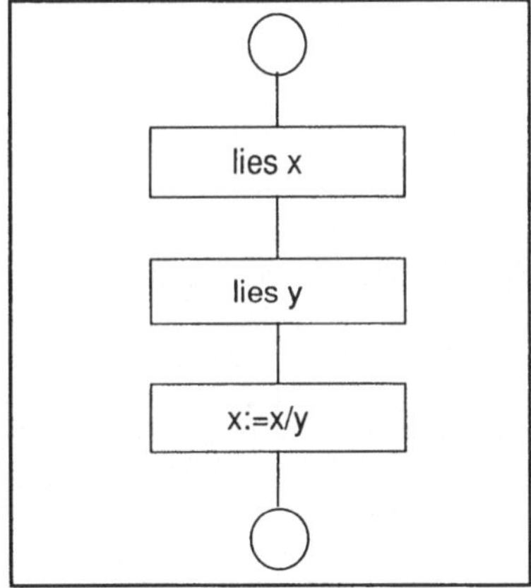

Z2 - Eingangsvariablen

Eingangsvariablen sollen auf Einhaltung ihres Wertebereichs geprüft werden. Dies gilt sinngemäß auch für die Eingangsparameter
von Bausteinen.

---

11 *Hilf* und *Zwiwert* sollen natürlich Bedeutungen ausdrücken

Zu prüfen hat der empfangende Baustein. Dies ist hinsichtlich der Wiederverwendbarkeit, Robustheit und Änderungssicherheit von besonderer Bedeutung.

Beispiel 4-32: Gut <u>Schlecht</u>

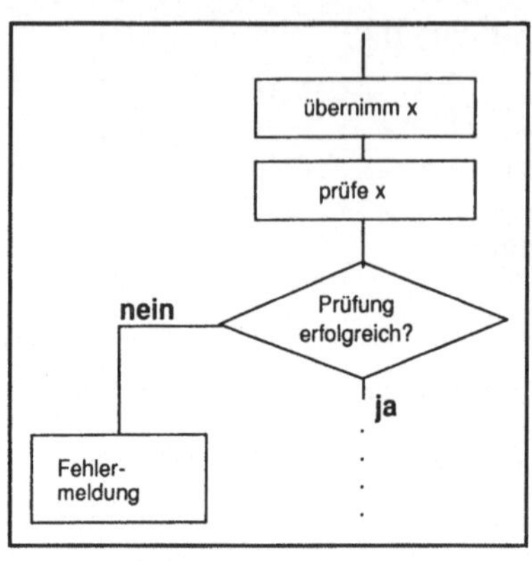

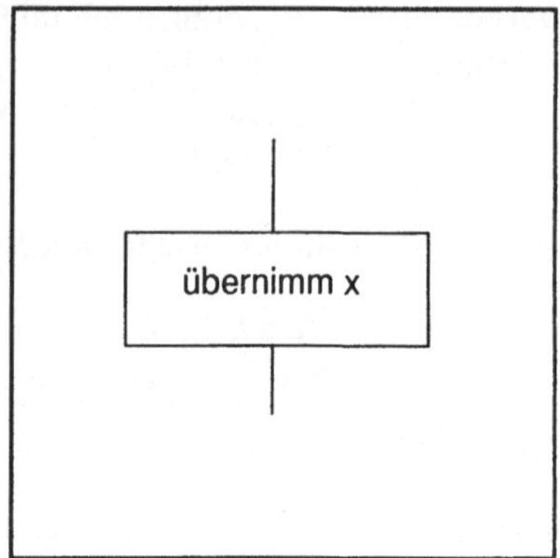

Z3 - Plausibilitätsprüfung

An passenden Stellen eines Programms, besonders am Ende umfangreicherer Transaktionen, soll eine Plausibilitätsprüfung der Zwischenergebnisse stattfinden (zum Beispiel mit Hilfe der Spracheigenschaft ASSERT).

Beispiele: Wahrscheinlichkeiten sind auf einen Wertebereich [0..1] zu überprüfen, Geschwindigkeiten von Kraftfahrzeugen auf [-20.. +300]km/h.

Z4 - Verkettung

Verkettete Datenstrukturen müssen auf *gestörte Verkettung* geprüft werden.

Z5 - Zeitüberwachung

Für bestimmte zeitkritische Programmabläufe ist die Ausführungszeit zu überwachen (zum Beispiel über ein Beobachtungsprogramm (watch dog)).

Beispiel: Ausbleiben einer Unterbrechung.

Z6 - Feldgrenzen

Die Einhaltung der Feldgrenzen muß überprüft werden.

Beispiel 4-33: Gut   Schlecht

PROGRAM feldgrenze;
TYPE feld = ARRAY [1..20] OF
        INTEGER;
VAR felder: feld;
   i   : INTEGER;
   a   : REAL;
BEGIN
  READ(a);
  i:= Funkt(a);
  ...
  IF i IN [1..20] THEN
    felder[i]:= 3*felder[i]
  ELSE
    WRITE ('Grenze überschritten');
  ...
END.
	PROGRAM feldgrenze;
	TYPE feld=ARRAY [1..20] OF
	        INTEGER;
	VAR felder: feld;
	 i: INTEGER;
	 a:REAL;
	BEGIN
	  READ(a);
	  i:= Funkt(a);
	  ...
	
	  felder[i]:=3*felder[i];
	
	  ...
	END.

Z7 - Instrumentierung

Bei Echtzeitprogrammen kann es sinnvoll sein, Instrumentierungspunkte, die zum Zwecke der Feststellung von Überdekkungstests eingefügt worden waren, auch nach völliger Fertigstellung zu erhalten und sie bei Bedarf zu aktivieren.

Z8 - Zwischenprüfung

Bei negativem Ausgang einer Zwischenprüfung muß in wohldefinierter Weise reagiert werden.

Z9 - Programmabbruch

Vor einem Programmabbruch oder einer die Programmfunktion einschränkenden Reaktion ist es in vielen Fällen angebracht, einen erneuten Versuch zur Lösung des Problems zu machen (roll back, retry).

4.3.8 Code-Aufschreibung

C1 - Bezeichner

So lang wie nötig, so kurz wie möglich

Bezeichner müssen die begriffliche Bedeutung des jeweiligen Objektes klar wiedergeben oder allgemeinen Konventionen entsprechen; für jedes Programmiervorhaben sind geeignete Richtlinien zu erlassen.

Es soll jeweils mit kleinstmöglichem Leseaufwand möglich sein, die begrifflichen Bedeutungen zu verstehen.

C2 - Layout

Schlüsselwörter und Standardbezeichner (etwa von Standardunterprogrammen) sollen zur Verbesserung der Übersichtlichkeit hervorgehoben werden; zum Beispiel über Fettdruck oder mit Großbuchstaben.

Beispiel 4-34: <u>Gut</u>   <u>Schlecht</u>

<table>
<tr><td>

```pascal
program rechne;
const eps=0.1;
var zahl,ergebnis : real;
        teiler        : integer;
begin
  clrscr;
  readln (zahl);
  readln (teiler);
  if abs(teiler) > eps then
  begin
    ergebnis:=zahl/teiler;
    gotoxy (10,2);
    writeln (zahl,' : ', teiler, '=',
                        ergebnis);
  end
  else
   begin
    clrscr;
    writeln ('Durch Null darf
              nicht geteilt werden');
   end;
end.
```

</td><td>

```pascal
program rechne;
const eps=0.1;
var zahl,ergebnis : real;
     teiler              : integer;
 begin
  clrscr;
  readln (zahl);
  readln (teiler);
  if abs(teiler) > eps then
  begin
    ergebnis:=zahl/teiler;
   gotoxy (10,2);
   writeln (zahl,' : ',teiler,'=',
ergebnis);
  end
  else
  begin
   clrscr;
   writeln ('Durch Null darf
             nicht geteilt werden');
  end
end.
```

</td></tr>
</table>

C3 - *Deklarationen und Initialisierung*

Alle Variablen und Konstanten sind zu vereinbaren. Variable sind auch zu initialisieren.

C4 - *Kommentare: Allgemeine Gesichtspunkte*

Die folgenden Erläuterungen zum Kommentieren von Code verstehen sich unter der Annahme, daß in den vorgelagerten Phasen der Software-Entwicklung die jeweiligen Dokumente, z. B. Anforderungsspezifikation, Datenlexikon etc. erstellt wurden.

1. Abweichungen von den oben dargestellten Regeln zur Codierung sind zu kommentieren.
2. Die durch Kommentare erzielte Verbesserung des Verständnisses ist sorgfältig abzuwägen gegenüber der unvermeidlichen Verlängerung des Programmtextes und einer dadurch bedingten Verschlechterung seiner Übersichtlichkeit. In Kommentaren muß, eventuell durch Beschränken auf von Stichworten, knapp formuliert werden.
3. Wenn Kommentare sich auf übergeordnete Dokumente beziehen, müssen die dort verwendeten Kernwörter aufgenommen werden.
4. Die Kommentare sollen sich nur auf den zu kommentierenden Baustein beziehen.
5. Beschränkung der Zeilenlänge auf Bildschirmbreite
6. Die Kommentare sind während der Codierung zu formulieren und nicht hinterher.

C5 - *Kommentare: Besondere Gesichtspunkte*

Zu kommentieren sind:

1. Die Bedeutungen aller besonderen, dem Leser etwa unbekannten Anweisungen, Anweisungsfolgen oder Datenstrukturen und alle sich nicht automatisch aus der Aufgabenstellung erklärenden Anweisungen.
2. Bei Strukturanweisungen (z.B. WHILE, FOR, IF, WITH) die zugehörigen Abschlüsse, sofern sie nicht auf Anhieb zugeordnet werden können, wenn etwa ein 'Blättern' erforderlich ist, um Anfang und Ende zu sehen
3. Die Bedeutung besonderer Algorithmen oder Besonderheiten bei der Verwendung der betreffenden Sprache oder des betreffenden Rechners

4. Die Ausnutzung interner Datentypkonversionen
5. Wenn ein formaler Beweis der Richtigkeit eines Programms geführt werden soll, sind Schleifeninvarianten kommentierend einzufügen.
6. Modul-Köpfe und -Enden
7. Alle Variablenbedeutungen
8. Alle den Programmablauf beeinflussenden Anweisungen (IF, CASE, WHILE, ...)

C6 - *Einrückungen*

Untergeordnete Anweisungen oder Folgen solcher Anweisungen sind einzurücken. Zur optischen Hervorhebung der Struktur sollen bei blockorientierten Sprachen die gleichrangigen Anweisungen eines Blocks in derselben Spalte beginnen.

Beispiel 4-35: Gut   Schlecht

```
ROGRAM rc_int;
 VAR unull, uzwei, t, tau: REAL;
 BEGIN
   unull:=1;
   READ(tau);
   t:=0.04;
   REPEAT
      uzwei:=unull*(1-EXP(-t/tau));
      WRITELN(uzwei);
      t:=t+0.04;
   UNTIL t > 10;
 END.
```

```
PROGRAM rc_int;
VAR unull,uzwei,t,tau: REAL;
BEGIN
unull:=1;
t:=0.04;
READ(tau);
REPEAT
uzwei := unull*(1-EXP(-t/tau));
WRITELN(uzwei);
t:=t+0.04;
UNTIL t > 10
END.
```

C7 - *Zeilenaufteilung*

Nur eine Anweisung pro Zeile. Damit ergeben sich folgende Vorteile: Leichteres Einfügen neuer und leichteres Herauslöschen alter Anweisungen; Erleichterung der Kommentierung, des Analysierens und Testens; bessere Lesbarkeit.

Ausnahme:

    Kurze, sinngemäß zusammenhängende Anweisungen dürfen in einer einzigen Zeile gemeinsam vorkommen.

<table>
<tr><td>

```
PROGRAM filter;
        { yneu = (2+yalt*49)/51) }
VAR yneu,yalt:REAL;
    z, i      :INTEGER;
BEGIN
  CLRSCR;
  WRITE('FILTER');
  WRITELN;
  WRITELN;
  WRITE
  ('Formel: yneu=(2+yalt*49)/51');
  yalt:=0.0;yneu:=0.0;
  i:=0;z:=0;
  REPEAT
    yneu:=(2+yalt*49)/51;
    yalt:=yneu;
    i:=i+1;
    WRITE(i,' ');
    WRITE(yneu :7:6,' ');
    z:=z+1;
    IF z=5 THEN
    BEGIN
      WRITELN;
      z:=0;
    END;
  UNTIL yneu >= 0.99;
END.
```

</td><td>

```
PROGRAM filter;
        { yneu = (2+yalt*49)/51) }
VAR yneu,yalt:REAL;z,i:INTEGER;

BEGIN CLRSCR;
WRITE('FILTER');WRITELN;
WRITELN;
WRITE('Formel:
yneu=(2+yalt*49)/51;yalt:=0;
yneu:=0; i:=0;z:=0; REPEAT
yneu:=(2+yalt*49)/51;
yalt:=yneu;i:=i+1;
WRITE(i,' ');
WRITE(yneu :7:6,' ');z:=z+1;
IF z=5 THEN BEGIN
WRITELN; z:=0; END;
UNTIL yneu >= 0.99; END.
```

</td></tr>
</table>

4.3.9   Kontrollflußspezifische Regeln

F1 - Berücksichtigen der Regeln der strukturierten Programmie-
*   rung*

Kein Label, kein GOTO, allenfalls EXIT im Fehlerfall

F2 - Default-Option

Bei Mehrfachauswahlen ist die ELSE- bzw. OTHERWISE-Klau-
sel zu verwenden.

F3 - Zahlenvergleich

Kein Vergleich auf *gleich* oder *ungleich* bei reellen Zahlen

Beispiel 4-37: Gut   Schlecht

<table>
<tr><td>

```
PROGRAM rc_int;
VAR unull,uzwei, t, tau: REAL;
BEGIN
  unull:=1.0;
  READ(tau);
  t:=0.04;
  REPEAT
    uzwei := unull*(1-EXP(-t/tau));
    WRITELN(uzwei);
    t:=t+0.04;
  UNTIL t >= 10.04;
END.
```

</td><td>

```
PROGRAM rc_int;
VAR unull,   uzwei, t, tau: REAL;
BEGIN
 unull:=1.0;
 t:=0.04;
READ(tau);
 REPEAT
  uzwei := unull*(1-EXP(-t/tau));
  WRITELN(uzwei);
   t:=t+0.04;
 UNTIL t = 10.04;
END.
```

</td></tr>
</table>

F4 - Wiederholungen

Rekursive Aufrufe von Funktionen oder Prozeduren sollen nur dann verwendet werden, wenn die Realisierung mit Schleifen zu einem unübersichtlicheren Kontrollfluß führt.

F5 - Ausgänge

Keine Mehrfachausgänge aus Schleifen

F6 - Zeiger

Zeiger und Zeigeroperationen sollen auf das Notwendigste eingeschränkt werden.

4.3.10   Sprachspezifische Regeln

Der GOTO-Befehl (oder ähnliche Sprachkonstrukte) ist in allen Sprachen 'geächtet'. Er wird nur zum Verlassen der eigenen Konstruktebene im Fehlerfall und zum Abfangen von Fehlerausgängen gerufener Moduln akzeptiert.

```
PROGRAM test                      PROGRAM test
...                               ...
DO 100 WHILE bedingung1           DO 100 WHILE bedingung1

 DO 200 WHILE bedingung2           DO 200 WHILE bedingung2
  ...                               ...
  DO 300 WHILE bedingung3           DO 300 WHILE bedingung3
   ...                               ...
   ESCAPE 300                        GOTO 400
   ...                               ...
   300 CONTINUE                      300 CONTINUE
   ...                               ...
   IF (bedingung4) ESCAPE 200        200 CONTINUE
   ...                               ...
  200 CONTINUE                       400 CONTINUE
100 CONTINUE                      100 CONTINUE
STOP                              STOP
END                               END
```

ASSEMBLER - Sprachen

-   Keine Befehlsänderungen durch das Programm selbst
-   Befehlscode eines Befehls nicht in einem anderen Befehl als
    Konstante mißbrauchen
-   Keine indirekten Unterprogrammaufrufe und Sprünge
-   Makros nur aus zugelassenen Bibliotheken
-   Beschränken auf veröffentlichte Befehle
-   Aufruf von Unterprogrammen nur über CALLs, niemals über
    Sprünge
-   Verlassen von Unterprogrammen nur über RETURN, niemals
    durch Sprünge

'C'

-   Kein CONTINUE (entspricht einem Sprung zum Schleifen-
    beginn mit gleichzeitigem Inkrement der Schleifenvariablen)
-   Keine UNIONS
    (entspricht dem FORTRAN EQUIVALENCE)
-   Keine Bit-Felder
-   Keine implizite Typkonvertierung, insbesondere nicht bei
    Pointer-Zuweisungen (z. B. int=double; char=int)

- Keine CAST-Konvertierung bei Elementen, die eine unterschiedliche Anzahl von Bytes für ihre Speicher-Darstellung
benötigen (z. B. Integer 2 Bytes; Double 4 Bytes)
  o my_array sei vom Typ POINTER, gebunden an den Typ
    DOUBLE. MALLOC(anzahl) liefert als Systemfunktion
    eine Adresse für CHAR-Variablen.
  o Verboten ist die CAST-Umwandlung auf DOUBLE.
  Beispiel:
    my_array=(double*)MALLOC(anzahl)
- Keine Pointer-Schachtelung größer als 2. Dabei ist nur die
'offene' Schreibweise erlaubt.
Beispiel:
*POINTER[anzahl] und *NICHT*:
**POINTER oder
***POINTER (=3-fach Schachtelung)

CLIPPER

- Keine Abkürzungen der Schlüsselwörter (z. B. REPL anstatt
REPLACE)
- Anstelle von PUBLIC-Variablen werden Variable im Haupt-
programm deklariert/initialisiert. Ihnen ist das Präfix 'g_' vor-
anzustellen.
- Variablen, die als Konstante Verwendung finden sollen, müssen das Präfix 'c_' im Variablenbezeichner besitzen.
- SELECT-Angaben erfolgen nicht über Ziffern, sondern nur
über einen Datenbank- oder ALIAS-Namen.
- Alle Dateizeiger-Bewegungen (GO, SKIP etc.) *müssen* einzeln kommentiert werden.
- Veränderungen des Datentyps einer Variablen sind innerhalb
eines Programms verboten.
- Hilfsvariablen innerhalb eines Moduls *müssen* als PRIVAT
deklariert werden.

COBOL

- Kein PERFORM-Befehl mit THROUGH-Klausel (Der Programmablauf wird durch den Aufruf von Paragraphen sehr
undurchsichtig.)
- Keine Verwendung von PARAGRAPH als PROCEDURE

-	Kein ALTER-Befehl[12] (Änderung der Sprungadresse des vorhergehenden GOTO-Befehls)

FORTRAN

-	Kein ASSIGN
-	Keine arithmetischen IF's
-	Keine Computed GOTOs
-	Keine COMMONs - es sei denn 'Label COMMONs'
-	Kein EQUIVALENCE

PASCAL und MODULA

-	Keine varianten Records (Schwierigkeit des Feststellens der Bedeutung der Werte an beliebigen Stellen des Programms)
-	Sparsame Verwendung von Aufzählungstypen (drohender Verlust an Übersichtlichkeit)

-	Sparsame Verwendung des WITH (volle Bedeutung der Bezeichner wird verdeckt)

MODULA

-	Keine lokalen Moduln (Komplikationen der Sichtbarkeitsregeln für Bezeichner)
-	Statt FROM ... IMPORT lieber explizite Qualifikation von Bezeichnern (bessere Übersichtlichkeit)
-	SYSTEM-Modul nur dort verwenden, wo ein Zugriff auf Systemeigenschaften unumgänglich ist.
-	Typen ADDRESS und WORD nur sparsam verwenden.

4.3.11   Prüfen auf Verletzung der Codierungsregeln

Die folgende Zusammenstellung kann einerseits für die Selbstprüfung des Entwicklers, andererseits auch im Rahmen der Nachweisführung verwendet werden. Für alle Verletzungen der Codierungsregeln sind Häufigkeiten und 'Tatorte' festzustellen.

---

[12] Hier handelt es sich um einen pathologischen, ja kriminellen Befehl. Die Revision solcher Software-Elaborate ist nahezu ein Ding der Unmöglichkeit. Der Befehl entspricht in seiner Wirkung durchaus dem ASSIGN-Befehl in FORTRAN.

C1 Anzahl der unstrukturierten Ablaufkonstrukte insgesamt

C2 Anzahl der Routinen mit mehr als einem Return

C3 Anzahl der Sprünge in Routinen oder Schleifen hinein

C4 Anzahl der Befehlsveränderungen durch das Programm selbst

C5 Anzahl der Zeilen mit mehr als einer, mehr als zwei, usw. Anweisungen

C6 Anzahl der EQUIVALENCES, VARIANTS, RENAMES, REDEFINES

C7 Anzahl der globalen Variablen

C8 Anzahl der globalen Variablen, bezogen auf die Anzahl der insgesamt verwendeten Variablen

C9 Anzahl der verwendeten Sprachen

C10 Anzahl der Aufrufe zwischen Programmen in verschiedenen Sprachen

C11 Anzahl der Arten von Verstößen gegen die Sprachnorm(en)

C12 Anzahl der benutzten Typumwandlungen, sowohl der expliziten als auch der impliziten

4.3.12　Implementierungsspezifische Rahmenbedingungen

<u>Forderungen an die Sprache</u>

S1 Typvereinbarungen sollen vorgeschrieben sein

S2 Während Ausführung einer Anweisung *keine Möglichkeit der Änderung* von in dieser Anweisung vorkommenden Variablen

S3 Forderung nach vollständiger und eindeutiger Sprachdefinition

S4 Bevorzugen problemorientierter vor maschinenorientierten Sprachen

<u>Forderungen an Übersetzer</u>

Ü1 Möglichst umfangreiche *Überprüfung zur Übersetzungszeit* (z. B. Typ-Prüfungen)

Ü2 *Hinweise auf versagensträchtige Konstruktionen*; bei Unsicherheit der Richtigkeit der Programmierung Geben einer Warnung; kein selbständiger Versuch der Verbesserung

Ü3 integrierter *Debugger*

Ü4 *Betriebsbewährtheit*

Ü5 Unterstützung der übrigen *Forderungen dieser Regel* soweit
   irgend möglich
Ü6 Fehlermeldungen aller Art sind *quellprogrammbezogen* zu
   geben
Ü7 Prüfung auf Typkonsistenz zur Laufzeit
Ü8 Prüfung der Einhaltung von Feldgrenzen
Ü9 Prüfung der Einhaltung von Wertebereichen

4.4   Programmpflege

P1 Nach jeder Änderng sind alle einschlägigen Dokumente und
   auch die Kommentierung im Quellcode zu überarbeiten.
P2 Die Fortschreibung der Dokumente hat vom *Allgemeinen zum
   Speziellen* zu erfolgen.
P3 Vor Neuintegration in ein bereits bestehendes System ist ein
   Modul zu testen. Der Test soll nicht nur dessen im engeren
   Sinn ablaufbezogene Aspekte umfassen, sondern auch andere
   implementierungsspezifische Dinge, wie etwa mit den Wort-
   längen zusammenhängende Fragen.
P4 Vor einer solchen Neuintegration ist auch die von der Ände-
   rung möglicherweise mit beeinflußte 'Umgebung' des oder der
   geänderten Moduln mit zu testen.
P5 Das Anlegen einer Datenbasis für Regressionstests wird empfohlen.

P6 Änderungen tendieren dazu, ein System unübersichtlicher zu
   machen. Häufig führen sie unter anderem zur Verletzung der
   Entwurfsprinzipien Modularisierung, Kopplung und Kohäsion. In solchen Situationen ist der Neuentwurf des übergeordneten Moduls und aller abhängigen Moduln in Betracht zu
   ziehen.

5 Nachweis der Software-Zuverlässigkeit

5.1 Einführung

Die Nachweisführung hat nicht nur zum Ziel, die Zuverlässigkeit des fertiggestellten Software-Produktes nachzuweisen, sondern auch durch den Einsatz geeigneter Nachweismethoden in allen Phasen eines Projektes den Prozeß der Software-Erstellung so zu steuern, daß die geforderte Zuverlässigkeit mit großer Wahrscheinlichkeit erreicht wird.

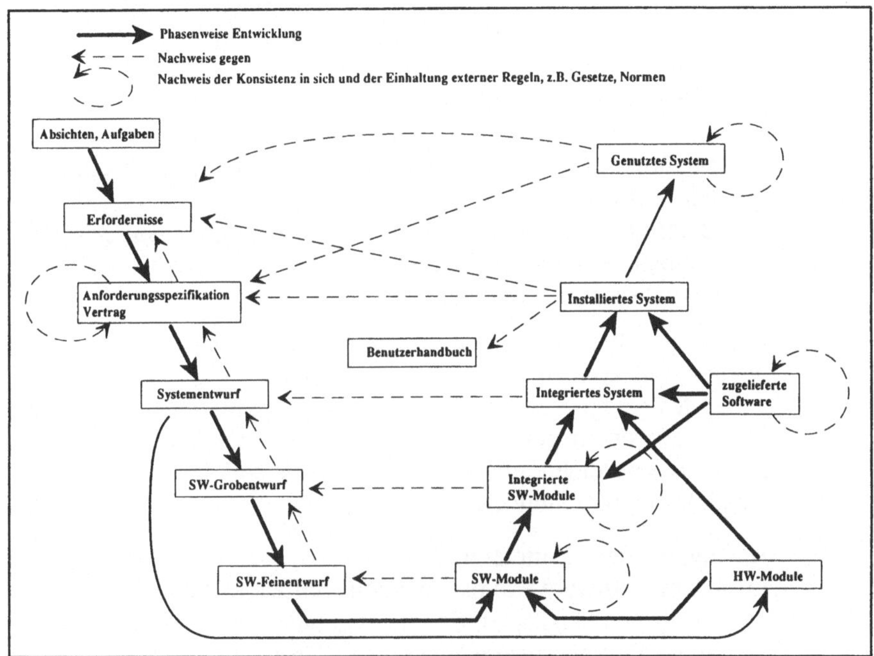

Bild 5-1: Nachweise im Software-Lebenszyklus

In Bild 5-1 ist dargestellt, wie die in Kapitel 5 beschriebenen Nachweismethoden im Software-Lebenszyklus einzusetzen sind. Nachweise, daß die Produkte bzw. Zwischenprodukte in sich konsistent bzw. regelkonform sind (z. B. in Bezug auf Gesetze, Normen, Richtlinien), sind hier aus Gründen der Übersichtlichkeit nicht aufgeführt.

An Entwicklung und Betrieb von Software sind in der Regel verschiedene Parteien beteiligt. Insbesondere an den Schnittstellen zwischen diesen Parteien ist nachzuweisen, daß das übergebene Produkt zuverlässig ist. Die Aufteilung der Verantwortlichkeit für Software-Zuverlässigkeit ist:

a) Auftraggeber - Auftragnehmer
Bereits im Vertrag zwischen Auftraggeber und Auftragnehmer sollte festgelegt werden, unter welchen Bedingungen die Software abgenommen wird. In Abschnitt 5.2 (Rechtsfragen bei Verträgen über Software) wird dargestellt, daß folgende Punkte zwischen den Parteien vereinbart werden sollten:

- Beschreibung der Funktionalität und Qualität, insbesondere der Zuverlässigkeit der Software für den vorgesehenen Anwendungsbereich
- Methoden zur Erstellung zuverlässiger Software
- Methoden zum Nachweis der Zuverlässigkeit der erstellten Software
- Betreuung des Betreibers der Software durch den Auftragnehmer (Wartung der Software)
- Gewährleistung und Haftung

Bei diesen Punkten sollen die Vertragsarten berücksichtigt werden; sie können bereits in der Ausschreibung eines Projektes festgelegt werden. So wird z. B. bei Ausschreibungen von Kraftwerken gefordert, daß die Zuverlässigkeit von Informationssystemen nicht schlechter sein soll als 1 Versagensfall in 5.000 Stunden.

b) Auftragnehmer - Zulieferer
In jedem Software-Projekt werden Software-Produkte von Zulieferfirmen eingesetzt. Solche zugelieferten Produkte können sein: Betriebssystem, Compiler, Datenbank, Grafik-System, Window-System, Netzwerk-Software usw.. Die Zuverlässigkeit zugekaufter Software beeinflußt wesentlich die Zuverlässigkeit der vom Auftragnehmer gelieferten Software. Aus diesem Grund müssen Informationen über die Zuverlässigkeit der zugelieferten Produkte vorliegen. Diese Informationen können z. B. Zuverlässigkeitskennwerte sein, die aus der Betriebserfahrung dieser Produkte gewonnen werden. Wird die zugelieferte Software erst entwickelt, so sind bei dieser Entwicklung die Methoden anzuwenden wie sie zwischen Auftraggeber und Auftragnehmer vereinbart wurden.

c) Zulassungsstellen, Prüfstellen
Technische Anlagen, medizinische Geräte, Meßgeräte usw.
enthalten in zunehmendem Maße Software. Müssen solche
Anlagen oder Geräte zugelassen werden, so muß auch die zugehörige Software geprüft und zugelassen werden. In vielen
Fällen wird dabei auch die Zuverlässigkeit der Software nachzuweisen sein.

d) Auftragnehmer - Betreiber
Alle Versagensfälle der Software sind vom Betreiber schriftlich zu dokumentieren und an den Software-Ersteller zu mel-
den. Damit wird erreicht, daß die Fehlerbehebung kontrollier-
bar ist, daß Gewährleistungsansprüche nicht verfallen und daß
der Auftragnehmer Informationen über die Betriebsbewährtheit seines Software-Produktes erhält.

Die Nachweise der Software-Zuverlässigkeit an den Schnittstellen
der Verantwortlichkeit sind überwiegend auf das fertige Software-
Produkt bezogen. Sie sind daher schwierig, aufwendig und
erfolgen relativ spät im Produktionsablauf. Deshalb sind im allgemeinen projektbegleitend weitere Nachweise zu führen, um zuverlässige Software herzustellen.

Eine Voraussetzung, zuverlässige Software herstellen zu können,
ist ein funktionierendes Software-Qualitätssicherungssystem
(aufgebaut z. B. nach ISO 9000 Teil 3: Leitfaden für die Anwendung von ISO 9001 auf die Entwicklung, Lieferung und Wartung
von Software), das in Anweisungen und Richtlinien regelt, wer zu
welchem Zeitpunkt bestimmte Methoden und Werkzeuge zur Erstellung und Prüfung von Software einzusetzen hat.

Zur Nachweisführung können verschiedene Methoden und Werkzeuge angewandt werden, die unterschiedliche Ergebnisse liefern.
Diese Ergebnisse überlappen sich teilweise bzw. ergänzen sich,
deshalb sind die Nachweismethoden alternativ bzw. in Kombination einzusetzen. Die Auswahl orientiert sich an den Randbedingungen eines Projektes (geforderte Zuverlässigkeit, Kosten, Termine, Know-How der Mitarbeiter, verfügbare Werkzeuge usw.).
Einige ausgewählte Methoden zusammen mit den Objekten, auf
die sie angewandt werden, sind im folgenden beschrieben:

- Inspektionen, Reviews und Walkthroughs in der Spezifikations- und Entwurfsphase (siehe Abschnitt 5.3): Mit ihnen wird geprüft, ob die im Vertrag enthaltenen Anforderungen richtig in Spezifikationen und Entwürfe umgesetzt wurden. Ferner kann mit ihnen festgestellt werden, ob die im QS-System des Auftragnehmers oder im Vertrag zwischen Auftraggeber und Auftragnehmer festgelegten konstruktiven Methoden bei der Erstellung von Spezifikationen und Entwürfen angewandt wurden.

- Statische Analysen in der Entwurfs- und Codierphase: Diese Verfahren werden in Abschnitt 5.4 beschrieben. Mit ihnen kann festgestellt werden, ob bei der Erstellung der Programme die Codierrichtlinien eingehalten wurden, ob der Code Konstruktionsfehler enthält (z. B. nicht initialisierte Variable) und ob die codierten Funktionen mit den spezifizierten übereinstimmen.

- Korrektheitsbeweise in der Codierphase: Muß Software hochzuverlässig oder sicher sein, so sollte sie nach den in Abschnitt 5.5 beschriebenen Prinzipien konstruiert und ihre Korrektheit, d. h. die Übereinstimmung der codierten mit der spezifizierten Funktion, bewiesen werden.

- Modul-, Integrations- und Abnahmetests: Sie sind die zur Zeit gängigen Methoden um nachzuweisen, daß die Programme bzw. das Gesamtsystem die spezifizierten Anforderungen erfüllen. Beschrieben sind Tests in Abschnitt 5.6.

- Betriebsbewährtheit der Software in der Nutzungsphase: Der Nachweis der Betriebsbewährtheit kann als Ersatz der oben genannten Nachweismethoden der Software-Zuverlässigkeit dienen. In Abschnitt 5.7 ist dargestellt, unter welchen Voraussetzungen Software als betriebsbewährt eingestuft werden kann.

- Zuverlässigkeitskennwerte: Die im Integrations- oder Abnahmetest sowie die während des Betriebs der Software aufgetretenen Fehler sind zu erfassen. In Abschnitt 5.8 wird beschrieben, wie aus den erfaßten Fehlerdaten Zuverlässigkeitskennwerte berechnet werden können.

Grundsätzlich gilt:

Nur dokumentiertes Vorgehen bei Erstellung und Prüfung ist geeignet zur Nachweisführung, insbesondere können undokumentierte Tests nicht als Tests anerkannt werden.

Nachweise bereits in den frühen Phasen eines Software-Projektes zu führen ist in der Regel wirtschaftlicher als in späteren Phasen, denn in den frühen Phasen sind Fehler mit geringem Aufwand feststellbar und auch mit geringem Aufwand behebbar.

Anmerkung:
Nachweismethoden, mit denen gezeigt werden kann, daß eine Betrachtungseinheit die spezifizierten Anforderungen erfüllt, werden als Verifikationsmethoden bezeichnet. Sie sind beschrieben in den Abschnitten 5.3 bis 5.6. Unter Validation versteht man den Nachweis, daß ein Software-Produkt den Erfordernissen des praktischen Einsatzes genügt (siehe Abschnitt 5.7 und 5.8), oder daß es einen (umfangreichen) Abnahmetest, beschrieben in Abschnitt 5.6, bestanden hat.

5.2 Rechtsfragen bei Verträgen über Software

Die einführenden Erläuterungen zu diesem Kapitel verdeutlichen bereits, daß alle an der Erstellung und Nutzung von Software Beteiligten an rechtliche Rahmenbedingungen gebunden sind. Es folgt an dieser Stelle ein kurzer, über die rein technischen Aspekte hinausgehender, juristischer Exkurs von Technikern für Techniker.

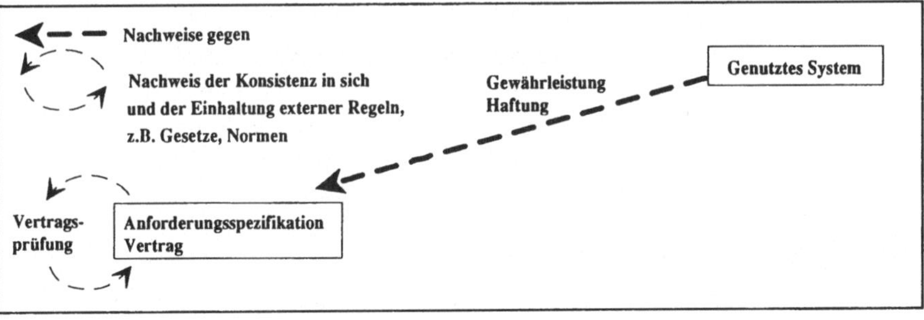

Bild 5-2: Rechtsfragen

In den letzten Jahren hat sich die Rechtsprechung verstärkt mit dem Thema Software befaßt. In der Literatur erschienen umfangreiche Sammlungen über Urteile und Vertragsgestaltungsvorschläge. Den Begriff der Software-Zuverlässigkeit im technischen Sinne findet man in diesem Zusammenhang im allgemeinen zwar nicht, jedoch betreffen gesetzliche Regelungen inhaltlich durchaus die Software-Zuverlässigkeit. Über die gesetzlichen Bestimmungen hinaus kann die Beschaffenheit der Software (vgl. Definition der Zuverlässigkeit in /DIN40041/) in allen Einzelheiten - auch was die Vermeidung und Erkennung von Fehlern bei der Software-Erstellung betrifft - vertraglich geregelt werden.

Die im folgenden angerissenen Probleme sind zum Teil sehr komplex. Zur Ausarbeitung oder Prüfung von Verträgen sollte grundsätzlich eine Rechtsberatung in Anspruch genommen werden.

<table><tr><td>

*Vertrags-
arten*

</td><td>

Vertragsarten. Grundsätzlich kann in Verträgen nahezu alles zwischen Vertragspartnern vereinbart werden, soweit es nicht gegen bestehende Gesetze verstößt (Prinzip der Vertragsfreiheit). Für die in der Praxis am häufigsten anzutreffenden Vertragsarten (Kauf-, Werk- und Dienstverträge) existieren zivilrechtlich geregelte Vertragsmodelle.

</td></tr></table>

Der Unterschied zwischen Kaufvertrag einerseits und Werk- bzw. Dienstvertrag andererseits liegt in der Art des geschuldeten Vertragsgegenstands: Der Kaufvertrag bezieht sich auf einen vor Vertragsabschluß fertigen Gegenstand, auf eine fertige Sache oder hier auf Standard-Software.

Schuldet der Vertragspartner die Erstellung eines Gegenstandes oder einer Sache, einen Erfolg oder eine Dienstleistung, also auch die *Erstellung* oder *Pflege von Software*, so wird ein *Werk-* oder *Dienstvertrag* abgeschlossen. Unterscheidungsmerkmal von Werk- und Dienstvertrag ist das Abhängigkeitsverhältnis der Vertragspartner voneinander. Dienstverträge werden z. B. zwischen Arbeitgeber und Arbeitnehmer abgeschlossen, Werkverträge dagegen zwischen freien Mitarbeitern und Unternehmen oder zwischen Software-Nutzer und Software-Hersteller usw. In der Praxis sind Verträge häufig nicht eindeutig in die genannten Kategorien einzuordnen.

Bei Werk- und Dienstverträgen müssen bei Rechtsfragen im allgemeinen nur die beiden Vertragspartner gesehen werden. Bei Kaufverträgen handelt es sich jedoch auf Grund der gesetzlichen Regelungen häufig um drei Parteien, nämlich die Vertragspartner *Käufer* und *Verkäufer* und zusätzlich den *Hersteller* des Produktes. Die gesetzlichen Regelungen zur Gewährleistung der Produkteigenschaften und Haftung für Schäden betreffen primär die Vertragspartner. Das neue Produkthaftungsgesetz regelt zusätzlich Haftungsansprüche des Endverbrauchers gegen den Hersteller unabhängig vom abgeschlossenen Kaufvertrag. Außerdem sind Garantievereinbarungen zwischen Hersteller und Endverbraucher üblich. Dies ist eine freiwillige Leistung des Herstellers, und die gesetzlich begründeten Gewährleistungsansprüche zwischen den Vertragspartnern Käufer und Verkäufer bleiben davon unberührt (/BDH89/ S.875).

Im folgenden werden einige grundlegende Paragraphen aus dem Bürgerlichen Gesetzbuch (BGB), dem Handelsgesetzbuch (HGB) und dem Produkthaftungsgesetz (ProdHaftG) zitiert.

Gewährleistung. In § 633 (1) BGB heißt es:

"Der Unternehmer ist verpflichtet, das Werk so herzustellen, daß es die zugesicherten Eigenschaften hat und nicht mit Fehlern behaftet ist, die den Wert oder die Tauglichkeit zu dem gewöhnlichen oder dem nach dem Vertrag vorausgesetzten Gebrauch aufheben oder mindern."

Gewähr-leistung

Der Auftraggeber braucht dem Unternehmer ein Verschulden für einen Mangel des Produktes nicht nachzuweisen. In den Absätzen (2) und (3) dieses Paragraphen wird die Verpflichtung des Herstellers zur Nachbesserung bzw. Mängelbeseitigung festgestellt. Der Auftraggeber kann gemäß § 634 (1) BGB die Beseitigung des Mangels nach Ablauf einer von ihm festgelegten Frist ablehnen und die Rückgängigmachung des Vertrages (Wandelung) oder Herabsetzung der Vergütung (Minderung) verlangen. Die Gewährleistungsfrist beträgt 6 Monate (§ 638 BGB), Kaufleute haben dagegen eine sofortige Rügepflicht nach Lieferung (§ 377 HGB)/BDH89, S.946/.

Durch Vertrag können Umfang und Frist der Gewährleistung zwischen den Vertragspartnern abgewandelt werden.

Haftung. Der Auftraggeber kann gegenüber dem Auftragnehmer Haftungsansprüche für Sach- und Personenschäden geltend machen, die durch einen Mangel des Werkes (Vertragsgegenstands) entstanden sind. Dies setzt aber voraus, daß den Auftragnehmer für die Vertragsverletzung ein *Verschulden* trifft - es sei denn, der Auftragnehmer ist Hersteller des Werkes und die Regelungen des Produkthaftungsgesetzes sind anwendbar (s.u.). Eine schuldhafte Vertragsverletzung liegt vor, wenn der Auftragnehmer fahrlässig oder vorsätzlich handelte und damit den Mangel verursachte, oder wenn er eine zugesicherte Eigenschaft des Werkes nicht erfüllte (§ 635 BGB). Haftungsumfang und -frist, die gem. § 638 BGB 6 Monate beträgt, können per Vertrag abgewandelt werden. Wurde ein Mangel arglistig verschwiegen, so sind vertraglich vereinbarte Haftungsausschlüsse jedoch unwirksam (§ 637 BGB).

Der *Auftraggeber* kann auch Schadenersatzansprüche gegenüber dem *Hersteller* des Produkts geltend machen, selbst wenn dieser nicht der (Kauf-)Vertragspartner ist. Grundlage hierfür ist das am 1.1.90 in Kraft getretene Produkthaftungsgesetz (ProdHaftG). Im Unterschied zu den oben genannten Gesetzen genügt hier ein objektiv vorliegender Fehler des Produktes, der einen Personenschaden oder Sachschaden an einer anderen Sache hervorgerufen hat, als Grund für einen Schadenersatzanspruch des Geschädigten (§ 1 ProdHaftG). Ein schuldhaftes Verhalten des Herstellers braucht weder vorzuliegen noch nachgewiesen zu werden. Das ProdHaftG regelt aber nur Sachschäden an nicht gewerblich genutzten Gegenständen; Ziel ist also hauptsächlich der Schutz des Endverbrauchers. Produkte im Sinne des Gesetzes sind bewegliche Sachen sowie Elektrizität (§ 2), Software gehört nicht ausdrücklich hierzu. Die Rechtsprechung wird ergeben, ob das ProdHaftG auch auf Software anwendbar ist. Hersteller im Sinne des Gesetzes sind der Hersteller des Endproduktes und Zulieferer, der Importeur, der das Produkt mit wirtschaftlichem Zweck in den Geltungsbereich der EG einführt oder jeder Lieferant, wenn sich der Hersteller oder Importeur nicht ermitteln läßt (§ 4). Die Selbstbeteiligung bei Schaden beträgt DM 1125,- (§ 11) und die Verjährung für Schadenersatzansprüche beträgt 3 Jahre vom Zeitpunkt der Erkennung des Fehlers an (§ 13). Die Ansprüche erlöschen 10 Jahre nachdem das Produkt in Verkehr gebracht wurde (§ 13). Die Haftung gem. ProdHaftG darf nicht (durch Vertrag) eingeschränkt werden (§ 14).

Liegt der Schaden außerhalb des Geltungsbereichs des ProdHaftG, so müssen die auch bisher schon gültigen Gesetze zur Schadenersatzpflicht (s. o.) herangezogen werden. In diesem Fall muß dem Hersteller aber ein Verschulden nachgewiesen werden.

Vertragsgestaltung. Durch einen umfassend formulierten Vertrag können spätere Streitigkeiten vermieden werden. Oft werden die gesetzliche Gewährleistung oder Haftung eingeschränkt, bisweilen aber auch erweitert. Ein Vertrag ist in der Regel nur bei Erstellung von Individual-Software erforderlich; bei Standard-Software werden meist Allgemeine Geschäftsbedingungen herangezogen (siehe unten).

*Vertrags-
gestal-
tung*

Durch den Abschluß eines Vertrages wollen die Vertragspartner ihre Interessen gegenüber der jeweils anderen Partei geltend machen. Ein typisches Interesse eines *Software-Herstellers* sind seine *Verwertungsrechte*. Er wird in einem Überlassungs- oder Erstellungsvertrag Klauseln über Vervielfältigung, Verbreitung und Nutzung aufnehmen.

Folgende Punkte können im Vertrag z. B. angesprochen werden:

- Recht des Auftragnehmers, die Software Dritten zu überlassen,
- ggf. nachträgliche Herabsetzung der Vergütung in diesem Fall,
- Rechte des Auftraggebers, die Software auf einer oder mehreren Datenverarbeitungsanlagen zu benutzen,
- Einsatz in anderen Organisationseinheiten eines Unternehmens bzw. einer öffentlich-rechtlichen Körperschaft,
- Fertigung von Sicherungskopien.

Einsatz und Verwendung der Software können zum Vertragsbestandteil erhoben werden ("vertraglich vorausgesetzter Gebrauch" im Sinne von § 633 BGB).

117

Der *Auftraggeber* hingegen hat Interesse an der Erfüllung bestimmter Leistungspflichten des Auftragnehmers. Die *Leistungspflichten* müssen nicht nur auf den Auftragnehmer beschränkt sein, wie die folgende Auflistung zeigt. Auch der Auftraggeber ist für die Abwicklung der Software-Erstellung mit verantwortlich.

Beispiele für Vereinbarungen über Leistungspflichten:

a) Erarbeiten der Anforderungen an das Produkt (Anforderungsspezifikation). Die Anforderungsspezifikation legt die vertragliche Leistungspflicht fest und bildet als Leistungsbeschreibung die Grundlage für die Abnahme. Sie wird meistens gemeinsam von Auftraggeber und Auftragnehmer erstellt.

b) Zeitliche Festlegung der einzelnen Phasen der Software-Erstellung (Beginn und Dauer)

c) Abnahmekriterien (Abnahmetests, Probelauf usw.)

d) Form der Dokumentation, Vereinbarung über Aushändigung des Quellcodes

e) Spätere Pflege der Software (sofern kein gesonderter Software-Pflege-Vertrag geschlossen wird)

f) Schulung und Einweisung, Kundendienst während der Nutzungsphase

g) Präsentation, Einführung und Installation

h) Mitwirkungspflicht des Auftraggebers
- Unterstützen bei Planung und Erstellung hinsichtlich betrieblicher Besonderheiten, Arbeitsabläufe und fachlicher Anforderungen
- Unterstützen durch eigene Mitarbeiter
- namentliche Nennung von Koordinierungs- und Ansprechpartnern

i) Zwischenabnahmen, Teilleistungen und Abschlagszahlungen

Beispiele für Leistungspflichten, die die Software-Zuverlässigkeit betreffen[13]:

j) Angabe von Zuverlässigkeitsanforderungen und -zielen. Bei sicherheitsrelevanten Anwendungen können Anforderungen gem. DIN 19250 und Maßnahmen zur Vermeidung von Feh-

---

[13] In Anlehnung an ISO 9000 Teil 3, ISO 9001, Abschnitt 4

118

lern im gesamten Lebenszyklus der Software sowie zur Beherrschung von Fehlern (vgl. /DIN0801/) festgelegt werden.

k) Festlegung, wie ein bestimmtes Zuverlässigkeitsniveau nachgewiesen und dokumentiert werden soll

l) Verpflichtung des Herstellers, die Planung, Entwicklung und Ausführung eines Zuverlässigkeitssicherungsverfahrens zu übernehmen und auch in der Nutzungsphase der Software fortzuführen

m) Verpflichtung des Herstellers zum Nachweis eines leistungsfähigen Qualitätssicherungssystems (ISO 9004). Diese Verpflichtung kann sich auf den gesamten Lebenszyklus der Software beziehen.

n) Vereinbaren des Informationsaustausches zwischen Hersteller und Anwender der Software, über alle Ereignisse während des Software-Lebenszyklusses, die für die Zuverlässigkeit des Produkts von Bedeutung sind
Beispiele für derartige Ereignisse:
- Tests (Ereignisbericht sollte deren Ergebnisse festhalten)
- Instandhaltungsmaßnahmen (Updates)
- Fehler- und Ausfallereignisse (Ereignisbericht sollte Fehlerbeschreibung beinhalten)
- durchgeführte Korrekturen und deren Ergebnis (Ereignisbericht sollte Querverweise auf Software-Moduln und Dokumente enthalten, die von einer Korrektur betroffen sind)

o) Benennen von Verantwortlichen für Zuverlässigkeitsfragen auf Seiten des Herstellers und des Auftraggebers

Neben den Leistungspflichten kann der Vertrag noch weitere Punkte regeln:

- Von den gesetzlichen Bestimmungen abweichende Gewährleistungsfrist und Gewährleistungsausschlüsse können festgelegt werden.
- Von den gesetzlichen Bestimmungen abweichende Bedingungen für einen Haftungsausschluß und Umfang des Haftungsausschlusses oder eine Haftungsbegrenzung können fixiert werden.
- Es kann vertraglich ein 'Sorgfaltsmaßstab' bei der Erstellung der Software vereinbart werden. In der Rechtsprechung sind

hierfür drei Kategorien üblich /MAR79/: Ohne besondere Regelungen muß das Werk im allgemeinen entsprechend den 'anerkannten Regeln der Technik' erstellt werden, d. h. nach Regeln, die in der Praxis erprobt wurden und sich bewährt haben. Höhere Anforderungen an die Sorgfalt bei der Erstellung werden ausgedrückt durch die Formulierung 'Erstellung gemäß dem Stand der Technik'. Gemeint sind hiermit neueste technische Verfahrensweisen und technologische Erkenntnisse. Bei besonders hohen Anforderungen an die Zuverlässigkeit der Software ist entsprechend dem 'Stand von Wissenschaft und Technik' zu verfahren. In diesem Fall müssen über die neuesten technologischen Erkenntnisse des betreffenden Fachgebiets hinausgehend auch die Erkenntnisse aus anderen wissenschaftlichen Disziplinen berücksichtigt werden.

- Prinzipiell ist die Möglichkeit gegeben, einen Zuverlässigkeitskennwert zahlenmäßig zum Gegenstand des Software-Vertrages zu erheben - sofern er sich praktisch überhaupt gewinnen läßt. Dies hätte jedoch nur dann einen Sinn, wenn parallel dazu der Gewährleistungszeitraum auf den Zeitraum, auf den sich der Zuverlässigkeitskennwert bezieht, ausgedehnt oder eine entsprechende Garantievereinbarung getroffen wird.

- In einem Vertrag über Software-Erstellung können Vertragsstrafen gemäß §§ 339 ff.. BGB insbesondere zur Sicherung der vereinbarten Termine und pauschalierter Schadensersatz für Fälle von Verzug oder Folgeschäden geregelt werden.

Wegen der Komplexität der Materie und wegen der zum Teil noch herrschenden Rechtsunsicherheit bieten Musterverträge bei der Vertragsgestaltung eine wichtige Hilfe. In /HBK87/ ist ein ausführliches Beispiel mit Erläuterungen für einen Programmerstellungsvertrag zu finden.

| AGB | **Allgemeine Geschäftsbedingungen.** Große praktische Bedeutung haben vorformulierte Vertragstexte, die immer wieder in derselben Form verwendet werden. Diese Formulierungen werden 'Allgemeine Geschäftsbedingungen' (AGB) genannt. Sie werden im allgemeinen von Unternehmen und Unternehmensverbänden aufgestellt. Gegenüber dem individuell bei jedem Geschäft for-

mulierten und ausgehandelten Vertrag bedeuten die AGB eine
Rationalisierung, Vereinfachung der Abwicklung, aber auch eine
Gestaltung des Vertrages zugunsten des Verwenders[14].

Zum Schutz der anderen Vertragspartei (in vielen Fällen des Ver-
brauchers) vor Mißbrauch der AGB wurde das AGB-Gesetz
(AGBG) erlassen.

Die folgenden Beispiele zeigen, wie weitgehend das AGBG Geltungsbereich und Inhalt vorformulierter Geschäftsbedingungen
regelt:

- Die AGB werden nur zum Bestandteil des Vertrages, wenn
  der Verwender auf sie hinweist, die andere Vertragspartei sie
  zur Kenntnis nimmt und akzeptiert (§ 2 AGBG, vgl. aber §24
  AGBG).
- 'Überraschende Klauseln' werden nicht zum Vertragsbestandteil (§ 3 AGBG).
- Zweifel bei der Auslegung Allgemeiner Geschäftsbedingungen gehen zu Lasten des Verwenders (§ 5 AGBG).
- §9 beinhaltet eine Generalklausel, die der gerichtlichen Auslegung bedarf:
  "Bestimmungen in Allgemeinen Geschäftsbedingungen sind
  unwirksam, wenn sie den Vertragspartner des Verwenders
  entgegen den Geboten von Treu und Glauben unangemessen
  benachteiligen. ..."
- §§ 10 und 11 bestimmen, was nicht zulässig ist. Klauseln, die
  gegen § 11 verstoßen, sind automatisch unwirksam. Bei § 10
  muß das Gericht entscheiden ('werten'), ob im Einzelfall eine
  unangemessene Benachteiligung vorliegt.

Das Gesetz über die Allgemeinen Geschäftsbedingungen unterscheidet Kaufleute und Nichtkaufleute, da bei Kaufleuten ein ge-
wisses Rechtsverständnis vorausgesetzt wird: Nach § 24 AGBG
finden §§ 2, 10, 11, 12 bei Kaufleuten keine direkte Anwendung,
es gilt aber § 9 (Generalklausel). Zur Ausfüllung des § 9 werden
die gesetzlichen Wertentscheidungen in §§ 10 und 11 herangezogen.

---

[14] Verwender: Diejenige Partei, die die Geschäftsbedingungen stellt.

 Besondere Vertragsbedingungen (BVB). Die BVB werden von der Öffentlichen Hand an ihre Auftragnehmer gestellt. Sie müssen wie die AGB zum Vertragsbestandteil erhoben werden, um wirksam zu werden. Die 'BVB für das Erstellen von DV-Programmen' regeln Leistungspflichten, Mitwirkung des Auftraggebers, Nutzungsrechte, Gewährleistung (9 Monate) und Haftung. Sie sind ein Beispiel vorformulierter Verträge, die den Auftraggeber in eine eher günstige Position versetzen.

Schlußbemerkung. Die Mehrzahl alltäglicher Verträge wird durch Allgemeine Geschäftsbedingungen geregelt bzw. abgewikkelt. Die Vertragsgestaltung spielt eine Rolle, wenn Individualverträge formuliert werden sollen. Eine juristische Beratung ist in diesem Fall unverzichtbar, zumal im Bereich von Software-Verträgen und insbesondere der Software-Zuverlässigkeit noch Rechtsunsicherheit besteht.

5.3 Informelle Nachweisverfahren

"Keine Software ist fehlerfrei"

Dieser Aussage widerspricht kaum ein Software-Entwickler. Viele Entwickler können von Software berichten, bei der falsch verstandene funktionale Anforderungen erst nach der Installation von den Anwendern entdeckt wurden. Ein "intensives Nachdenken" während der bereits abgeschlossenen Phasen der Software-Erstellung hätte viele dieser Mißverständnisse aufgedeckt, bevor sie zu teuren Problemen wurden.

Erfahrungsgemäß wird das Beheben eines Mißverständnisses, das Beseitigen von Fehlern um so teurer, je später es erfolgt. So steigen die Fehlerbehebungskosten im Projektverlauf, z. B. nach /DGQ86, Seite 155/, vom Ende der Entwurfsphasen bis zur Nutzung um den Faktor 10 bis 100.

Die informellen Nachweisverfahren bieten mehr als nur einen methodischen Ansatz für ein "intensives Nachdenken". Sie sind die einzigen Nachweisverfahren, die bereits in den ersten Phasen der Software-Entwicklung eingesetzt werden können (siehe auch Bild 5-3). Eine konsequente Anwendung dieser Verfahren führt zu einer hohen Anzahl bereits in frühen Phasen gefundener Fehler.

122

Die drei am meisten verbreiteten informellen Verfahren sind Inspektionen, Reviews und Walkthroughs. Häufig werden die Begriffe vertauscht und auch die Anwendung der Verfahren ist oft sehr unterschiedlich. Zur Klärung der Begriffe werden die Verfahren Inspektionen, Reviews und Walkthroughs hier erläutert und vor allem die Unterschiede zwischen ihnen herausgearbeitet. Zusätzlich wird noch auf die Schreibtischprüfung als Sonderfall des Walkthroughs eingegangen.

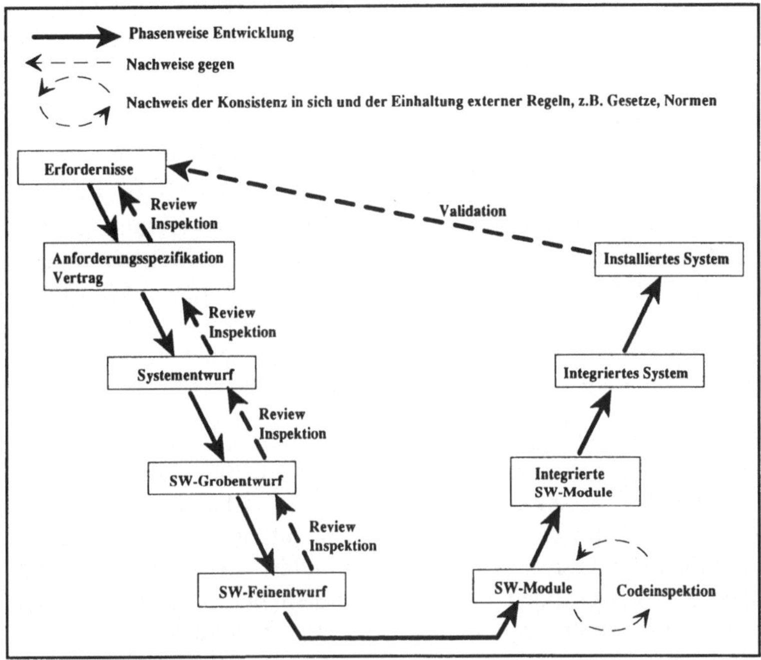

Bild 5-3: Einsatz informeller Nachweisverfahren

Allen Verfahren ist eine Vorbereitung gemeinsam, während der die Teilnehmer der Untersuchung mit dem Untersuchungsobjekt und den Informationen über das gesamte Projekt vertraut gemacht werden oder sich vertraut machen. Anschließend findet die Untersuchung statt, deren Ergebnis immer schriftlich dokumentiert wird. Weiterhin gilt für alle Verfahren, daß es sehr wichtig ist, die methodischen Anforderungen an das betreffende Nachweisverfahren genau einzuhalten, um seine Effizienz nicht zu gefährden.

Bei der *Inspektion* wird das Untersuchungsobjekt in verschiedenen Phasen von einer Gruppe von Personen mit unterschiedlichen klar festgelegten Rollen geprüft. Dabei sind Checklisten eine wichtige Hilfe. Im Gegensatz zu Reviews werden keine Verbesserungsvorschläge oder Lösungsmöglichkeiten diskutiert oder dokumentiert. Anders als bei Walkthrough oder Schreibtischprüfung werden Algorithmen nicht gedanklich ausgeführt. Geprüft werden die fachliche und formale Korrektheit von Dokumenten. Häufig werden zwei Dokumente aus aufeinanderfolgenden Phasen miteinander verglichen, indem die korrekte Weiterentwicklung des zweiten Dokuments aus dem ersten geprüft wird.

Reviews sind Verfahren, mit denen nicht nur die Qualität der Untersuchungsobjekte nachgewiesen wird. In ihrem Verlauf soll auch auf konstruktive Vorschläge eingegangen werden. In Reviews können auch weitere Phasen der Software-Entwicklung geplant werden oder funktionale Änderungen der Untersuchungsobjekte besprochen und festgelegt werden. Dieses Eingehen auf konstruktive Vorschläge und die lange Dauer von Reviews, die durchaus bei einem Tag oder mehr liegen kann, unterscheidet dieses Verfahren von allen anderen informellen Nachweisverfahren.

Walkthroughs und *Schreibtischprüfungen* haben im Gegensatz zu den Inspektionen und Reviews gemeinsam, daß sehr tief in die Untersuchungsobjekte eingestiegen wird. Es handelt sich in der Regel um Code; er wird bei der Überprüfung gedanklich ausgeführt. Während eines Walkthrough erläutert der Autor sein Dokument den Anwesenden. Findet die Untersuchung durch Autor oder Prüfer allein statt, ohne daß weitere Personen an dem Verfahren beteiligt sind, dann heißt dieses Verfahren Schreibtischprüfung. (Nachweise sollen möglichst unabhängig von der Entwicklung erfolgen. Daher ist ein Nachweis als Schreibtischprüfung durch den Autor fragwürdig.)

In der Praxis werden die Verfahren oft nicht in ihrer Reinform, sondern mit Abwandlungen angewandt. Häufig sind auch Zwischenformen der verschiedenen Verfahren zu finden, die unter dem einen, dem anderen Namen oder einer ganz anderen Bezeichnung anzutreffen sind. Die Abwandlung der informellen Nachweisverfahren, führt vor allem bei Anwendern mit wenig Erfahrungen in der Nachweisführung häufig zu unbefriedigenden Ergebnissen.

Kriterien	Inspektion	Review	Walkthrough	Schreibtisch-prüfung
Zusammen-setzung	Moderator, Autor, Tester, Anwender	Projektteam, Auftraggeber, Auftragnehmer	Autor, Fachkollegen, Prüfer	Autor oder Prüfer oder QS-Stelle
Anzahl Teilnehmer	3 - 6	5 - 15	2 - 6	1
Dauer	max. 2 Std. + Vorbereitung	1 - 2 Tage	max. 2 Std.	max. 4 Std.
Objekte	Dokumente, einschl. Vertrag, Code	Phasenprodukte, Projektpläne, Projektberichte, Problembereich	Dokumente, SW-Grobentwurf (z.B.SA/SD), SW-Feinentwurf(z.B. Struktogramm, Code	Dokumente, SW-Grobentwurf, SW-Feinentwurf, Code
Ziel	Prüfen von Dokumenten	Ermitteln Projektstatus, Problemlösung, Maßnahmen	Fehler und Unvollständigkeiten feststellen	Fehler und Unvollständigkeiten feststellen
Zeitpunkt	Dokumente erstellt	Phasenabschluß, Meilenstein	Dokumente erstellt	Dokumente erstellt
Durchführung	Checkliste	Tagesordnung	gedankliches Ausführen vor Zuhörern	gedankliches Ausführen, Formalia prüfen
Ergebnis	Protokoll mit: - inspizierten Dokumenten - ggfs. Neu-Inspektion	Protokoll mit: - Beschlüssen	Protokoll mit: - Fehlern - Unvollständigkeiten	Protokoll mit: - Fehlern, - Fragen - Unvollständigkeiten - Inkonsistenzen

Tabelle 5-1: Vergleich informeller Nachweisverfahren

5.3.1 Inspektion

Die Inspektionen bilden das formellste der hier dargestellten
Nachweisverfahren. Die Software-Entwicklung ist ein Prozeß, in
dem, ausgehend von einer groben Idee oder Vorstellung, solange
verfeinert wird, bis die geplante Detaillierung erreicht ist. Dieser
Prozeß wird immer wieder von Korrekturen (Erweitern, Löschen
oder Verändern) unterbrochen.

Er läßt sich mit einer Navigationsaufgabe vergleichen. Das Navi-
gieren eines Schiffes erfordert eine ständige Kursüberprüfung,
damit das Ziel auf einem möglichst direkten Weg erreicht wird.
Unvorhergesehen auftretende Klippen müssen durch Kurskorrek-
turen umschifft werden.

Inspektionen ermöglichen beim Software-Erstellungsprozeß die
Zwischenergebnisse, Position und Kurs, zu prüfen. Wird dabei ein
Problem entdeckt, so sind dessen Auswirkungen umso kleiner, je
eher dies geschieht und darauf reagiert wird.

Inspektionen wurden ursprünglich von M. E. Fagan in Zusammenarbeit mit R. R. Larson bei IBM entwickelt /Fag76/.

Bei der Software-Entwicklung können Abweichungen einer Phase
gegenüber einer früheren Phase nur durch eine ständige Qualitätskontrolle entdeckt und nachfolgend korrigiert werden. Es gilt: Je
früher Abweichungen entdeckt werden, desto einfacher und ko-
stengünstiger sind sie zu beheben.

Ist allerdings das Ergebnis der vorherigen Phase, gegen das geprüft wird, nicht ausreichend verifiziert worden und enthält es
noch Fehler, drohen diese Fehler "korrekt" in den nächsten Ent-
wicklungsschritt übernommen zu werden. Ein Fehler, der einmal
eine Qualitätskontrolle passiert hat, 'überlebt' meistens bis zum
Abnahmetest oder sogar bis nach der Installation. Um dieses Mit-
schleifen von Fehlern zu unterbinden, ist es wichtig, möglichst
übersichtliche Phasen zu definieren und vor Ende jeder Phase eine
Qualitätskontrolle durchzuführen.

Inspektionen unterstützen dieses Vorgehen. Sie können bereits in
den ersten Phasen der Software-Erstellung (genaugenommen
schon für die Vertragsprüfung) eingesetzt werden.

Die Effizienz und damit auch die Akzeptanz von Inspektionen ist
sehr stark von der präzisen und korrekten Anwendung der folgenden Richtlinien abhängig. Die genaue Anwendung der Richtlinien
ist vor allem für Personen notwendig, die noch keine breiten Erfahrungen mit Inspektionen gewonnen haben, um deren Erfolg
nicht zu gefährden.

Eine Inspektion wird in einer genau vorgeschriebenen Reihenfolge von Schritten ausgeführt:

Planung:
Der Moderator stellt das Inspektionsteam zusammen, verteilt
die Rollen, Aufgaben und Dokumente.

Überblick:
Die Inspektoren verschaffen sich in 30-60 Minuten einen
Überblick über das zu inspizierende Produkt. Diese Phase
kann entfallen, wenn die Inspektoren mit dem Projekt vertraut
sind.

Vorbereitung:
Die Inspektoren arbeiten sich zwischen 1,5 und 3 Stunden in
die Thematik und die zur Verfügung gestellten Unterlagen
ein. Die Dauer der Vorbereitung ist von der Komplexität des
Inspektionsobjektes abhängig. Während der Vorbereitung suchen die Inspektoren anhand ihrer Checklisten mögliche
Fehler in den Dokumenten.

Inspektion:
An der Inspektion nehmen normalerweise 3 bis 6 Personen
mit festgelegten Aufgaben teil. Es können auch mehr sein,
wenn mit einer hohen Abstraktion die Architektur komplexer
Systeme inspiziert wird. Der oder die Autoren des Inspektionsobjektes haben während der Inspektion nur eine Nebenrol-
le. Sie sollen ihre Arbeit weder erläutern noch verteidigen.
Wie lesbar und selbsterklärend die Dokumente sind, ist ein
Kriterium der Inspektion. In der Sitzung werden keine Verbesserungsvorschläge diskutiert, sondern nur Mängel identi-
fiziert und notiert.

Dauer:
Die Hauptsitzung, die Inspektionssitzung, ist auf maximal 2

Stunden begrenzt. Reicht die Zeit für die vollständige Inspektion nicht aus, wird ein weiterer Termin angesetzt. Die Inspektion wird fortgesetzt, bis das Inspektionsobjekt fertig untersucht wurde.

Nachbereitung:
Nach der Inspektion wird eine Aktivitätenliste mit Kritikpunkten (z.B. Mängel) an die Autoren gegeben. Die Liste enthält keine Verbesserungsvorschläge.

Überarbeitung:
Der Moderator ist für die Aktivitätenliste verantwortlich. Er muß gewährleisten, daß die Änderungen durchgeführt werden oder dafür Sorge tragen, daß das zu ändernde Dokument in keinem weiteren Zusammenhang mehr benutzt wird. Der Moderator braucht nicht zu prüfen, ob die Korrekturen richtig sind, da dieses in späteren Inspektionen oder Tests überprüft wird.

Anschlußsitzung:
Da während der Inspektionssitzung weder Verbesserungsvorschläge noch konstruktive Ideen besprochen werden dürfen, sollten sich die Teilnehmer anschließend zu einer Diskussionsrunde treffen, damit gute Ideen nicht verloren gehen. Darum sollten diese Besprechungen so geplant sein, daß ein Anschlußtreffen stattfinden kann.

Wiederholungs-Inspektion:
Bei groben Fehler soll eine Wiederholungs-Inspektion angesetzt werden. Dabei werden die durchgeführten Änderungen inspiziert und ihre Auswirkungen auf andere Dokumente geprüft.

Häufigkeit der Inspektionen:
Inspektionen werden an verschiedenen Punkten der Softwareentwicklung ausgeführt. Eine Inspektion soll immer dann durchgeführt werden, wenn ein wichtiges Dokument - Inspektionsobjekt - erstellt wurde. Erst in späteren Projektphasen ist es geraten, die Inspektion durch andere QS-Nachweisverfahren zu ersetzen.

Inspektionsteam:

Das Team umfaßt normalerweise 3 - 6 Personen. Jede Person in dem Team bekommt eine feste Rolle zugewiesen. Je präziser diese Rollen festgelegt sind und dann erfüllt werden, desto effizienter arbeitet das Team. Zu dem Team gehören ein Moderator, ein Vertreter der Autoren und die Inspektoren, unter Umständen auch die Hauptbeteiligten der Folgephase, etwa Tester bei Code-Inspektionen. Die Auswahl der Inspektoren hängt vom Inspektionsobjekt ab. Bei einer Vertragsinspektion sollte ein Jurist anwesend sein. Ein Testkonzept würde von einem Qualitätssicherer inspiziert werden. Die Inspektoren sollen fachlich qualifiziert sein und sich gegenseitig ergänzen, um das Inspektionsobjekt aus verschiedenen fachlichen Richtungen zu durchleuchten. In dem Team können Kollegen jeder Hierarchiestufe arbeiten, außer den jeweiligen Vorgesetzten. Der Ausschluß der Vorgesetzten soll Befangenheit und unerwünschten Einfluß auf die Karriere vermeiden.

Aufgaben des Moderators:

Der Moderator sollte über umfangreiche Erfahrungen mit Inspektionen verfügen und an speziellen Schulungen zum Moderieren von Inspektionen teilgenommen haben. Die Effizienz der Inspektion hängt sehr stark von seinen Qualifikationen ab.

- Der Moderator lädt die Inspektoren ein und organisiert die Sitzung. Er stellt das zu inspizierende Material bereit.
- Er leitet die Sitzung und achtet auch darauf, daß die Inspektoren ihre Rollen einhalten.
- Er bestimmt das Tempo der Inspektion.
- Er notiert die gefundenen Fehler und klassifiziert sie.
- Er gibt die Fehlerliste an eine bestimmte Person, die diese dann bearbeitet.

Die Aufgabe des Moderators muß vor allem in Teams sehr sorgfältig wahrgenommen werden, die sich neu mit dem Einsatz von Inspektionen beschäftigen.

Aufgaben der Inspektoren:

Jeder der Inspektoren erhält eine Checkliste mit von ihm zu bearbeitenden Fragen, um gezielter nach Fehlerquellen suchen zu können. Die Checklisten sollen die Effizienz der In-

spektion steigern und die Inspektoren dabei unterstützen, in
ihrer Rolle zu bleiben. Keine Checkliste soll länger als eine
Seite sein.

Dokumentation und ihre Auswertung:
Die Effizienz von Inspektionen kann gesteigert werden, wenn
viele Ergebnisse und Erfahrungen aus Inspektionen dokumentiert wurden. Die Auswertung von Statistiken über die
Geschwindigkeit von Inspektionen und die erreichte Vollständigkeit der Fehlerentdeckung hilft bei der Festlegung des In-
spektionsumfangs. Es werden Statistiken über Arten von Fehlern erstellt. Sie können analysiert und zu Berichten zusam-
mengestellt werden. Aus den Berichten lassen sich auch lang-
fristige Auswirkungen des Einsatzes von Inspektionen able-
sen.

Anwendbarkeit / Phasen des Software-Entwicklungsprozesses:
Inspektionen lassen sich in jeder Phase des Software-
Entwicklungsprozesses durchführen. Je früher sie eingesetzt
werden, desto vorteilhafter wirken sie auf die Qualität des
Endproduktes.

Je häufiger Inspektionen durchgeführt und je genauer sie
protokolliert und dokumentiert werden, desto besser lassen
sich die Checklisten und die Vorbereitungen für künftige Inspektionen daraus ableiten. Die Erfahrungen aus bereits
durchgeführten Inspektionen ermöglichen es, die jeweils noch
durchzuführenden Inspektionen effizienter zu gestalten.

Probleme/Schwierigkeiten:
Die Anwendung von Inspektionen als Qualitätssicherungsmaßnahme im Software-Entwicklungsprozeß birgt Ak-
zeptanzprobleme.

Um die Effizienz der Maßnahmen zu gewährleisten, müssen
z. B. Fehler dokumentiert und auch langfristig ausgewertet
werden. Die so dokumentierten Fehler könnten auch zum
Bewerten der Mitarbeiter herangezogen werden. Hiervor ist
jedoch nachhaltig zu warnen, denn dies kann die Offenheit
der Diskussion und die Bereitschaft, seine Arbeitsergebnisse
später wieder Inspektionen zu unterwerfen, beeinträchtigen.

Häufig nehmen nicht alle Entwickler des Inspektionsobjektes an der Inspektion teil. Es wird also über 'ihre' Arbeit ohne ihr Beisein 'geurteilt', demzufolge auch so, daß sie sich nicht verteidigen können.

Sollen Inspektionen neu eingeführt werden, so existieren noch keine Erfahrungen im Unternehmen, wie sie anzuwenden sind und welche Fehler in der speziellen Umgebung des Unternehmens typischerweise gemacht werden. Dies führt zunächst noch nicht zu den besten Ergebnissen der Methode und zu einem übergroßen Aufwand, wie ihn die Einführung neuer organisatorischer Maßnahmen immer mit sich bringt. Die Akzeptanz der Inspektion wird dadurch gefährdet.

5.3.2   Review (Durchsicht)

Reviews sind Nachweisverfahren, bei denen Mitglieder des Projektteams, des Auftragnehmers (Management) und des Auftraggebers (Anwender) mitwirken. Sie werden als ein- bis zweitägige Sitzungen durchgeführt. Mit Reviews sollen der Projektfortschritt kontrolliert, Lösungen erarbeitet und gegebenenfalls steuernde Maßnahmen ergriffen werden.

Reviews haben Meilensteincharakter. Sie erfolgen daher am Ende einer Phase. Reviews sollen sich nicht mit der Untersuchung von einzelnen Dokumenten, sondern der Begutachtung von Phasenergebnissen befassen. Die Produkte aus Projektphasen werden im Hinblick auf die Qualitätsmerkmale wie z. B. funktionale Vollständigkeit und Korrektheit untersucht.

Wesentlicher Zweck von Reviews kann auch die Feststellung sein, inwieweit die erzielten Ergebnisse (Phasenergebnisse) den gestellten Zielen (inhaltliche und auch formale Anforderungen an die Phasenergebnisse) gerecht werden.

Ebenso kann sich durch geänderte Rahmenbedingungen die Zielsetzung des Projektes ändern oder in Frage gestellt werden; auch dies ist bei Reviews festzustellen und in seinen Auswirkungen festzuhalten.

Reviews sind somit auch ein Mittel, um rechtzeitig zielgefährdende Abweichungen zu erkennen und korrigierende Maßnahmen zu treffen.

Neben den Ergebnissen aus Projektphasen können Projektpläne und -berichte Gegenstand von Reviews sein. Personaleinsatz und Ausstattung mit Hard-/Software, Raumsituation etc. können ebenfalls im Rahmen von Reviews behandelt werden.

Die Teilnehmer von Reviews sind schriftlich einzuladen und alle zu besprechenden Dokumente sind ihnen rechtzeitig zuzusenden.

Das Ergebnis der Sitzung ist in einem Protokoll festzuhalten. Es soll die gefaßten Beschlüsse, ausgesprochene Empfehlungen, Aufforderungen und Feststellungen dokumentieren.

5.3.3 Walkthrough (Durchgang)

In einem Walkthrough erklärt der Ersteller eines Dokumentes einem oder mehreren anderen Beteiligten das zu untersuchende Dokument. Walkthroughs unterscheiden sich vor allem durch ihre Detaillierung von Reviews und Inspektionen. In einem Walkthrough wird das Betrachtungsobjekt Zeile für Zeile und Aussage für Aussage durchgegangen und auf Korrektheit überprüft.

Phasen:

    Der Ablauf eines Walkthrough ist mit den Inspektionen zu vergleichen. Es findet ebenfalls eine Vorbereitungsphase statt, in der der Autor dem Team das Betrachtungsobjekt und das Umfeld darstellt. Umfang und Ausprägung dieser Phase sind von dem projektbezogenen Know-How der Teilnehmer und den für die Prüfung notwendigen Informationen über Schnittstellen des betrachteten Produkts/Dokuments im Gesamtprojekt abhängig.

    Anschließend haben die Teilnehmer Zeit, sich das Dokument anzusehen und eventuelle Fragen zu skizzieren. Während der Prüfung stellt der Entwickler sein Produkt vor und erläutert die Funktionalität. Die drei Phasen Einführen, Vorbereiten und Prüfen müssen nicht direkt aufeinander folgen. Sie sollten aber auch nicht zu lange auseinander liegen.

Während der Prüfung ist es nicht das Ziel, dem Entwickler formale, logische oder inhaltliche Fehler nachzuweisen. Die Fragen der Teilnehmer sollen den Autor zu einem erneuten Nachdenken anregen, ihm möglicherweise übersehene Gesichtspunkte deutlich machen. Er soll auf Dinge aufmerksam gemacht werden, die ihm selbstverständlich sind und dabei viele Fehler selber entdecken. Zudem trägt die Erklärung des Erarbeiteten selbst schon zur Entdeckung von Fehlern bei.

Wie bei den Inspektionen werden während eines Walkthroughs keine Lösungsmöglichkeiten erarbeitet oder Alternativen diskutiert.

Die Beseitigung der Fehler und Inkonsistenzen ist anschließend durch den Ersteller durchzuführen.

Ergebnis:
Ein Walkthrough wird genau wie eine Inspektion oder ein Review protokolliert. In diesem Protokoll werden alle Anmerkungen der Teilnehmer dokumentiert, insbesondere resultierende Änderungen und offene Punkte, die nicht zur Zufriedenheit der Teilnehmer geklärt werden konnten.

Teilnehmer:
Am Walkthrough nehmen noralerweise 2 bis 6 Personen teil[15]. Die Teilnehmer sollen fachlich in der Lage sein, die Ergebnisse zu beurteilen, da ein Walkthrough auf einer sehr detaillierten Ebene stattfindet. Auch bei einem Walkthrough sollten die Teilnehmer aus verschiedenen Bereichen kommen, z. B. aus der Fachabteilung, welche die zu Grunde liegende Funktionalität spezifiziert hat, und einer Entwicklsabteilung, die mit ähnlichen Aufgaben beschäftigt ist. Im Gegensatz zu Inspektion und Review ist der Entwickler beim Walkthrough stets dabei. Im Walkthrough lastet die zentrale Aufgabe auf

---

[15] Setzt sich nur eine Person mit dem Beobachtungsobjekt auseinander, dann nennen wir diesen Sonderfall Schreibtischprüfung (siehe Kap. 5.3.4).

ihm. Obwohl die Teilnehmer ihre kritische Haltung auf das Untersuchungsobjekt beschränken sollten und die Person des Entwicklers nicht in Frage steht, ist nicht zu empfehlen, daß fachliche oder disziplinarische Vorgesetzte an einem Walkthrough teilnehmen.

Anwendungsbereiche:
Walkthroughs können eingesetzt werden, wenn Betrachtungsobjekte vorliegen, die sich gedanklich ausführen lassen. Dieses gilt vor allem für Pseudo-Code und Code. Auch für Struktogramme, Programmablaufpläne und andere Beschreibungen, die Abläufe darstellen, sind Walkthroughs ein geeignetes Nachweisverfahren. Seltener werden sie für Dokumente aus den frühen Phasen der Software-Entwicklung benutzt, z. B. Entity-Relationship-Modelle oder SA/SD-Diagramme.

Der Aufwand für Walkthroughs ist im Vergleich zu den Inspektionen, Reviews und auch den Schreibtischprüfungen am größten. Aus diesem Grund werden Walkthroughs gezielt bei Programmteilen eingesetzt,

- die besonders komplexe Algorithmen enthalten,
- die häufig genutzt werden,
- die eine besonders hohe Zuverlässigkeit erfordern oder
- in denen besonders viele Fehler vermutet werden.

Probleme:
Der Erfolg eines Walkthroughs hängt im wesentlichen von der Bereitschaft zur konstruktiven Zusammenarbeit und vom Engagement der Teilnehmer ab. Der Autor soll den Fragen der Teilnehmer positiv gegenüberstehen und sie ausschließlich als Hilfestellungen zur Qualitätsverbesserung sehen. Eine andere Haltung hierin ist das größte Hindernis für den Erfolg von Walkthroughs, denn es fällt dem Entwickler oftmals schwer, Kritik der Teilnehmer an seinem Produkt zu akzeptieren, ohne seine Lösung zu verteidigen. In vielen Fällen hat dies dazu geführt, daß Entwickler den Walkthrough als Nachweisverfahren abgelehnt haben. Gibt es diese Hindernisse nicht, so findet durch den Walkthrough neben der Qualitätsverbesserung auch ein massiver Know-How-Transfer statt.

5.3.4 Schreibtischprüfung

Die Schreibtischprüfung ist ein Sonderfall des Walkthroughs. Bei diesem Sonderfall setzt sich **eine** Person intensiv mit dem Beobachtungsobjekt auseinander.

Zielsetzung:
Die Schreibtischprüfung kann aus ähnlichen Gründen wie der Walkthrough veranlaßt werden, wie z.B. zum Fesstellen der Korrektheit komplexer Algorithmen.

Die Schreibtischprüfung eignet sich vor allem, um Einhaltung von Programmier- und Formatierrichtlinien sowie die korrekte Anwendung von konstruktiven Maßnahmen zu prüfen.-Bei diesen relativ einfachen Arbeiten kann auf die hilfreiche Möglichkeit der Diskussion verzichtet werden, die der Walkthrough bietet.

Prüfer:
Die Schreibtischprüfung kann mit unterschiedlichen Zielsetzungen von

- dem Entwickler selber,
- einem anderen Entwickler mit vergleichbarem Know-How,
- einem internen QS-Prüfer oder
- einem externen Prüfer oder Gutachter

durchgeführt werden.

Die Entwickler werden die Schreibtischprüfung in der Regel einsetzen, um einen komplexen Algorithmus entweder selber oder durch einen Kollegen prüfen zu lassen. Interne und auch externe QS-Prüfer werden in der Schreibtischprüfung in der Regel die Einhaltung der Programmierrichtlinien untersuchen.

5.3.5 Zusammenfassung

Die informellen Nachweisverfahren eignen sich, um die Qualität in einem Softwareprojekt von seinem Beginn an zu steuern und es von vornherein unter Kontrolle zu halten. Fehler und Fehlentwicklungen, die in den frühen Phasen bemerkt werden, können leicht und kostengünstig beseitigt werden. Diese Fehler würden bei Entdeckung am installierten System erfahrungsgemäß die 10- bis 100-fachen Kosten verursachen.

Das wesentliche an allen informellen Nachweisverfahren sind das methodische Anwenden des jeweiligen Verfahrens und das schriftliche Fixieren der Ergebnisse.

Bei jedem Verfahren werden die Ergebnisse protokolliert sowie

- die Teilnehmer,
- das Betrachtungsobjekt (incl. Version / Änderungsstand),
- Ort und Datum der Prüfung und
- Hinweise auf eventuelle Nachprüfungen oder einzuleitende Maßnahmen

festgehalten. Das Protokoll wird allen Teilnehmern zugesandt.

Aus den Unterschieden der Verfahren ergeben sich verschiedene sich gegenseitig überlappende Anwendungsmöglichkeiten. Maximale Effizienz wird durch Kombination der Verfahren erreicht.

Jedes Dokument wird bald nach seiner Fertigstellung unter Beteiligung des Auftragnehmers inspiziert.

Dokumente, die an den Auftraggeber weitergeleitet werden, werden, nachdem sie Gegenstand einer Inspektion waren, in einem Review mit Teilnehmern von Auftraggeber[16] und Auftragnehmer verabschiedet. Außerdem erfolgen Reviews,

- um geänderte Zielvorgaben zu qualifizieren und
- um Probleme anzusprechen und zu lösen.

Enthalten gedanklich ausführbare Dokumente komplexe Algorithmen, erfolgt ein Walkthrough. Dem Walkthrough werden auch Systeme oder Teilsysteme unterzogen, an die hohe Zuverlässigkeitsanforderungen bestehen.

Die Einhaltung von Programmierrichtlinien und konstruktiven Maßnahmen kann mit einer Schreibtischprüfung untersucht werden.

---

[16] Auftragnehmer können Fachabteilungen, Projekte oder auch externe Softwarehäuser sein.

5.4 Statische Analysen

5.4.1 Einleitung

Statische Analysen sind Nachweisverfahren, die Eigenschaften der Software (nicht unbedingt nur des Codes) nach einer definierten Bearbeitungsvorschrift systematisch und reproduzierbar ermitteln, ohne das Programm auszuführen. Sie erfolgen praktisch ausschließlich mit Unterstützung von Werkzeugen. Dadurch sind sie - nach Einarbeitung in das Werkzeug - vergleichsweise schnell und kostengünstig durchzuführen. Andererseits untersuchen die Werkzeuge üblicherweise nur ein beschränktes Spektrum der auswertbaren Eigenschaften der zu analysierenden Software.

Unterschieden werden:
- Kontrollfluß-Analyse,
- Datenfluß-Analyse und
- Semantische Analyse.

Die Einbindung Statischer Analysen in den Software-Entwicklungszyklus zeigt das folgende Bild.

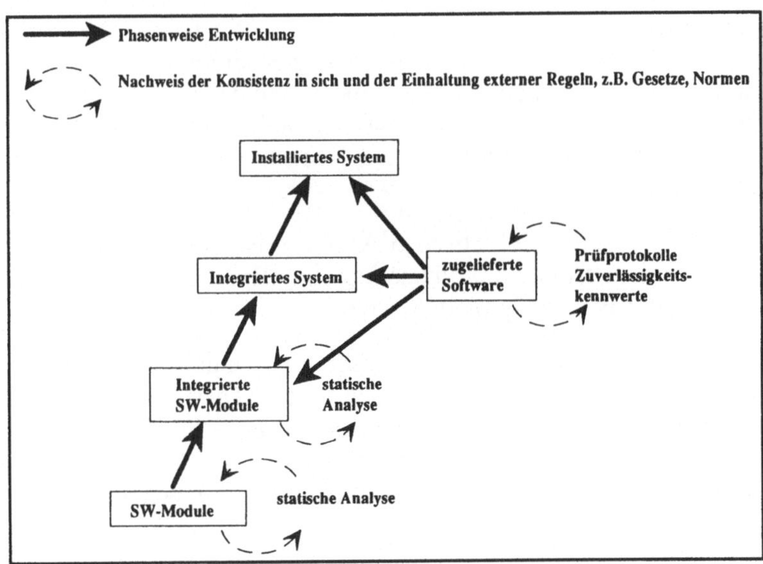

Bild 5-4: Einsatz Statischer Analysen

5.4.2 Eigenschaften der Statischen Analyse

Statische Analysen gestatten es recht problemlos, formale Eigenschaften zu ermitteln. Sie sind damit geeignet, die Einhaltung konstruktiver Maßnahmen zu belegen. Zu den formal ermittelbaren Angaben gehören auch Aussagen über die Zweige und Pfade des Programms. die Voraussetzung für die Berechnung des Abdeckungsgrades bei White-Box-Tests sind (vgl. Kapitel 5.6).

Bei der Analyse funktionaler Eigenschaften werden üblicherweise zunächst Darstellungen von Kontroll- und Datenfluß in Form von Pseudocode oder Grafiken erzeugt. Ausgehend von diesen Ergebnissen kann man dann in einer Semantischen Analyse die funktionalen Eigenschaften feststellen und mit der Anforderungsspezifikation oder den Entwurfsunterlagen vergleichen.

Die Semantische Analyse ermittelt aus der Vielzahl der Anweisungen eines Programmes oder Programmabschnittes geschlossene Darstellungen in Form von Formeln, Algorithmen, Pseudocode oder Grafiken. Gelingt es Darstellungen zu finden, deren Korrektheit unmittelbar durch Vergleich mit der spezifizierten Aufgabe nachweisbar ist, so kann diese Analyse Beweischarakter ähnlich dem Programmkorrektheitsbeweis in Kapitel 5.5 haben. Die Wirksamkeit der Semantischen Analyse hängt vom Grad der Formalisierung und der Klarheit der Dokumentation der Einzelschritte ab. Wenn sie ohne Werkzeugunterstützung durchgeführt wird, hat sie Ähnlichkeit mit der in Kapitel 5.3.4 beschriebenen Schreibtischprüfung.

Charakteristikum von Statischen Analysen ist, daß die Ergebnisse gut dokumentiert und reproduzierbar sind. Es ist das (erwünschte) Resultat der Werkzeugunterstützung.

Die Werkzeuge zur Unterstützung der Analyse erfordern meist einen nennenswerten Einarbeitungsaufwand. Dieser Aufwand ist nur dann sinnvoll, wenn das in Frage stehende Werkzeug regelmäßig genutzt wird. Werden nur gelegentlich Nachweise zu Software geführt, sollten Analysen an Prüfstellen vergeben werden.

5.4.3 Werkzeuge zur Unterstützung der Analyse

Der Ablauf von Analysen kann recht präzise beschrieben werden. Er besteht aus vielen meist einfachen, dafür insgesamt aber langwierigen Schritten, die zudem bei manueller Ausführung fehleranfällig sind. Daher erfolgen Analysen - wie bereits erwähnt - praktisch ausschließlich mit Unterstützung von Werkzeugen, den Analysatoren.

Auf dem Markt werden viele Analysatoren angeboten. Zumeist führen sie Kontrollfluß-Analyse und Datenfluß-Analyse durch, wobei der Leistungsumfang zum Teil erheblich variiert. Seltener sind Werkzeuge, die auch eine semantische Analyse (Zusammenführen von Kontrollfluß- und Datenfluß-Analyse) unterstützen.

Eingangsinformation für die Analysatoren ist das zu analysierende Dokument, sei es eine Anforderungsspezifikation, ein Entwurfsdokument oder - wohl am häufigsten - der Programmcode. Bei der Auswahl eines Analysators sollte man sich darüber klar sein, daß alle Werkzeuge die Eingangsinformation in 'ihrer' Sprache erwarten. Am häufigsten ist dabei noch immer FORTRAN (siehe /GRS89/). Nur eine kleine Zahl von Werkzeugen ist in der Lage, ein etwas breiteres Spektrum von Sprachen zu verarbeiten. Für Anwender, die mehrere Sprachen benutzen, ergibt sich damit unter Umständen die Notwendigkeit, auch mehrere Analysatoren zu erwerben und zu pflegen. Teilweise sind Analysatoren auch Bestandteile von CASE-Umgebungen (Computer Aided Software Engineering). Auf jeden Fall sollte die Entwicklungsumgebung bei der Auswahl eines Analysators berücksichtigt werden.

Verschiedene Sprachen

Wie andere Meßgeräte auch, bedürfen Analysatoren der Einarbeitung und Pflege. Beim Einsatz eines Analysators entstehen die Hauptkosten meist nicht durch den Erwerb der Lizenz - auch wenn dies vordergründig der Fall sein mag. Die Hauptkosten verursachen Einarbeitung bzw. Ausbildung derer, die das Werkzeug handhaben sollen, und die laufende Pflege des Werkzeugs.

Wo entsteht der Aufwand?

5.4.4 Auswahlgesichtspunkte für Analyseverfahren und Analysatoren

Statische Analysen unterscheiden sich von Verfahren zu Verfahren (z.B. Kontrollflußbearbeitung basierend auf Graphen oder auf Mustererkennung; ausgerichtet auf das Ermitteln von Metriken oder auf Korrektheitsnachweise) und von Werkzeug zu Werkzeug erheblich in ihrem Leistungsumfang. Daher ist die Auswahl des passenden Werkzeuges unter Umständen sehr schwierig. Nachfolgend einige Hinweise dazu.

Ziele	Ziele des Einsatzes der Statischen Analyse können sein:

- Bereitstellen einer Übersicht über das zu untersuchende Programm,
- Ermitteln formaler Besonderheiten des zu untersuchenden Programms, um sie im Rahmen der Nachweise vorrangig beurteilen zu können,
- Zusammenstellen von Informationen für die Entscheidung, mit welcher Methode funktionale Nachweise erbracht werden sollen,
- Aufbereiten des Programms zur Vorbereitung der funktionalen Nachweise.

Wichtig ist die Klärung, für welche(s) dieser vier Ziele die Analyse eingesetzt werden soll.

So benötigt der Entwickler z. B. üblicherweise keine Unterstützung zur Gewinnung einer Übersicht, für einen unabhängigen Drittprüfer aber ist sie unerläßliche Arbeitsvoraussetzung.

Ist z. B. bereits festgelegt, daß funktionale Nachweise ausschließlich über Black-Box-Tests erfolgen, bedarf es keiner Unterstützung bei der Entscheidung über die Methode für funktionale Nachweise. Steht aber die Entscheidung an, ob White-Box-Tests eingesetzt werden sollen und ggf. mit welchem Testabdeckungsgrad, so ist die Kenntnis der Zweig- und Pfadanzahlen Voraussetzung für die Zeit- und Kostenabschätzung.

Randbedingungen	Die Randbedingungen für den Einsatz der Statischen Analyse variieren, sind aber maßgeblich für die Auswahl eines Analysators. Hingewiesen sei daher auf einige Gesichtspunkte.

Dokumentation und implementierter Code sind häufig nicht auf demselben Stand. Viele Analysatoren gehen vom Quellcode aus. Ihre Ergebnisse beziehen sich daher auf den dokumentierten Stand, nicht unbedingt auf den implementierten. Ist dies nicht akzeptabel, so ist ein Werkzeug notwendig, das vom Maschinencode ausgeht. Die damit erzielten Ergebnisse beziehen sich auf den implementierten Stand. Vom Maschinencode auszugehen bedeutet aber auch den Verzicht auf die in der Sourcecode Liste üblicherweise enthaltenen Kommentare. Nachteilig ist der damit verbundene Verzicht auf umfangreiche Informationen. Vorteilhaft ist, daß der Nachweis der oben genannten Eigenschaften der untersuchten Software ganz unabhängig von der Entwicklung erfolgt und auch nicht durch irreführende oder falsche Kommentare fehlgeleitet werden kann.

Teilweise wird die Qualität der benutzten Compiler und Linker in Frage gestellt. Geht die Analyse vom Maschinencode aus, sind Programmfehler, die durch falsche Benutzung von Compiler oder Linker zustande kommen oder durch Compiler- oder Linkerschwächen entstehen, im Nachweisverfahren erkennbar. Allerdings sind praktikable Werkzeuge, die auf dem Maschinencode aufsetzen, nur für 'einfache' Prozessoren vorhanden, wie sie üblicherweise für Prozeßsteuerungen und vergleichbare Applikationen eingesetzt werden.

Viele Analysatoren sind für den entwicklungsbegleitenden Einsatz konzipiert. Sie entfalten ihre Leistungsfähigkeit nur, wenn das zu untersuchende Programm unter z. T. recht umfangreichen Werkzeugspezifischen Restriktionen entwickelt wird. Sie können Programme, bei denen die Restriktionen nicht beachtet wurden, nur unzulänglich bearbeiten. Die geforderten Restriktionen sind üblicherweise um so ausgeprägter, je leistungsfähiger das Werkzeug ist. Eine typische Restriktion ist z. B. das Beschränken auf den Standardumfang von Programmiersprachen.

Werkzeugspezifische Restriktionen

Vor dem Erwerb eines Werkzeuges sollte über die angesprochenen Randbedingungen Klarheit bestehen. Nicht in jeder Entwicklung können z. B. werkzeugspezifische Restriktionen berücksichtigt werden, denn vertragliche Festlegungen können dem entgegenstehen.

Wieweit z. B. bei Prozeßsteuerungen Nachweise auf Grund des
Quellcodes geführt werden sollen und wieweit ausgehend vom
Maschinencode, stellt sich für Entwickler und unabhängige Prüfer
erfahrungsgemäß recht unterschiedlich dar.

5.4.5   Analyseergebnisse

Form der Ergeb- nisse

Analyseergebnisse und die Formen, in denen sie dargestellt werden, können sein:

- Listen bestehend aus

Listen

    * Systemübersichten z. B. mit Programmgrößen, Routinen-
      aufteilung, Pfadanzahlen. Ein Beispiel zeigt Bild 5-6.
    * Strukturierte Quellcodelisten
    * Cross-Reference-Tabellen z. B. für Variable, COMMON-
      Bereiche, Modulaufrufe
    * Anweisungsstatistiken
    * Pseudocode
    * Hinweise auf Besonderheiten/Fehler (z. B. mißbräuchli-
      che Verwendung von Variablen in Zuweisungen, Aus-
      drücken und Unterprogrammaufrufen, nicht erreichbare
      Programmteile, Endlosschleifen). Ein Beispiel zeigt Bild
      5-5.

Metriken

- Metriken, z. B.
    * Metriken zur Komplexität des Kontrollflusses
    * Metriken zu Daten
    * Metriken zum Entwicklungsablauf

Grafik

- Grafische Darstellungen wie
    * Aufrufhierarchien
    * Programmgraphen
    * Programmablaufdiagramme
    * Struktogramme (Nassi-Shneiderman-Diagramme)

Zur Form der Darstellung gibt es in vielen Firmen und bei vielen
Benutzern ausgeprägte Präferenzen. Für die Akzeptanz ist
wichtig, daß die Darstellungsform den Wünschen der Benutzer
zumindest nicht entgegenläuft. Quantifizierbar sind zwei
Eigenschaften der Darstellung:

142

-   Um z. B. zu einer Fehlerstatistik (7 Routinen enthalten mehr als ein RETURN) das Auffinden der betroffenen Statements zu erleichtern, stellen die Werkzeuge üblicherweise Zwischenlisten zur Verfügung. Die Anzahl der Arbeitsschritte/Zwischenlisten, die benötigt werden, um zur Ausgabe des Analysators die betreffende Stelle in der analysierten Unterlage zu finden, bietet einen Anhaltspunkt für den *Aufwand bei der Benutzung* der Werkzeugergebnisse.

Handhabungs-aufwand

-   Benutzer fühlen sich häufig von der Papierflut erschlagen, mit der Analysatoren sie überschütten. Bildet man den *Quotienten* aus *Ausgabevolumen* (Anzahl der Analyseergebnis-Seiten) und dem *Eingabevolumen* (Umfang des analysierten Dokuments), so erhält man einen ersten Anhaltspunkt für die zu erwartende Informationsflut. Natürlich sind 40 Seiten hilfreicher Analyseergebnisse zu einem kurzen Programm besser als keine Information. Aber nach aller Erfahrung steigt die Akzeptanz, wenn die gleiche Information - gute Verständlichkeit vorausgesetzt - weniger Seiten füllt.

Ausgabe-volumen

001B:	Interruptroutine besteht nur aus RETURN
0295:	Endlosloop bestehend aus nur 1 Block
09B0:	Routine endet nicht mit RETURN
0A59:	RETURN vor Ende der Routine
0CA5:	unbedingter Sprung auf nächsten Befehl
024C:	unbedingter Sprung über 20 Byte auf dir. Nachfolger
08CD:	Vorwärtssprung aus anderer Routine von 08B0
0A5A:	Rückwärtssprung aus anderer Routine 0A7E
0A5A:	Rückwärtssprung aus anderer Routine 0A86

Bild 5-5: Fehlerliste

```
|Laufende Nummer der Routine
|   |Name
|   |   |Art
|   |   |   |Startadresse
|   |   |   |   |Zahl der Blocks
|   |   |   |   |   |Schachtelungstiefe Vorwärtssprünge
|   |   |   |   |   |Schachtelungstiefe Rückwärts
|   |   |   |   |   |   |Schachtelungstiefe Konstrukte
|   |   |   |   |   |   |   |Zahl der Sprünge
|   |   |   |   |   |   |   |   |davon strukturverletzend
|   |   |   |   |   |   |   |   |   |Zahl Besonderheiten
|   |   |   |   |   |   |   |   |   |   |Laufzeit [Zykl.]
|   |   |   |   |   |   |   |   |   |   |   |Pfade
----------------------------------------------------------------------
|  1 Main        p    0000   1   0   0   1     1    1    1      2       1 |
|  2 IR 0        i    0003   1   0   0   1     1    1    1      2       1 |
|  3 Timer 0     i    000B   1   0   0   1     1    1    1      2       1 |
|  4 IR 1        i    0013   1   0   0   1     1    1    1      2       1 |
|  5 Timer 1     i    001B   1   0   0   1     0    0    1      2       1 |
|  6 Serial Port i    0023   1   0   0   1     0    0    1      2       1 |
|  7 Main Forts  M    002B 137   6   4   8   108   26    2    617 >999999 |
|  8 zu Main     s    0800   5   0   1   2     2    0    0     72       4 |
|  9 zu 0800     s    0859   3   0   1   2     1    0    0      5       2 |
| 10 zu 0800     s    085E   3   0   1   2     1    0    0      5       2 |
| 11 zu Main     s    0870   8   2   1   4     5    0    0     38       7 |
| 12 zu Main     s    08B0   1   0   0   1     1    1    1     10       1 |
| 13 zu Main     s    08C0  30   6   1   7    25    8    1    125     124 |
| 14 zu 0870     s    09B0   1   0   0   1     0    0    1      1       1 |
| 15 zu 0870     s    09B2   2   0   1   2     1    0    0     12       2 |
| 16 zu 08B0     s    09D0   1   0   0   1     0    0    1      1       1 |
| 17 zu 08B0     s    09D2   2   0   1   2     1    0    0     12       2 |
| 18 zu Main     s    0A00  19   3   1   4    16   10    7     71     108 |
| 19 zu IR 1     s    0A70   9   1   0   2     6    4    4     33       4 |
| 20 Timer 0 For M    0C00  20   5   0   6    17    3    3    122      26 |
| 21 IR 0 Forts  M    0D00  39  10   0  11    34   13    1    158      40 |
| 22 IR 1 Forts  M    0E00  12   5   0   6    11    3    1     63      12 |
----------------------------------------------------------------------
|    Gesamt              298  10   4  11   224   63   19                 |
----------------------------------------------------------------------
```

Bild 5-6: Systemübersicht eines Kontrollfluß-Analysators für Prozeßsteuerungen

5.5 Programmkorrektheitsbeweis

5.5.1 Einleitung[17]

Kennzeichnend für jede ingenieurwissenschaftliche Disziplin ist eine theoretische Grundlage, die jeder Ingenieur beherrscht und in seiner professionellen Tätigkeit stets, konsequent und systematisch anwendet. Ohne diese Basis für die ingenieurwissenschaftliche Arbeit könnte die gewohnte Zuverlässigkeit von Konstruktio-

---

[17] Teile dieses Abschnitts sind Auszüge aus /Bab90/

144

nen, die Ingenieure selbst, ihre Klienten und die Gesellschaft fordern, nicht erreicht werden.

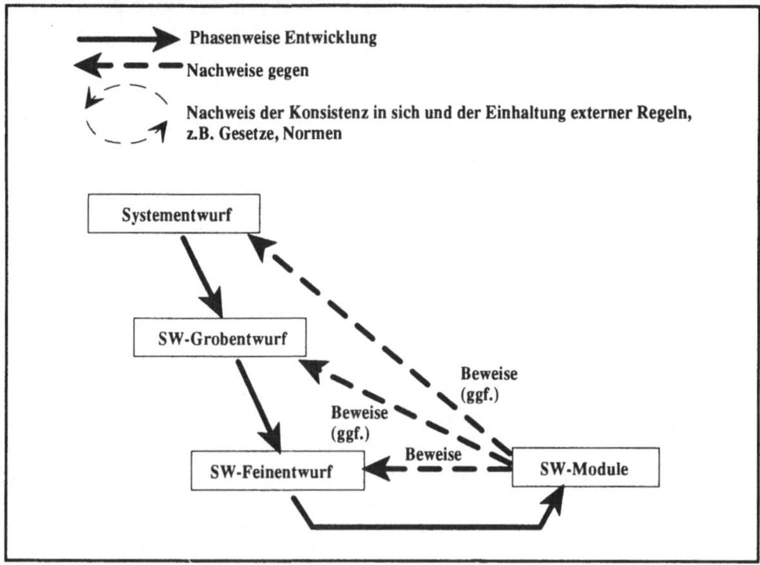

Bild 5-7: Einsatz Korrektheitsbeweis

In den letzten ein bis zwei Jahrzehnten ist eine solche mathematische und wissenschaftliche Grundlage für die Konstruktion beweisbar korrekter Software erarbeitet worden. Sie ist direkt vergleichbar mit den theoretischen Grundlagen der klassischen Ingenieurwissenschaften (z. B. mit der Theorie von Maxwell für Elektroingenieure) und ermöglicht gleichartige Ergebnisse hinsichtlich Qualität, Zuverlässigkeit und Freiheit von Entwurfsfehlern. Z. B. kann der Software-Ingenieur damit beweisen - vor dem ersten Lauf - daß sein Programm die gestellten Spezifikationen erfüllt, genau wie der Bauingenieur in seinem Antrag auf die Erteilung einer Baugenehmigung - also bevor das Objekt gebaut wird - rechnerisch belegt, daß der von ihm geplante Bau sich selbst und die beabsichtigte Last tragen wird.

Im Vergleich zu den anderen Ingenieurwissenschaften ist es nicht schwieriger, die Technik der Beweisführung zur Programmkorrektheit zu erlernen. Hierzu sind ein gewisser zeitlicher und geistiger Aufwand und vor allem der Wille, eine wirklich professionelle Vorgehensweise einzuschlagen, erforderlich. Danach, so berichten Software-Ingenieure, die mit der Anwendung dieser theoretischen Grundlage einschlägige praktische Erfahrung gesammelt haben, wird dadurch der Entwicklungszeitaufwand insgesamt reduziert.

Die Entwicklung der theoretischen Grundlage für die Konstruktion beweisbar korrekter Software kann als abgeschlossen betrachtet werden, sie ist jetzt anwendungsreif. Die Existenz dieser Grundlage ist noch relativ wenigen in der Praxis stehenden Software-Entwicklern bekannt, und davon wiederum haben sich nur wenige damit - und vor allem mit ihrer seriösen praktischen Anwendung - ernsthaft auseinandergesetzt. Aus verschiedenen Gründen wächst jedoch allmählich das Interesse daran, so daß man eine gewisse Tendenz zur zunehmenden praktischen Anwendung dieser Methode erkennen kann.

Die Fachliteratur auf diesem Gebiet zeigt eine entsprechende Entwicklung. Bis vor wenigen Jahren wurden fast nur ausgesprochen theoretisch orientierte Aufsätze und Bücher darüber veröffentlicht; jetzt ist unter der relevanten Fachliteratur, z. B. /Bab90/ und /Gra90/, eine eher praxisorientierte Richtung ersichtlich. Einige Verfasser dieser Literatur richten sich bewußt an Ingenieure und ingenieurwissenschaftlich orientierte Informatiker. Dieser Trend wird sich sicherlich fortsetzen.

Auch auf der Nachfrageseite des Software-Markts sind ähnliche Entwicklungen im Gange. Das britische Verteidigungsministerium z. B. erwägt zur Zeit (1992) zu fordern, daß 'formale Methoden' - einschließlich Korrektheitsbeweise - bei der Konstruktion sicherheitskritischer Software angewendet werden müssen. Entsprechende Normen (MoD-Std 00-55 und MoD-Std 00-56) sind entworfen worden. Zur Zeit werden sie vorläufig eingeführt. Langfristig werden solche Bestrebungen sicherlich auch auf den privaten Sektor Einfluß haben.

Wo soll die Führung des Korrektheitsbeweises angesetzt werden? Die Urheber solcher Vorgehensweisen und erfahrene, damit vertraute Software-Entwickler sind sich darüber einig, daß ihr Einsatz bereits vor und während der Konstruktion am sinnvollsten - d. h. am nützlichsten und am produktivsten - ist.

Den Ingenieur wird diese Aussage nicht überraschen, denn der Elektroingenieur z. B. wendet seine theoretische Grundlage (Maxwell'sche Theorie, Gesetze von Kirchhoff, Faraday und Henry sowie das Ohm'sche Gesetz) bereits bei der Konzeption und Planung seiner Netzwerke und nicht erst nach deren Fertigstellung an. Ebenfalls wendet der Bauingenieur seine theoretische Grundlage (Statik, $\sum \vec{F}=0$) bereits während der Entwurfsphase und nicht erst nach Fertigstellung aller Baupläne oder sogar erst nach Fertigstellung des Baus an.

Fängt man erst dann an, Methoden der Korrektheitsbeweisführung anzuwenden, nachdem das Programm fertig geschrieben worden ist, können verschiedene Schwierigkeiten auftreten. Erstens kann es sich als unmöglich erweisen, die Korrektheit des gegebenen Programms zu beweisen, einfach weil es gar nicht korrekt ist. Die Fehlerhaftigkeit eines Programms kann nicht immer nachgewiesen werden. Allerdings ist es oft möglich, aus einem mißlungenen Beweisversuch ein Gegenbeispiel gegen die Korrektheit zu konstruieren. Zweitens - falls der Beweis gelingt - kann sich der Beweis als unnötig komplex herausstellen, weil das Programm ebenfalls unnötig komplex ist. (Das im Anhang B behandelte Programm ist ein realistisches Beispiel dafür: Der gesamte Schleifenkern kann durch eine Zuweisung ersetzt werden, wodurch der Beweis entsprechend vereinfacht wird.) Drittens müssen gewisse Konstruktionsentscheidungen in geeigneter Form vorliegen, wenn man den Beweis zusammenstellt (dazu gehören vor allem Schleifeninvarianten sowie Vor- und Nachbedingungen aller aufgerufenen Unterprogramme). Liegen diese nicht in geeigneter Form vor, müssen während der Beweisführung die entsprechenden Konstruktionsschritte effektiv wiederholt werden; dabei entsteht Doppelarbeit.

Nicht selten ist das Ergebnis eines Versuchs, die Korrektheit eines gegebenen Programmteils zu beweisen, ein völlig neu konstruiertes Programmteil, das erstens einfacher und kürzer als die ursprüngliche Version ist und zweitens - im Gegensatz zur ursprünglichen Version - korrekt ist. Daß dabei unnötig Zeit aufgewendet werden muß, ist offensichtlich. Dazu muß bemerkt werden, daß nicht die Korrektheitsbeweisführung die Zeitverschwendung darstellt, sondern die erste, auf herkömmliche Weise (miß)erfolgte Erstellung des Programmteils.

Die Anhang-Abschnitte 'Die symbolische Ausführung' (Seiten 193ff.) und 'Beweisverfahren mit axiomatischen Ansätzen' (Seiten 201ff.) enthalten eine relativ detaillierte und tiefe Einführung in die zugrunde liegenden Methoden der Programmkorrektheitsbeweisführung. Zwei der wichtigsten und bekanntesten Ansätze werden dort vorgestellt und anhand von Beispielen erläutert.

Der Abschnitt 'Eine vereinfachte, praxisorientierte Kombination der theoretischen Ansätze' (Seiten 215ff.) stellt den gleichen Stoff aus der Sicht desjenigen vor, der sich in erster Linie für die praktische Anwendung dieses Stoffs interessiert und sich möglichst wenig mit seinen theoretischen Aspekten auseinandersetzen will. Auch hierzu gibt es ein ausführliches Beispiel.

Der mathematisch orientierte Leser wird den Einstieg in diese Materie über die Abschnitte 'Die symbolische Ausführung' (Seiten 193ff.) und 'Beweisverfahren mit axiomatischen Ansätzen' (Seiten 201ff.) für natürlich und am einfachsten halten. Der Ingenieur wird seinen Weg zur Beherrschung dieses Stoffs eher über den Abschnitt 'Eine vereinfachte, praxisorientierte Kombination der theoretischen Ansätze' (Seiten 215ff.) finden.

Auf den Seiten 235ff. wird ein Programm konstruiert, das die gleiche Spezifikation erfüllen soll wie das Programm, dessen Korrektheit in den vorhergehenden Teilen bereits mit Hilfe der verschiedenen Verfahren bewiesen wurde. Die Anforderungen eines Korrektheitsbeweises dienen als Leitlinien für mehrere Konstruktionsschritte und ermöglichen es sogar, einige Teile des zu konstruierenden Programms mehr oder weniger direkt abzuleiten.

Die hier aufgeführte Grundlage für die Korrektheitsbeweisführung behandelt aus Platzgründen nur logische Vor- und Nachbedingungen, die sich auf die Werte von deklarierten, aktiven Programmvariablen beziehen. In Beweisen ist es gelegentlich erforderlich, weiterführende Aussagen, etwa über die Struktur von Datenumgebungen, zu formulieren. Solche Aussagen kommen z. B. in Korrektheitsbeweisen für rekursive Unterprogramme vor, wo mehrere gleichnamige Variablen mit unterschiedlichen Werten in der Datenumgebung festgehalten werden. Ergänzungen zu der hier geschilderten theoretischen Grundlage, die derartige formale Aussagen und Beweisschritte ermöglichen, werden in der Literatur behandelt /Grs81/, /Bab87/.

5.5.2 Begriffsbildung

Beim Programmkorrektheitsbeweis wird die Korrektheit eines Programms bezüglich der Aufgabenstellung bewiesen. Grundsätzlich ist ein Programm korrekt, wenn es für jede Eingabe aus dem Definitionsbereich der Funktion, deren Implementierung es sein soll, die richtige Ausgabe erzeugt. Diese Definition wird anhand der nächsten Abbildung deutlich.

Ein Programm ist korrekt, wenn es nur die hier gezeichneten Zusammenhänge von Ein- und Ausgabebereichen gibt. Der Definitionsbereich setzt sich aus den korrekten Eingaben und den behandelten Fehlerfällen zusammen.

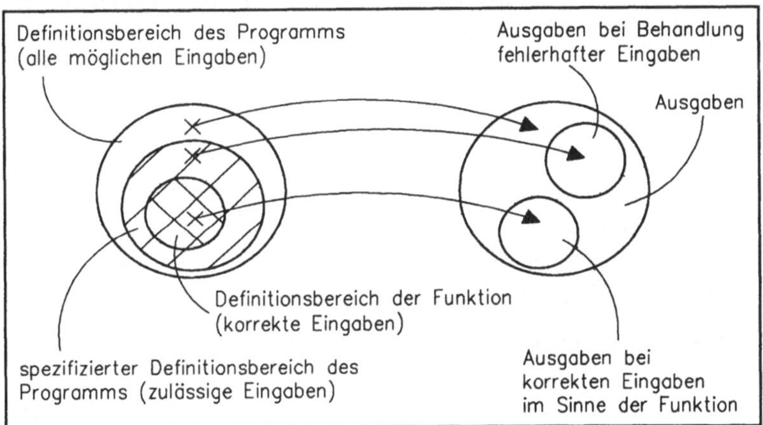

Bild 5-8: Definition des Programmkorrektheitsbeweises

Es werden zwei Arten von Korrektheit unterschieden:
-   Partielle Korrektheit:
    Ein Programm genügt, sofern es terminiert[18], der Aufgabenstellung. Nicht bewiesen ist, daß es tatsächlich terminiert.

---

[18] Ein Programm terminiert, wenn es in endlicher Zeit und ohne Laufzeitfehler mit einem definierten Ergebnis ausgeführt wird.

- Totale Korrektheit:
Ein Programm terminiert und genügt der Aufgabenstellung.

In den meisten Fällen soll die totale Korrektheit nachgewiesen werden. Schleifenfreie Programme, die partiell korrekt sind, sind mit wenigen Ausnahmen auch total korrekt. Bei Programmen mit Schleifen muß neben der partiellen Korrektheit immer auch die 'Endlichkeit' der Schleifen nachgewiesen werden.

Die Beweisverfahren werden in die folgenden Gruppen eingeteilt:

Operationale Ansätze
- Grundidee:
Die Semantik der Programmiersprache wird durch einen abstrakten Interpreter definiert.
- Vorteile:
Die Darstellung ist unabhängig von einem speziellen Compiler. Die Anwendung ist auch (allerdings ohne formalen Vergleich zwischen Ist- und Soll-Ergebnissen) ohne formale Aufgabenstellung möglich.
- Nachteile:
Besondere Fähigkeiten der Compiler bleiben ungenutzt. Für die Korrektheit der Übersetzungsvorgänge (Compiler) muß ein eigener Korrektheitsnachweis geführt werden.
- Beispiele:
Symbolische Ausführung /Dar78, Gay86/, Wiener Definitionssprache (VDL)

Denotationale Ansätze
- Grundidee:
Es werden die Funktionen, die das Programm erfüllen soll, und die Funktionen, die es zu den verschiedenen Zeitpunkten des Ablaufes berechnet, betrachtet.
- Vorteile:
Unabhängig von einem speziellen Compiler
- Nachteile:
Besondere Fähigkeiten der Compiler bleiben ungenutzt. Für die Korrektheit der Übersetzungsvorgänge (Compiler) muß ein eigener Korrektheitsnachweis geführt werden, für Anwender schwer verständlich

- Beispiele:
Blikle-Mazurkiewisz-Methode, Wiener Entwicklungsmethode
(VDM)

Axiomatische Ansätze
- Grundidee:
Prädikatentransformationen
- Vorteile:
Relativ einfach verständlich und anwendbar
- Nachteile:
U. U. Probleme bei der Bestimmung von Schleifeninvarianten
und beim Nachweis der Endlichkeit der Schleifen
- Beispiele:
Methode der schwächsten Vorbedingung (Dijkstra) /Dij68/,
Methode der induktiven Zusicherungen (Floyd) /Flo67/,
Axiomatische Methode von Hoare /Hoa69/

Im Anhang wird detaillierter auf die symbolische Ausführung und
auf die Verfahren nach axiomatischen Ansätzen eingegangen.

5.5.3 Zusammenfassung

Beweisverfahren sind im Gegensatz zu anderen Prüfungsmetho-
den für Software dazu geeignet, die totale Korrektheit eines sequentiellen Programms gegenüber der Aufgabenstellung nachzuweisen. In der Praxis sind dabei allerdings einige Einschränkungen zu beachten:

Die Anwendbarkeit von Programmkorrektheitsbeweisen wird bereits beim Entwurf der Anforderungsspezifikation durch die Anwendung von formalen Methoden entscheidend beeinflußt, denn
es ist eine ausreichend detaillierte Aufgabenstellung, d. h. eine
Vor- und eine Nachbedingung erforderlich. Eine formale Darstellung ist sehr nützlich, da sie unmittelbar für den Programmbeweis
verwendet werden kann.

Da der Aufwand für den Programmbeweis mit der Größe und
Komplexität des zu beweisenden Programms steigt, ist er eher für
die Prüfung von Teilprogrammen und Moduln als von gesamten
Programmen geeignet. Damit hat auch der Systementwurf, d. h.

die Strukturierung in einfache Bausteine, einen wichtigen Einfluß auf die Anwendbarkeit von Beweisverfahren.

Bei der Programmierung sollte ein weiterer Vorbereitungsschritt für die Anwendung von Beweisverfahren erfolgen, indem der Programmierer verschiedene Zusicherungen als Kommentare in den Code einfügt, mit denen er dokumentiert, welche Zwischenergebnisse er zu den verschiedenen Programmzeitpunkten erwartet. Als Minimalanforderung sollte die Angabe von Schleifeninvarianten sowie der Vor- und Nachbedingungen der Unterprogramme vom Programmierer verlangt werden. Eine Schleifeninvariante ist ein logischer Ausdruck, der in jedem Schleifendurchlauf gilt, also invariant gegen die Zahl der Durchläufe ist. Vor- und Nachbedingungen sind logische Ausdrücke, die vor bzw. nach einer Anweisungsfolge, etwa einem Unterprogramm, wahr sind. Die Angabe dieser Zusicherungen kann ggf. in Form von Diagrammen erfolgen.

Daneben sollte der Programmierer auch auf die Anwendung von unnötig aufwendigen Lösungswegen, redundanten Variablen usw. verzichten, da diese den Programmkorrektheitsbeweis erschweren können. Hierbei ist allerdings zu berücksichtigen, daß das Programm trotzdem gut lesbar und verständlich sein sollte. Wird der Korrektheitsbeweis für ein Programm erfolgreich durchgeführt, so ist die eindeutige Aussage möglich, daß das Programm die in der Vor- und Nachbedingung spezifizierten Anforderungen korrekt erfüllt.

Manko bei den hier betrachteten Beweisverfahren ist, daß es bei den meisten Verfahren nicht nachzuweisen gelingt, daß tatsächlich Programmfehler vorhanden sind.

Ein Scheitern eines Programmkorrektheitsbeweises kann sowohl auf Programmfehler als auch auf falsche oder zu schwache Zusicherungen bzw. unzulässige oder ungeeignete Vereinfachungen während der Beweisdurchführung hinweisen. Insbesondere unter diesem Aspekt ist das Stärken von Vorbedingungen bzw. das Schwächen von Nachbedingungen während des Programmbeweises problematisch, da hierbei die Gefahr besteht, daß der Beweis für ein korrektes Programm durch ungeschicktes Stärken oder Schwächen von Bedingungen scheitert. Durch die Wiederholung des Beweises kann in diesem Fall ein erheblicher Mehraufwand verursacht werden. Allerdings tritt dieses Problem vor allem dann auf, wenn nur wenige Zusicherungen bei der Beweisdurchführung bekannt sind; die Gefahr kann bei guter Vorbereitung des Beweises gering gehalten werden.

Schließlich ist festzuhalten, daß die in diesem Buch beschriebenen Beweisverfahren vor allem auf sequentielle Programme zugeschnitten sind.

Wenn alle genannten vorbereitenden Maßnahmen getroffen werden, so ist der (meist manuelle) Programmkorrektheitsbeweis durchaus anwendbar. Der Aufwand zum Beweis eines Programms steigt jedoch mit seiner Größe in der Regel überproportional an. Darum kann bei großen Programmen oder wenn die genannten Voraussetzungen nicht gegeben sind, insbesondere wenn die Schleifeninvarianten nicht bekannt sind, der Aufwand zum Programmbeweis so groß werden, daß die Anwendung eines Beweisverfahrens wirtschaftlich nicht mehr vertretbar ist.

Wegen der Notwendigkeit der vorbereitenden Maßnahmen während der Programmentwicklung ist eine ausreichende Schulung der Programmierer für die Anwendbarkeit des Programmkorrektheitsbeweises auf die fertige Software unerläßlich. Der Aufwand für diese Schulung der Programmierer und Prüfer ist allerdings erheblich.

Zur Zeit gibt es noch keine hinreichend brauchbaren Werkzeuge zur Anwendung von Beweisverfahren auf Programme mit Schleifen, hier müssen die Verfahren also überwiegend manuell angewandt werden. Aus diesem Grunde sind sie kaum für sehr komplexe Programme geeignet, sofern nicht bereits bei der Programmierung zumindest geeignete Schleifeninvarianten angegeben wurden.

Besonderes Augenmerk ist in jedem Fall der Aufgabenstellung, d. h. der Vor- und Nachbedingung, zu schenken, da eine falsche Vor- oder Nachbedingung ein falsches Programm korrekt erscheinen lassen kann, während bei falschen Zusicherungen nur die Gefahr des Scheiterns des Beweises auch bei einem korrekten Programm besteht. Dies erhöht zwar den Aufwand der Prüfung, führt aber nicht zu Gefährdungen, da es nicht möglich ist, die Korrektheit eines tatsächlich fehlerbehafteten Programms zu beweisen.

5.6　　Tests

Testen ist das Ausführen von Funktionen eines Programms in einer definierten Umgebung und Vergleichen der erzielten mit den erwarteten Ergebnissen, um festzustellen, wieweit sich das Programm so verhält, wie es seine Spezifikation verlangt. Testen ist eine Qualitätssicherungsmaßnahme, die phasenbezogen durchgeführt werden soll (siehe folgendes Bild).

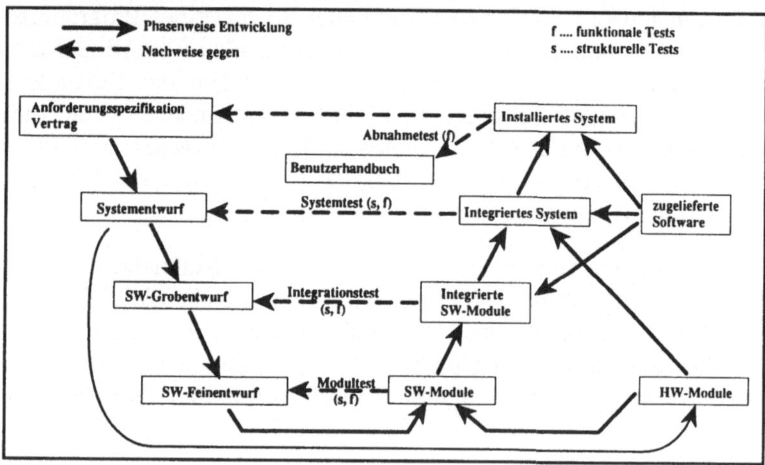

Bild 5-9: Einsatz von Tests

Ein Ziel des Testens von Software ist, die Fehler in der betrachteten Software zu finden und so die Voraussetzung für deren Beseitigung - und damit die Erhöhung der Qualität dieser Software - zu schaffen.

Ein anderes Ziel ist der Nachweis von Zuverlässigkeitswerten.

Tests, auch noch so umfangreiche, können in der Regel nicht die Fehlerfreiheit von Software garantieren, es sei denn, durch analytische Methoden kann ihre Vollständigkeit nachgewiesen werden.

Anwendungsgebiet: Software, deren Qualität nachgewiesen werden soll. Nur in Ausnahmefällen sind Tests allein zum Nachweis der Sicherheit ausreichend.

5.6.1   Methoden

Man unterscheidet zwischen funktionalen (Black-Box-) und strukturellen (White-Box-) Tests. Für beide Arten gibt es jeweils wieder verschiedene Methoden (siehe /Mye91/).

Empfehlenswert ist eine Strategie, die sowohl funktionale als auch strukturelle Tests einschließt. Mit einem solchen 'Mischvorgehen' kann man erreichen, daß die Tests sowohl benutzerorientiert sind als auch einen großen Abdeckungsgrad besitzen.

Vorteilhaft für das Testen ist es, wenn in der Anforderungsspezifikation festgelegt ist, in welcher Phase der Software-Entwicklung Tests erfolgen sollen, ob also Modul-, Integrations-, System- oder Abnahmetests erfolgen sollen.

Die Aufgabe der *Modultests* ist es, Unstimmigkeiten zwischen Programmoduln und ihren im Software-Feinentwurf festgelegten Funktionen und Schnittstellen aufzudecken. Man unterscheidet die nichtinkrementelle (Big Bang) und die inkrementelle Methode.

Nach dem Testen der einzelnen Moduln wird ein *Integrationstest* durchgeführt, der das Zusammenspiel zwischen den Moduln testet.

Der *Systemtest* ist meist ein Black-Box-Test. Er soll Inkonsistenzen zwischen den tatsächlichen Leistungen der Software und den im Systementwurf von ihr verlangten Leistungen aufdecken. Im Rahmen eines Systemtests werden durchgeführt:

-    Vollständigkeitstest:
     Wurden alle im Systementwurf aufgeführten Funktionen implementiert?
-    Volumentest:
     Programm wird umfangreichem Datenvolumen ausgesetzt.

- Streßtest:
  Programm wird schwerer Last oder Beanspruchung unterzogen.
- Leistungstest (Performancetest):
  Stimmt das Programm mit seiner Leistungsbeschreibung
  überein? (z. B. bezüglich Antwortzeiten, Durchsatz, Anzahl
  der zulässigen Parameter, benötigtem Speicher etc.)

Beim *Abnahmetest* wird geprüft, ob das Programm die Anforderungen des Benutzers erfüllt. Außerdem dient er zur Aufdeckung
von Installationsfehlern.

5.6.1.1 Funktionale (Black-Box-) Tests

Bei funktionalen Tests werden Testfälle anhand der Anforderungsspezifikation konstruiert. Durch funktionale Tests werden
Fehler aufgedeckt, bei denen das Ein-/Ausgabeverhalten des Programms nicht mit dem spezifizierten übereinstimmt. Der Nachteil
der funktionalen Tests ist - wie bei allen Verifikationsverfahren -
die Abhängigkeit von der Korrektheit der Anforderungsspezifikation.

Funktionale Testverfahren sind:

*   Äquivalenzklassentest
    - Die Testfälle repräsentieren Eingabebereiche, aus denen
      alle Werte auf gleiche Ergebnisse führen sollen.
    - Nachteil: Es werden keine Kombinationen von Eingabe-
      bedingungen untersucht.
*   Grenzwerttest
    - Eingabe und Ausgabe betreffen Werte an den Grenzen
      von Äquivalenzklassen.
    - Nachteil: wie Äquivalenzklassentest
*   Test auf Grund von Ursache-Wirkungs-Graphen (Cause-
    Effect-Graphing)
    - Vorteil: Fehler in der Anforderungsspezifikation können
      aufgedeckt werden.

*   Spezifikationsbezogener   Fehlererwartungstest   (Error Guessing)
    -   Testfälle, die entsprechend Erfahrungen, z. B. aus Schulung und Projektierung, konstruiert werden
    -   Vorteil: Erfahrung wird ausgenutzt
    -   Nachteil: das Ermitteln der Testfälle ist schwer reproduzierbar
*   Test mit Zufallswerten

Beispiel für einen Äquivalenzklassentest:

Ein Parameter (es kann sich z. B. um eine Auftrittswahrscheinlichkeit handeln) soll dann korrekt bearbeitet werden, wenn er >= 0 und <= 1 ist, andernfalls soll er abgewiesen werden und zu einer Fehlermeldung führen.

Aus dem Beispiel in Bild 5-10 ergeben sich die Äquivalenzklassen
-   Klasse 1: 0 <= Parameter <= 1
-   Klasse 2: Parameter < 0
-   Klasse 3: Parameter > 0

Beim Äquivalenzklassentest wählt man dann

-   Parameter aus der Klasse 1, dem zulässigen Bereich, z. B. 0.0001, 0.1, 0.5, 0.8, 0.99999,
-   die Grenzwerte 0 und 1 selbst und sowohl
-   Repräsentanten aus dem nicht zulässigen Bereich Klasse 2, z. B. -1, -0.001, -1E+8, als auch
-   Repräsentanten aus dem nicht zulässigen Bereich Klasse 3, z. B. 2000, 1.001, 10, 100.5, 1.2E8.

Ein Spezialfall des Äquivalenzklassentests ist der Grenzwerttest.

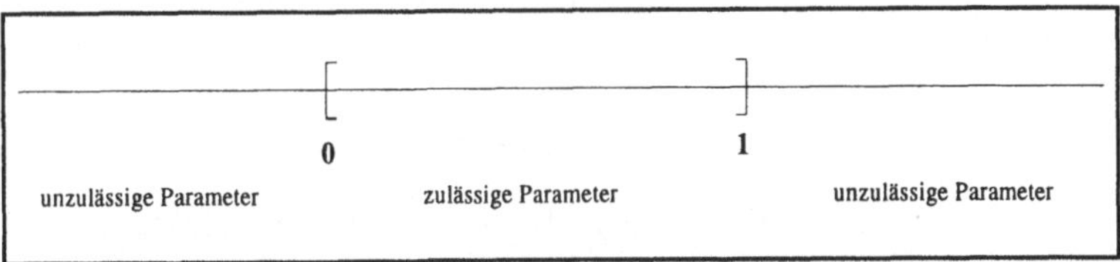

Bild 5-10: Beispiel zum Äquivalenzklassentest

5.6.1.2 Strukturelle (White-Box-) Tests

Bei strukturellen Tests handelt es sich um das Untersuchen von Kontrollflüssen und zum Teil von Signalen, d. h. Interrupts, Semaphoren oder speziellen Messages.

Strukturelle Testverfahren sind

- Äquivalenzklassentest, mit aus dem Code abgeleiteten Klassen,
- Grenzwerttest (z. B. für Schleifenzähler),
- Statement-Test (C_0-Test),
- Zweigtest (C_1-Test),
- Mehrfachbedingungstest, z.B. wenn eine Verzweigungsbedingung mehrere Einzelbedingungen enthält,
- Pfadtest (C-Test), Test aller Pfade eines Programmteiles,
- programmbezogener Fehlererwartungstest (error guessing), ergänzend zum spezifikationsbezogenen Fehlererwartungstest, z.B. Testfälle, die auf Grund der Auswertung bereits durchgeführter Tests und fehlerhafter Anwendungen ausgewählt werden.

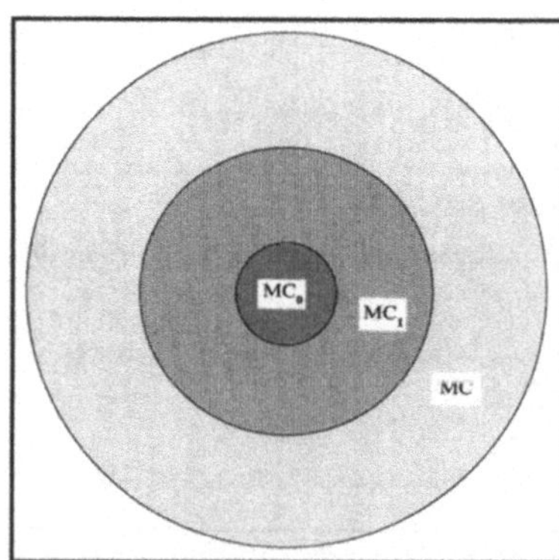

MC_0 Menge der Fehler, die durch C_0-Tests aufgedeckt werden

MC_1 Menge der Fehler, die durch C_1-Tests aufgedeckt werden

MC Menge der Fehler, die durch C-Tests aufgedeckt werden

Bild 5-11: Testabdeckungen bei strukturellen Tests

Bei strukturellen Tests werden Testfälle entwicklungsbegleitend konstruiert. Dies geschieht durch Analyse der vorherigen Phasen, z. B. mit Hilfe von Datenflußanalyse.

Beispiel für Testfälle, die auf Grund bereits durchgeführter Tests ausgewählt werden:

- Für Software, die auf dem Markt ist (Stand 1), wird eine neue Version (Stand 2) geplant. Die Modifikation soll funktionale Erweiterungen (auf Grund von Kundenwünschen) und Fehlerkorrekturen enthalten.

- Im Rahmen der Tests für Stand 1 der Software wurden alle Testfälle, die erfolgreich waren, d. h. die Fehler aufdeckten, erfaßt. Diese werden jetzt mit dem Stand 2 der Software erneut durchgeführt.

5.6.1.3 Nichtinkrementelles Testen

Alle Moduln werden, abhängig von der Umgebung, eigenständig getestet, und zwar parallel oder nacheinander. Anschließend werden die Moduln zusammengesetzt und gemeinsam getestet. Die Vorteile dieser Methode gegenüber der inkrementellen liegen darin, daß die Fehler einfacher zu lokalisieren sind und daß die Tests weniger Rechenzeit erfordern.

5.6.1.4 Inkrementelles Testen

Die beiden wichtigsten Vorgehensweisen hierbei sind: Top-down oder Bottom-up. Beide setzen voraus, daß die Aufrufsequenzen zyklenfrei sind. Zuerst wird ein Modul der höchsten (Top-down) bzw. der niedrigsten (Bottom-up) Hierarchiestufe getestet. Moduln der nächsten Hierarchiestufe werden unter Einbeziehung der bereits getesteten Moduln bearbeitet, nicht unabhängig davon, wie bei der nichtinkrementellen Methode. Die Vorteile dieser Methode gegenüber der nichtinkrementellen liegen darin, daß Schnittstellenfehler besser und früh erkannt werden und daß weniger Treiber und 'stubs' (Stumpf, funktionsloser Dummy) notwendig sind. Ein Treiber simuliert den aufrufenden Modul, er stößt Testfälle an. Ein stub simuliert den aufgerufenen Modul.

Eine weitere inkrementelle Vorgehensweise ist das Thread-Testing. Es geht auf das 'System-Verification-Diagram' (SVD) zurück und ist besonders für Real-Time-Software geeignet (siehe /DMi87/).

Beim inkrementellen Testen ist der Integrationstest implizit enthalten, beim Top-down-Vorgehen auch der Systemtest.

5.6.1.5 Akzeptanz- und Abbruchkriterien

Wichtig ist die Festlegung von Akzeptanzkriterien, d. h. welche Datenmengen von der zu testenden Software verarbeitet bzw. abgelehnt werden sollen, z. B. auf Grund von vorgeschalteten Plausibilitätstests.

Ebenso müssen Abbruchkriterien definiert werden. In der Praxis werden Tests häufig dann beendet, wenn ein bestimmtes Kontingent an Zeit und/oder Geld aufgebraucht ist oder die definierten Testfälle fehlerfrei durchlaufen sind. Langfristig gesehen kommt diese Methode oft teuer. Nicht genügend ausgetestete Software kann hohe Folgekosten verursachen. Empfehlenswert als Kriterium für den Abbruch der Tests ist dagegen das Erreichen eines Abdeckungsgrads, einer spezifizierten Versagensrate oder eine hinreichend kleine Steigung der Kurve 'aufgedeckte Fehler über der Zeit', eventuell kombiniert mit einer Mindestanzahl von Fehlern, die gefunden werden muß.

Weiterhin muß festgelegt werden, ob Hilfsmittel benutzt werden. Häufig benutzte Hilfsmittel beim Testen sind Treiber- und STUB-Moduln. In den meisten Fällen sind Treibermoduln leichter zu erzeugen als STUB-Moduln (siehe /Mye91/).

5.6.2 Planung und Organisation

5.6.2.1 Unterteilung der Software in unabhängige Teilpakete

Ist die zu testende Software sehr umfangreich, so ist meist eine Unterteilung in Teilpakete sinnvoll. Dabei muß jedes Software-Modul einem Teilpaket eindeutig zugeordnet sein.

Dadurch werden Testaufwand und damit die Kosten reduziert und eine größere Übersichtlichkeit erreicht. Teilpakete sind dann voneinander entkoppelbar, wenn sie funktional und strukturell unabhängig sind. Dazu sind Datenfluß- und Aufrufunabhängigkeit nachzuweisen.

5.6.2.2 Erstellen einer Testspezifikation

In der Testspezifikation werden Testgegenstand, Dokumente, gegen die getestet wird, und Testziele definiert.

Dokumente, gegen die getestet wird, können z. B. sein

- Anforderungsspezifikation,
- Systementwurf oder
- Benutzerhandbuch.

Testziel kann z. B. sein, die

- Korrektheit,
- Sicherheit,
- Zuverlässigkeit,
- Benutzbarkeit,
- Robustheit,
- Effizienz oder
- Portabilität

des Testobjekts nachzuweisen. Weitere Testziele sind die Identifikation von besonders fehlerträchtigen Programmteilen (Fehler treten meistens in Clustern auf, daher ist das Testen an diesen Stellen besonders erfolgversprechend) und das Finden von nicht erreichbarem, 'totem' Code (durch Streichen desselben wird das Programm kürzer, übersichtlicher und damit weniger fehleranfällig).

In der Testspezifikation sollen auch die Testobjekte und eine Teststrategie festgelegt werden. Dazu ist anzumerken, daß jede Strategie nur Fehler eines bestimmten Typs aufdecken kann und daß es von der Wahl der Testparameter abhängt, ob sie tatsächlich auch alle solche Fehler aufdeckt (siehe /Gri88/), was wohl nur in den seltensten Fällen gelingt.

5.6.2.3 Festlegen des Ablaufs

Für die Testdurchführung muß zuerst ein Arbeitsplan erstellt werden. In ihm werden die Testbedingungen festgelegt, die

- Installation,
- Peripherie,

- Umgebung (Betriebssystem, Compiler, Linker etc.) und
- Testwerkzeuge

betreffen. Außerdem ist zu regeln, in welcher Reihenfolge die Testobjekte zu testen sind.

Bei der Wahl der Testparameter sollte folgender Leitgedanke im Vordergrund stehen:

> Welche Untermenge aller denkbaren Testfälle bietet die größte Wahrscheinlichkeit, möglichst viele Fehler zu finden ? (siehe /Mye91/, S.35)

Die qualitative Auswahl von Testparametersätzen erfolgt durch die Bestimmung von Testfällen, die quantitative durch die Festlegung der Art der Abdeckung (Coverage), z. B. Prozentsatz der Anweisungen, Zweige, Pfade.

Unter Umständen ist die Festlegung von Haltepunkten angebracht, z. B. dann, wenn das in Herstellerverantwortung liegende Testen in ein Prüfkonzept einbezogen werden soll.

Ein wichtiger und in der Praxis häufig vernachlässigter Punkt ist die Handhabung von Änderungen. Ziel muß sein, daß jeder Test reproduzierbar ist. Einige Gesichtspunkte:

- *Wer* ist zu Durchführungen von Änderungen berechtigt?
- *Wer* führt sie *wann* durch?
- *Wie* werden Änderungen gekennzeichnet, *wie* dokumentiert?
- *Welche* der bereits durchgeführten Tests müssen wiederholt werden?

Weit verbreitet ist die Unsitte, zumindest 'kleinere' Fehler, die beim Testen gefunden werden, sofort und zwar ohne Kennzeichnung und ohne Dokumentation zu korrigieren. Da sich erfahrungsgemäß beim Ändern von Software sehr oft neue Fehler einschleichen, ist nicht gewährleistet, daß bereits durchgeführte Tests mit der modifizierten Software zu denselben Ergebnissen führen.

Grundsatz muß sein: Jede Modifikation der Software führt zu einer Erhöhung der Versionsnummer und ist zu kennzeichnen und zu dokumentieren. Dabei kann eine Modifikation durchaus aus mehreren Einzeländerungen bestehen.

Es ist ein Änderungsprotokoll zu erstellen, das neben Datum, alter und neuer Versionsnummer nachvollziehbar darstellen muß,

- was,
- wo und
- warum

geändert wurde. Bei dieser Arbeit sind Werkzeuge zum Konfigurationsmanagement (incl. Versionskontrolle) oftmals hilfreich.

Weiterhin muß die Bereitstellung von Personal, Rechenzeit und Hilfsmitteln geklärt sein, ebenso die personelle Verantwortlichkeit bei der Durchführung der Tests. Dabei hat folgender Grundsatz zu gelten: Der/die Testende darf nicht Entwickler sein, er/sie soll möglichst aus einer anderen Organisationseinheit kommen. Bei personeller Einheit von Entwickler und Tester würden z. B. Mißinterpretationen der Anforderungsspezifikation oder des Systementwurfs durch den Entwickler nicht aufgedeckt werden.

Zudem müssen die Zugriffsrechte geregelt und die Unterschrift des Testers vorgeschrieben sein.

Bei der Planung der Fehlererfassung ist festzulegen, ob die Fehler gewichtet werden. Wichten kann man Fehler nach Auftrittshäufigkeit (d. h. quantitativ) und/oder danach, wie schwerwiegend sie sind (d. h. qualitativ; hierzu ist vorher eine Einteilung in Klassen notwendig). In der Praxis hat sich auch eine Fehlererfassung nach Entwickler als sinnvoll erwiesen, da jeder Entwickler beim Fehlermachen seine Vorlieben hat. Es sollte dabei ein Entwickler nicht namentlich in Erscheinung treten, sondern es genügt, z. B. mit Hilfe einer Codenummer kenntlich zu machen, welche Programmteile jeweils vom selben Entwickler stammen. Auf diese Weise ist es möglich, für jede gekennzeichnete Codeeinheit zusätzliche, den spezifischen Erfordernissen genügende Tests durchzuführen.

Außerdem müssen die Anforderungen an die testbegleitende Dokumentation und die Termine festgelegt werden.

5.6.3   Durchführung

Zu Beginn der Tests müssen die Sollwerte bzw. das Sollverhalten entsprechend der Dokumente, gegen die getestet werden soll, festgelegt werden. Nach Ablauf der Testprozeduren ist ein Vergleich von Soll-/Istwerten bzw. Soll-/Istverhalten durchzuführen. Für bestimmte Anwendungen gibt es Testwerkzeuge, die dem Testenden diese Arbeit abnehmen. Die aufgetretenen Versagensfälle bzw. Fehler sind zu erfassen. Alle diese Schritte sind so zu dokumentieren, daß die Nachvollziehbarkeit gewährleistet ist und Regressionstests durchgeführt werden können.

5.6.3.1   Begleitende Dokumentation

Notwendig ist die begleitende Dokumentation, um die Reproduzierbarkeit von Tests zu erreichen. Dazu sind Testprotokolle erforderlich , die folgendes beinhalten:

- Testgegenstand mit eindeutiger Versionsangabe
- Testumgebung
- verwendete Werkzeuge
- Reihenfolge, in der die Tests durchgeführt wurden
- Durchführender der Tests
- Akzeptanzkriterien
- Kriterien zur Testfallermittlung
- Testfälle und -daten unter Angabe der Auswahlkriterien
- Sollwerte bzw. -verhalten
- Testergebnisse bzw. -verhalten
- Fehlerlisten

5.6.3.2   Auswerten und Bewerten der Testergebnisse

Für die Auswertung der Tests sind Modelle festzulegen. Beispiele dafür sind das Basic-Execution-Time- und das Logarithmic-Poisson-Execution-Time-Model (siehe Kap. 3, Seiten 21ff., und /Mus87/). Eine quantitative Auswertung ist z. B. durch Berechnung der Fehlerintensität oder durch Berechnung der erwarteten mittleren Fehler pro Zeiteinheit möglich (siehe /Mus87/). Im anzufertigenden Testabschlußbericht ist folgendes zu dokumentieren:

- Tests, die mit der aktuellen Software-Version durchgeführt
  wurden
- Aktuelle Fehlerliste und Bewertung der nicht korrigierten
  Fehler (Entscheidungshilfe dafür, ob die Freigabe erfolgen
  soll)
- Quantitative Auswertung des Tests
- Verweis auf Testspezifikation und Testdokumentation

Die durchgeführten Tests müssen bewertet werden, dementsprechend ist das weitere Vorgehen (neue Version und erneutes Testen oder Abbruch) festzulegen.

Ist eine Freigabe der getesteten Software mit erkannten und nicht korrigierten Fehlern beabsichtigt, so sind Benutzerhinweise (im Benutzerhandbuch, in einer Read-me-Datei oder ähnlichem) zu geben.

5.6.4   Testwerkzeuge

Beim Testen können folgende Arbeitsschritte von Werkzeugen übernommen bzw. durch Werkzeuge unterstützt werden:

- Generieren von Testdaten, meist durch Hilfe bei der manuellen Eingabe (Maskengeneratoren)
- Erstellen von Treiber- und STUB-Moduln
- Testüberwachung (erneuter Anstoß nach 'Absturz')
- Instrumentieren
- Vergleich von Soll- und Ist-Werten

Weiterhin gibt es Umgebungssimulatoren zur

- Simulation von Hardware-Fehlern,
- Simulation einer Umgebung mit Gefährdungspotential (z. B. bei Leitsystemen in Kernkraftwerken, Steuerprogrammen für Flugsysteme etc.),
- Simulation von Aktionen von Terminalbenutzern in einem Time-sharing-Betrieb (wenn z. B. Testen unter realen Bedingungen zu teuer ist),
- Simulation von Tasks.

Zudem können Werkzeuge zur Datenverwaltung und Dokumentationsunterstützung genutzt werden.

Kostenvorteile ergeben sich vor allem beim Durchführen von Regressionstests und beim Debugging.

5.6.5   Fehlerbearbeitung nach den Integrationstests

Das Lokalisieren von Fehlern läßt sich wesentlich vereinfachen und beschleunigen, wenn die zu testende Software instrumentiert ist.

Eine weitere Möglichkeit ist die 'Holzhammer'-Methode mit folgendem Ablauf:

* Dump
* Breakpoints setzen, Variablenverfolgung etc.
* eingebaute Druckanweisungen
* Trace

Bei der Fehlerbehebung müssen Zeitpunkt und personelle Verantwortlichkeit geklärt sein. Insbesondere muß festgelegt sein, wer berechtigt ist, Änderungen an der Software vorzunehmen. Es ist vorteilhaft, wenn hierbei der Entwickler zumindest miteinbezogen ist. Die Änderung ist kenntlich zu machen und die Versionsnummer der Software zu erhöhen.

Nach Programmänderungen sind ihre Auswirkungen festzustellen und Regressionstests durchzuführen. Bei geänderten Funktionalitäten ist die Wiederholung aller Tests notwendig, nach jeder Fehlerkorrektur ist sie sinnvoll.

5.7   Einsatz der Software und Betriebsbewährtheit

5.7.1   Fehlererfassung

Zur Erstellung von Fehlerlisten oder Rücklaufstatistiken müssen die Fehler eines Softwarepakets erfaßt werden. Es empfiehlt sich, Fehler an organisatorischen Schnittstellen zu erfassen. Solche Schnittstellen sind z. B.:

- Einsatz der Software beim Benutzer/Kunden
- Zulassung oder Validierung durch Zulassungsstellen
- Abnahmetests bei Software-Übergabe
- Projektabwickelnde oder Support-Stellen beim Hersteller
- Unabhängige Integrations- oder Testgruppe des Herstellers

166

Von der zuständigen Stelle ist für jeden Software-Fehler ein For-
mular auszufüllen, das mindestens folgende Informationen enthält:

- Name der Software
- Software-Version, in der der Fehler beobachtet wurde
- eindeutige Identifikation der Fehlermeldung (z. B. Nummer
  der Fehlermeldung)
- Zeitpunkt des Versagens. Die Angabe des Zeitpunktes hat so
  zu erfolgen, daß sie der gewählten Methode, Zuverlässigkeits-
  kennwerte zu bilden, entspricht. Mindestens ist jedoch das
  Datum anzugeben.
- Fehlerhafte Funktion oder fehlerhaftes Teilsystem
- Verbale Beschreibung des Versagensfalls
- Versagensgewicht (kritischer Fehler, Haupt- und
  Nebenfehler)
- Auswirkungen des Versagens und Umgehungsmöglichkeiten

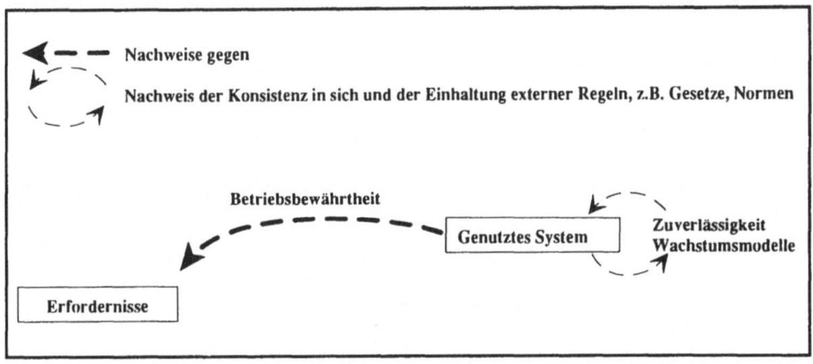

Bild 5-12: Einsatz und Betriebsbewährtheit

5.7.2   Fehlerbehebung

Von der fehlerbehebenden Stelle muß für jeden behobenen Fehler
die folgende Information zur Verfügung gestellt werden:

- Datum der Fehlerbehebung und Software-Version(en), in der
  dann der Fehler behoben ist

- Fehlerursachen (Dies sind z. B. Tätigkeiten / Projektphasen, bei denen der Fehler gemacht wurde.)
- Fehlerorte, d. h. Programmteile und Dokumente, die geändert wurden

Nach der Fehlerbehebung ist das betroffene System oder Teilsystem einem Regressionstest zu unterziehen. Die Durchführung des Tests ist zu dokumentieren. Abhängig vom Testergebnis hat die projekt-/produktverantwortliche Stelle die geänderte Software offiziell freizugeben.

5.7.3 Auslieferung der geänderten Software

Neue Software-Versionen dürfen nur von einer einzigen Stelle ausgeliefert werden. Für jede Software-Lieferung muß sichergestellt werden, daß

- die mitgelieferten Dokumente (Installationsanweisungen, Benutzerhandbücher usw.) dem ausgelieferten Software-Stand entsprechen,
- alle zwischen zwei Versionen durchgeführten Änderungen, die im allgemeinen in Form von Updates ausgeliefert werden, Bestandteil der nächsten Software-Version sind.

Die fehlermeldende Stelle sollte die Fehlerbehebung bestätigen (Abnahme).

5.7.4 Auswertung der Fehlerdaten

Mit Hilfe der Fehlerdaten können sowohl Zuverlässigkeitskennwerte gebildet als auch die Betriebsbewährtheit der Software nachgewiesen werden (Berechnung der Zuverlässigkeitskennwerte siehe Abschnitt 5.8). Zudem sind die Fehlerdaten Grundlage zur Aufdeckung und Beseitigung von Schwachstellen in der Software-Entwicklung.

5.7.5 Definition der Betriebsbewährtheit

Der Begriff 'Betriebsbewährtheit' und sein Synonym 'Erprobtheit' sind aus dem Gebiet der Hardware, vor allem in Bezug auf Bauelemente, vertraut und im Regelwerk festgelegt (siehe z. B. /DIN0116/, /DIN0801/).

Auch der Beurteilung, ob eine betrachtete Software betriebsbewährt ist (Es kann sich um ein einzelnes Modul oder z. B. um einen kompletten Compiler handeln.), liegen folgende drei Kriterien zugrunde:

- Zeitraum des Einsatzes mindestens zwei Jahre
- Große Anzahl von Installationen
- Unterschiedliche Anwendungen

Dabei muß die Spezifikation unverändert bleiben. Es dürfen keine oder nur unwesentliche Versagensfälle der Software aufgetreten sein. Der Einsatz betriebsbewährter Software ist - wie bei der Hardware - eine Maßnahme, die Verfügbarkeit und Zuverlässigkeit des Gesamtsystems erhöht.

5.7.6   Nachweis der Betriebsbewährtheit

Voraussetzung für die Nachweisbarkeit der Betriebsbewährtheit eines Programms oder Programmteils ist das Vorliegen folgender Unterlagen:

- Spezifikation der Software
- Lückenlose Versionenverwaltung der Software mit Änderungsdokumentation und Datumsangabe
- Verkaufsstatistiken oder Nachweis der Einsatzhäufigkeit
- Vollständige Fehlerlisten oder Rücklaufstatistiken

Anhand der Spezifikation und der Versionenverwaltung ist nachzuweisen,

- daß der geforderte Einsatzzeitraum der betrachteten Software eingehalten wurde und
- daß die durchgeführten Änderungen und Updates der Software keine Auswirkungen auf die Spezifikation hatten.

Mit Hilfe der Verkaufsstatistiken sind die große Anzahl und die unterschiedlichen Anwendungen zu belegen. Die vollständigen Fehlerlisten oder Rücklaufstatistiken benötigt man um nachzuweisen, daß keine oder nur unwesentliche Software-Fehler festgestellt wurden.

Anmerkung:

Aus den gesammelten Daten können Zuverlässigkeitskenngrößen gewonnen werden.

5.8 Quantitativer Nachweis der Zuverlässigkeit

Ein praxisgerechter quantitativer Nachweis der Zuverlässigkeit setzt eine lauffähige Fassung des zu untersuchenden Programms voraus. Sie soll eine gewisse Stabilität erreicht haben, d. h. die fehlerfreien Nutzungsintervalle sollen groß gegenüber den Laufzeiten des Programms sein. Dies wird üblicherweise in der Installations- und Abnahmephase erreicht. Vor dieser Phase sollte daher der quantitative Nachweis nicht beginnen.

Die fünf Arbeitsschritte des quantitativen Nachweises sind

- Sammeln der Daten,
- Kontrolle der Verwendbarkeit der gesammelten Daten,
- Entscheidung, ob ein zeit- oder ein ereignisorientiertes Modell verwendet werden soll,
- Schätzung der Modellparameter und
- Berechnung der quantitativen Zuverlässigkeit.

Die konzeptionellen Grundlagen für diese Arbeiten sind im Kapitel 3 dargestellt. Großenteils sind daraus die hier verwendeten Formeln direkt übernommen. Anhang C enthält zusätzliche Informationen über Zuverlässigkeitswachstumsmodelle.

5.8.1 Sammeln der Daten

Phasen — Die benötigten Daten sind versagensfreie Laufzeiten des Programms (siehe Kapitel 3.4.3). Sie können in der Installations- und Abnahmephase oder der Nutzungsphase gesammelt werden und - sofern dafür Black-Box-Tests verwendet werden - auch aus Systemtest, Abnahmetest oder Validation stammen.

Betriebszeit, CPU-Zeit — Die Laufzeiten werden nicht in Kalenderzeit, sondern in Laufzeit des Programms benötigt, entweder gemessen als Betriebszeit des Rechners oder als CPU-Zeit.

170

Werden die Daten ausschließlich aus Black-Box-Tests genommen, so kann auch die Arbeitszeit der Testenden am Rechner benutzt werden. Die Zeitbestimmung sollte auf die fehlerfreien Laufzeiten bezogen sein. Bei Versagen im Tagesrhythmus sollte auf Stunden genau erfaßt werden, bei Versagen im Abstand von Wochen reicht die Erfassung auf Tage. Falls nur die Kalenderzeit erfaßt werden kann, sollen zumindest offensichtliche "Schmutzeffekte" eliminiert werden, z. B. Wochenenden oder Betriebsferien.

Wichtig: Die Laufzeiten sind nach klaren, festzuschreibenden Regeln vollständig und stets auf gleiche Art zu bestimmen. Eine Mischung z. B. von CPU-Laufzeiten und Teststunden darf nicht erfolgen. Auch darf kein Versagen unterschlagen werden, weil es z. B. auf triviale Fehler zurückgeht.

Werden Black-Box-Tests zur Ermittlung versagensfreier Laufzeiten herangezogen (siehe Kapitel 5.6 und Anhang C, Kapitel C.2.2), so ist auf die Unabhängigkeit der Datensätze des Testoperationsprofils voneinander zu achten. Ist z. B. ein Testdatengenerator vorhanden, der zyklisch dieselben Testdaten an den Testling gibt, so zählen nur die Laufzeiten aus einem Zyklus!

Für die Ermittlung der Daten während der Nutzungsphase siehe auch Kapitel 5.7.

Jeder gefundene Fehler soll sofort beseitigt werden. Geschieht dies nicht, dürfen Versagen, die auf ein und denselben Fehler zurückgehen, nur einmal gezählt werden.

5.8.2   Kontrolle der Verwendbarkeit der gesammelten Daten

Um die Verwendbarkeit der gesammelten Daten zu kontrollieren, sollte für jeden Datensatz der Logarithmus der versagensfreien Laufzeit über der laufenden Nummer des Versagens aufgetragen werden. Ein Beispiel dafür zeigt Bild 3-6 in Kapitel 3. Werden Daten aus Tests verwendet, so ist jede Abweichung vom spezifizierten Verhalten als Versagen zu werten. Dieses Vorgehen führt zu konservativen Ergebnissen.

Nur wenn sich in der beschriebenen Darstellung ein annähernd linearer Trend zeigt, gelten die in diesem Buch benutzten 'einfachen' Ansätze zur quantitativen Software-Zuverlässigkeit. Und nur wenn mindestens 30 Werte vorhanden sind, gelten die in diesem Kapitel benutzten Gleichungen für den Konfidenzbereich. Im Anhang C, Kap. C.3.6 ist beschrieben, welche Möglichkeiten bestehen, wenn der Trend nicht linear ist oder weniger als 30 Werte vorhanden sind.

5.8.3   Zeit- oder ereignisorientierte Ansätze

Für den zeitorientierten Ansatz und den ereignisorientierten Ansatz sind etwas unterschiedliche Berechnungen durchzuführen. Daher sollte entschieden werden, welcher der beiden Ansätze benutzt wird.

Bei einem zeitorientierten Ansatz wird untersucht, mit welcher Zuverlässigkeit der Software zu einem künftigen Zeitpunkt gerechnet werden kann; z. B. wie die Zuverlässigkeit nach weiteren 1000 Betriebsstunden sein wird.

Bei einem ereignisorientierten Ansatz wird untersucht, mit welcher Zuverlässigkeit der Software nach einem künftigen Ereignis gerechnet werden kann, z. B. wie die Zuverlässigkeit nach dem übernächsten Versagen sein wird.

Ist die Zeitbasis der Testaufwand, sollte der zeitbezogene Ansatz gewählt werden. Allerdings unterscheiden sich Ansätze bei einer realistischen Fehleranzahl nicht, was die Datenauswertung anbelangt.

5.8.4   Schätzung der Modellparameter

Die Schätzung der Modellparameter erfolgt mit dem Verfahren der linearen Regression (siehe Kapitel 3.4.3.3). Zu bestimmen sind dafür die Ausgleichsgerade $\overline{z_i}$ durch die gesammelten Daten, die Varianz var $\{\overline{z_i}\}$ dieser Geraden und ihr Konfidenzbereich, beschrieben durch z_{oi} und z_{ui}.

$t_\alpha = 1.645$ (Vertrauensniveau von $\alpha=90\%$)

n: Anzahl der bisherigen Versagen

T_j: Zeitpunkt des j-ten Versagens ($1 <= j <= n$)

$$\beta = \frac{\sum_{j=1}^{n} j \ln T_j - \frac{n+1}{2} \sum_{j=1}^{n} j \ln T_j}{\sum_{j=1}^{n} \left(j - \frac{n+1}{2}\right)^2}$$

$$\overline{Z_i} = \frac{\sum_{j=1}^{n} \ln T_j}{n} + \left(i - \frac{n+1}{2}\right)\beta$$

$$\text{var}\{\overline{z_i}\} = \frac{\pi^2}{6n} \left(1 + \frac{12}{(n+1)(n-1)} \left(i - \frac{n+1}{2}\right)^2 \right)$$

$$z_{ui} = \overline{z_i} - t_\alpha \sqrt{\text{var}\{\overline{z_i}\}}$$

Aus diesen Größen ergeben sich die Parameter λ_0^* und Θ für den zeitorientierten Ansatz zu:

*Zeit-
orientiert*

$$\lambda_0^* = \exp(-C - \overline{z_0})$$
$$\Theta = -\beta$$

Für den ereignisorientierten Ansatz ergeben sich dessen Parameter λ_1^* und r zu:

*Ereignis-
orientiert*

$$\lambda_1^* = \exp(-C - \overline{z_1})$$
$$r = e^\beta$$

Dabei ist $C = 0.5772$ die Eulersche Konstante. $\overline{z_0}$ bzw. $\overline{z_1}$ sind die $\overline{z_i}$ für $i=0$ bzw $i=1$.

Ist man nicht nur an der Versagensrate interessiert, sondern auch an der Streuung der Versagensraten, so berechnet man den Streufaktor:

$$k_i = \frac{\exp(-C \cdot z_{0i})}{\exp(-C \cdot z_i)} \ .$$

Dann liegen die tatsächlichen Werte mit einer Wahrscheinlichkeit von 90% im Intervall $(\lambda_i^*/k_i, \lambda_i^* k_i)$, vorausgesetzt $t_\alpha = 1{,}645$ (siehe auch Seite 40).

5.8.5 Berechnung der Zuverlässigkeit

Beim zeitorientierten Ansatz errechnet sich die Versagensrate $\lambda^*(t)$ für den Zeitpunkt t zu:

$$\lambda^*(t) = \frac{\lambda_0^*}{\lambda_0^* \Theta t + 1}$$

Wichtig: *t* ist in den gleichen Einheiten anzugeben, in denen die versagensfreien Laufzeiten gemessen wurden, also z. B. in Rechner-Betriebsstunden oder CPU-Sekunden.

Beim ereignisorientierten Ansatz ist die Versagensrate λ_i^* für das i-te Ereignis

$$\lambda_i^* = \sqrt{\lambda_1^* \quad r^{i-1}}$$

5.8.6 Nutzen der berechneten Zuverlässigkeit

Die wesentlichen Anwendungen der berechneten Werte sind:

- Nachweisen, daß die spezifizierte Zuverlässigkeit erreicht wird
- Festlegen eines Auslieferungszeitpunktes
- Verwenden in probabilistischen Systemanalysen

Der Nachweis, daß die spezifizierte Zuverlässigkeit erreicht wird, geschieht durch einfachen Vergleich der spezifizierten mit den ermittelten Werten.

174

Aus der Kenntnis der Versagenshäufigkeit, der Testkosten und der Fehlerbeseitigungskosten im Feld läßt sich der 'break even point' für die Auslieferung eines Software-Paketes bestimmen.

Bei probabilistischen Systemanalysen ist zu beachten, daß man die gefundenen Ausfallraten auf Kalenderzeiten umrechnen muß. Die Tatsache, daß die Betriebsbedingungen sich von den Testbedingungen unterscheiden, wird durch Verwendung eines größeren k-Faktors (z. B. k=5) ausgeglichen. Der Übergang auf das betriebliche Verhalten ist aber durchaus schwierig. Die Schwierigkeit entsteht, weil die Art und Weise, wie das Programm benutzt wird, d. h. welche Eingabedaten mit welcher Wahrscheinlichkeit anliegen, nicht explizit in die Modellierung eingeht. Einige Autoren setzen hierfür Faktoren an, die die Effizienz des Tests im Vergleich zum Normalbetrieb ausdrücken sollen. Hierdurch wird das Problem jedoch auf die Quantifizierung dieser Faktoren verlagert. Hier sollen rein qualitativ die Unterschiede des Testbetriebs im Vergleich zum Normalbetrieb aufgeführt werden:

- Beim Testen wird selten derselbe Eingabedatensatz mehrfach am Programm anliegen, während dies im Normalbetrieb (problemabhängig) durchaus der Fall sein kann.
- Bei einem sorgfältigen Test werden auch solche Funktionen mit einbezogen, die im Normalbetrieb vielleicht sehr selten auftreten, wie Grenzsituationen für die Speicherverwaltung, zeitlich ungünstiges Eintreten von Anforderungen o. ä..
- Beim Testen können mögliche Konstellationen der Eingabedaten übersehen werden.
- Im Betrieb sind Anforderungen denkbar, die niemand berücksichtigt hat.

Die ersten beiden Punkte lassen das Programm im Normalbetrieb besser erscheinen als in der Testphase, während der letzte es bezüglich der Zuverlässigkeit verschlechtert. Ist das zu testende Programm keine Pionierentwicklung, mit der Neuland betreten wird, sondern sind die Probleme, die bei der Entwicklung entstehen, aus vorhergehenden Projekten hinlänglich bekannt, so kann man die Möglichkeit, daß etwas übersehen wird, u. U. gegenüber den anderen Punkten vernachlässigen. Dann ist eine Versagensrate aus der Testphase eine konservative Näherung an die des betrieblichen Verhaltens.

Ebenfalls schwerwiegend ist, daß die letzten fehlerfreien Laufzeiten das Ergebnis bestimmen. Deshalb ist Software mit sehr hohen Anforderungen an die Zuverlässigkeit mit diesen Modellen praktisch nicht zu qualifizieren.

Es bleibt festzustellen,

- daß die Aussage aus einem Wachstumsmodell bei hinreichend bekannter Problemstellung mit der nötigen Vorsicht auf den Betrieb übertragen werden kann,

- daß von einer solchen Aussage Konservativität erwartet, wenn auch nicht nachgewiesen werden kann,

- daß jedoch die Qualifizierung hochzuverlässiger Software allein auf der Basis eines Wachstumsmodells nicht möglich ist. Hierzu ist ein auf dem Operationsprofil basierendes Modell eines Abnahmetests erforderlich, welches zwar anderen, jedoch nicht diesen Einschränkungen unterliegt. Die explizite Modellierung der Verteilung der Werte, die die Eingangsvariablen und die Speicher des Programms annehmen, kann den Effekt, daß eine Eingabe, die einmal lief, bei sonst gleichen Randbedingungen immer laufen wird, mit berücksichtigen.

6   Schlußbetrachtung

In diesem Buch wird Software-Zuverlässigkeit qualitativ und quantitativ verstanden.

Für die quantitativ betrachtete Software-Zuverlässigkeit beschreibt es in Kapitel 3 die Grundlagen. Gemeinsamkeiten und Unterschiede in Bezug auf Hardware-Zuverlässigkeit werden herausgearbeitet.

Die konstruktiven Maßnahmen zum Erreichen qualitativ und quantitativ zuverlässiger Software werden in Kapitel 4 beschrieben. Sie setzen eine klare und vollständige Beschreibung der Aufgabenstellung (Anforderungsspezifikation) voraus. Nach Auffassung des Arbeitsgremiums sind die konstruktiven Maßnahmen unabhängig davon, ob für die zu erstellende Software mittlere, hohe oder gar sehr hohe Zuverlässigkeit angestrebt wird. Der Grad der angestrebten Zuverlässigkeit beeinflußt nicht die Art der zu ergreifenden Maßnahmen, sondern nur den Umfang, in dem man ihnen gerecht werden muß. Daher gibt es in diesem Buch keine Unterscheidung nach Anforderungs- oder Zuverlässigkeitsklassen.

Möglichkeiten, die erreichte Zuverlässigkeit qualitativ und quantitativ nachzuweisen, werden in Kapitel 5 dargestellt. Die notwendigen Nachweise sollen entwicklungsbegleitend erfolgen, um eventuelle Fehlentwicklungen rechtzeitig feststellen zu können. Das ist die Voraussetzung für ein frühes Beseitigen eventueller Fehler - und dadurch Minimierung der Fehler-Folgekosten - sowie für ein zeitiges Bestimmen von Zuverlässigkeitskenngrößen. Die Nachweise an sich bringen keinen Zuverlässigkeitsgewinn. Sie zeigen das erreichte Niveau. Erst die nachfolgende Fehlerbeseitigung verbessert die Zuverlässigkeit.

Wie bereits in der Einleitung erwähnt, stimmten die Autoren in der Einschätzung der Programmkorrektheitsbeweise und der Zuverlässigkeitswachstumsmodelle nicht überein.

Während die prinzipielle Leistungsfähigkeit des Korrektheitsbeweises (Anhang B) unbestritten ist, läßt seine Einsatzfähigkeit und Akzeptanz in der "normalen industriellen Praxis" nach Auffassung einiger Autoren noch zu wünschen übrig. Einigkeit besteht aber darin, daß sich für höhere Zuverlässigkeitsanforderungen langfristig fundiertere Vorgehensweisen durchsetzen werden, die auf einer Kombination verschiedener systematischer, teilweise formaler Methoden beruhen.

Verglichen mit der Hardware, für die anerkannte Zuverlässigkeitsmodelle existieren und fundierte statistische Daten vorliegen, sind für Software erst Ansätze vorhanden, insbesondere Zuverlässigkeitswachstumsmodelle (Anhang C). Sie sind nach Auffassung einiger Autoren nicht ausgereift.

Der gegenwärtige Stand der Programmiertechnik und die erwartete Entwicklung sind im Kapitel 2.2 beschrieben. Die Umsetzung der Grundsätze der modularen Programmierung in die tägliche Praxis, die durch dieses VDI-Buch gefördert werden soll, wird zu einer deutlichen Verbesserung der Software-Zuverlässigkeit beitragen. Weitere positive Auswirkungen auf die Software-Zuverlässigkeit werden nach gegenwärtiger Einschätzung von der objektorientierten Programmierung ausgehen (Anhang A).

Anhänge

A   Objektorientierte Programmierung

Die objektorientierte Programmierung hat sich in den 80er Jahren ähnlich der strukturierten Programmierung in den 70er Jahren zu einem Zauberwort in der Software-Konstruktion entwickelt. Der Terminus *objektorientierte Systementwicklung (Software-Erstellung)* ist dabei vielfach noch unklar geblieben. Erste Ansätze der Objektorientierung wurden in SIMULA 67 /Dah68/ verwirklicht. In dem Klassenkonzept von SIMULA stecken *Datenabstraktion* /Gut77/ und *information hiding* /Par72a/. Dieses Konzept ist von vielen Programmiersprachen als Modul-Konzept übernommen worden (z.B. Modula-2, Ada, CLU, um nur einige zu nennen /Mer84/). Die *Datenkapselung* ist neben *Erbung* und *Polymorphie* eine der wesentlichen Eigenschaften objektorientierter Systeme. Diese Eigenschaften bilden eine Verallgemeinerung bzw. Ergänzung des Datenabstraktionskonzepts. Die bis heute konsequenteste Implementierung eines solchen Systems ist die Programmiersprache und -umgebung *Smalltalk-80* /Gol83/, die in den Xerox PARC-Forschungslaboratorien in Palo Alto (PARC = Palo Alto Research Center) entwickelt wurde.

A.1   Elemente der objektorientierten Programmierung

Objektorientierung ist eine natürliche Art und Weise, Programmierung und Systementwicklung zu betreiben. Die grundlegenden Elemente sind *Objekt, Klasse, Ausprägung, Methode* und *Botschaft (Nachricht)* /Moo86, Nyg86, Pas86, Ren82, Rob81, Ste86, Str87/.

Unter einem *Objekt* wird generell alles verstanden, was begrifflich eine fest umrissene Grenze hat /Cox87/ und in seinen Eigenschaften genau beschrieben werden kann. Beispielsweise sind Autos, Krankenhäuser oder Moleküle Objekte. Nebel, die Grippe oder Hochzeitsreisen sind es dagegen nicht.

Wenn Sie sich einen Stuhl ansehen und sich diesen anschließend vorstellen, so ist Ihr Gedankenbild eine Abstraktion, ein Modell für einen Stuhl, der gewisse Grundeigenschaften mit allen anderen Stühlen teilt.

Ein Objekt kann nur als Ganzes verwendet werden. Es ist nicht möglich ein Einzelteil davon zu benutzen. Wir unterscheiden Objekte, wie die meisten objektorientierten Systeme es tun, in zwei grundlegende Kategorien: *Klassen* und *Ausprägungen*. Eine Klasse besitzt Eigenschaften, die alle von ihr abstammenden Objekte besitzen. Während die Klasse das Modell eines Objektes darstellt, bildet die Ausprägung ein konkretes Exemplar.

Für das Objekt "Stuhl" bedeutet eine Ausprägung z.B. den gerade von Herrn Meier gekauften Stuhl, auf den er sich vermutlich gleich setzen wird. Innerhalb einer *Klassenhierarchie vererben* die in der Hierarchie höherliegenden Objekte (*Vater- oder Oberklassen*) ihre Eigenschaften an die Klassenobjekte, die unter ihnen liegen (*Sohn- oder Subklassen*). Die einzige Klasse, die keine Vaterklasse hat, heißt *Wurzelklasse*. Sie ist in der Klassenhierarchie die oberste Klasse. Alle Vaterklasse(n) und deren Vaterklasse(n) usw. einer Klasse sind ihre *Superklassen*.

Die *Vererbung* von Eigenschaften (repräsentiert durch die Variablen und Methoden eines Objekts) von Klassen an andere Klassen ist entweder einfach organisiert oder aber es ist Mehrfachvererbung erlaubt. Im Falle *einfacher Vererbung* ist der Vererbungsgraph linear und entspricht einem Baum (siehe auch Bild A-1). Jedes Objekt hat hier genau eine Vaterklasse, von der es Eigenschaften ererbt. Im Falle *multipler Vererbung (Mehrfachvererbung)* kann ein Objekt durchaus mehrere Vaterklassen haben (siehe auch Bild A-2). In diesem Fall ist der Vererbungsgraph nicht linear und entspricht einem Netz ohne Zyklen.

Die Anschauung einer Klasse als eine Ansammlung von Diensten, anwendbar auf die Ausprägungen der Klasse, wird als Einkaufs-Listen-Ansatz bezeichnet /Mey88a/. Ursache für diese Betrachtungsweise ist das Fehlen eines Grundes für die Beschränkung der Dienste in einer Klasse.

Die einzige potentielle Beschränkung ist die der Komplexität. Wenn die Klasse als eine Einkaufsliste von Diensten angesehen wird, braucht der Kunde nur Informationen über die Dienste, die er benutzen will und über allgemeine Eigenschaften der Klasse. Im allgemeinen können Dienste, die man nicht kennt, auch keinen Schaden anrichten.

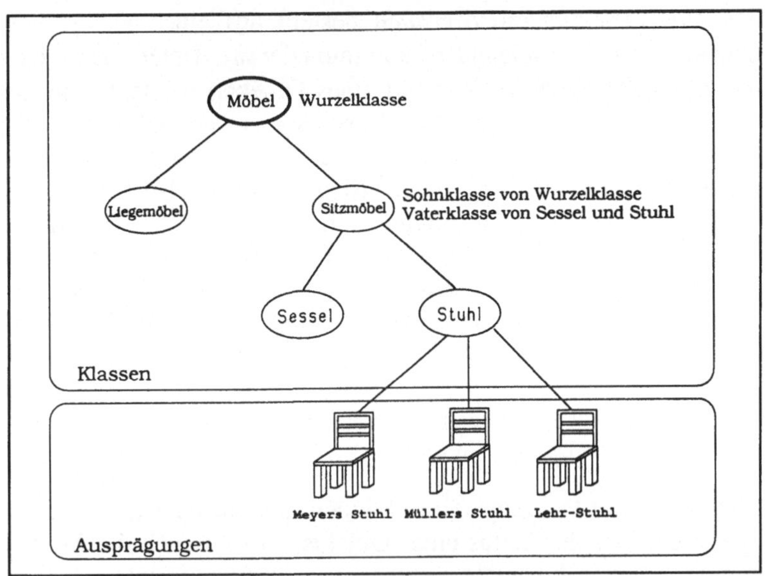

Bild A-1: Klassenhierarchie mit linearem Erbungsgraphen und Ausprägungen

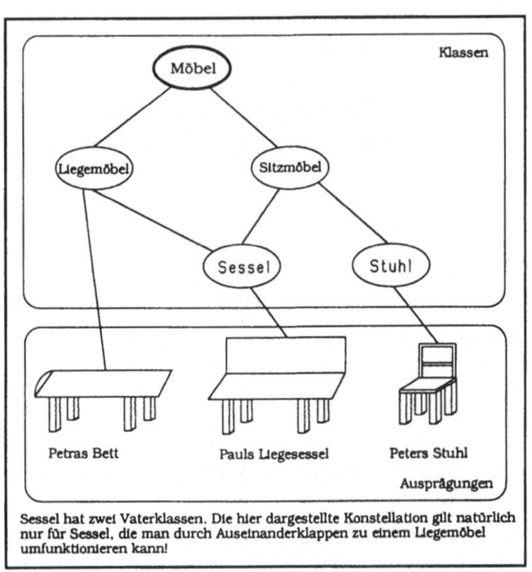

Bild A-2: Klassenhierarchie mit multipler Erbung

Ein *objektorientiertes-Programm* besteht aus einer Menge von Objekten, die miteinander kommunizieren. Unter dem *Objektstatus* (dem inneren Zustand eines Objekts) versteht man die Gesamtheit der Werte der Variablen eines Objekts. Der Objektstatus kann während der Laufzeit eines objektorientierten-Programms Veränderungen unterliegen. Beispielsweise ist es möglich, daß eine Ausprägung "Kamera XXX" der Klasse "Kamera" die Eigenschaft "Preis" in Form einer Variablen ererbt. Für verschiedene Kameras derselben Klasse "Kamera" mag auf Grund der Ausstattung verschiedene Preise gelten, z.B. 54,95 DM oder 50,-- DM. Der Status dieser Objekte muß durch *Senden* einer entsprechenden *Botschaft (Nachricht)* geändert werden (d. h. in diesem Fall, daß der Variablen Preis jeweils ein Wert von 54,95 bzw. 50,-- DM zugewiesen wird).

Methoden sind Prozedur-Abstraktionen, die auf dem Objektstatus operieren. Wie der Status eines Objekts, so sind auch die Methoden nach außen hin nicht sichtbar. Sie sind nur über ein Objekt ansprechbar und bilden keine selbständige Einheit. Eine Methode ist die Implementierung eines Algorithmus, der auf Stimuli von außen Reaktionen liefert. Für unser obiges Beispiel mit dem Objekt "Kamera XXX" wäre das Berechnungsschema für ein spezielles Zubehör eine Methode. Methoden werden im allgemeinen durch das Empfangen einer Botschaft von einem anderen Objekt oder von dem Objekt an sich selbst aufgerufen. Die Gesamtheit aller Methoden, über die ein Objekt verfügt, wird *Protokoll* genannt.

Beispiel:
Das Objekt *ort* ist eine Subklasse von *position* und ererbt dessen Eigenschaften. *kreis* ist eine Subklasse von *ort* und ererbt die Eigenschaften von *ort* und damit auch die von *position*.
In einigen obigen Methoden werden mehrere Bibliotheksroutinen verwendet (Turbo Pascal 6.0). Unter anderem dienen PutPixel zum Zeichnen eines Pixels, GetBkColor zum Unsichtbarmachen eines Pixels und Graph.Circle zum Zeichnen eines Kreises.
Das Objekt *kreis* ererbt die Methode *Vorbelegung* des Objekts *ort* und kann sie wiederverwenden. Außerdem kann *kreis* die Methode für seine eigenen Zwecke erweitern und neu defi-

nieren, wie es in diesem Fall durch die Vorbelegung von *radius* geschieht. Das Objekt *ort* ererbt die Datenfelder *x* und *y*, auch wenn sie nicht in der Definition von *ort* erscheinen, und kann sie für die Definition seiner Methode *BewegeNach* verwenden. Es ist zu erkennen, daß die Vererbung und Erweiterung des Code in der Weise geschieht, daß das Objekt *kreis* z.B. die interne Struktur der von *ort* ererbten Methode *Vorbelegung* nicht zu kennen und in diese nicht einzugreifen braucht.

Beispiel A-1:   Mehrfachbenutzung von Moduln am Beispiel von Erbung

```
position = OBJECT
   x, y : INTEGER;
   PROCEDURE Vorbelegung(vorbelegung_x, vorbelegung_y : INTEGER)
END;

ort = OBJECT(position)
   sichtbar : BOOLEAN;
   PROCEDURE Vorbelegung(vorbelegung_x, vorbelegung_y: INTEGER);
   PROCEDURE Zeige;
   PROCEDURE Verberge;
   FUNCTION IstSichtbar : BOOLEAN;
   PROCEDURE BewegeNach(neu_x, neu_y : INTEGER)
END;

kreis = OBJECT(ort)
   radius : INTEGER;
   PROCEDURE Vorbelegung(vorbelegung_x, vorbelegung_y,
                         vorbelegung_radius : INTEGER);
   PROCEDURE Zeige;
   PROCEDURE Verberge;
   PROCEDURE Erweitere(erweitere_um : INTEGER)
END;

PROCEDURE position.Vorbelegung(vorbelegung_x, vorbelegung_y :
                                              INTEGER);
BEGIN
   x := vorbelegung_x;
   y := vorbelegung_y
END;

PROCEDURE ort.Vorbelegung(vorbelegung_x, vorbelegung_y: INTEGER);
BEGIN
   position.Vorbelegung(vorbelegung_x, vorbelegung_y);
   sichtbar := FALSE
END;
```

```pascal
PROCEDURE ort.Zeige;
BEGIN
   sichtbar := TRUE;
   PutPixel(x, y, GetColor)
END;

PROCEDURE ort.Verberge;
BEGIN
   sichtbar := FALSE;
   PutPixel(x, y, GetBkColor)
END;

FUNCTION ort.IstSichtbar : BOOLEAN;
BEGIN
   IstSichtbar := sichtbar
END;

PROCEDURE ort.BewegeNach(neu_x, neu_y : INTEGER);
BEGIN
   Verberge;
   x := neu_x;
   y := neu_y;
   Zeige
END;

PROCEDURE kreis.Vorbelegung(vorbelegung_x, vorbelegung_y,
                            vorbelegung_radius : INTEGER);
BEGIN
   ort.Vorbelegung(vorbelegung_x, vorbelegung_y);
   radius := vorbelegung_radius
END;

PROCEDURE kreis.Zeige;
BEGIN
   sichtbar := TRUE;
   Graph.Circle(x, y, radius)
END;


PROCEDURE kreis.Verberge;
VAR farbe : WORD;
BEGIN
   farbe := Graph.GetColor;
   Graph.SetColor(GetBkColor);
   sichtbar := FALSE;
   Graph.Circle(x, y, radius);
   Graph.SetColor(farbe)
END;
```

```
PROCEDURE kreis.Erweitere(erweitere_um : INTEGER);
BEGIN
   Verberge;
   radius := radius + erweitere_um;
   Zeige
END;
```

Botschaften (Nachrichten) ermöglichen die Kommunikation von
Objekten untereinander. Das Auslösen einer Reaktion wird ermöglicht durch das Vorhandensein einer entsprechenden Methode
beim Empfängerobjekt. Für das Objekt "KameraXXX" würde die
Botschaft "Verkaufen in der Version YYY" die entsprechende Reaktion bewirken.

A.2 Objektorientierte Programmierung als Verallgemeinerung der strukturierten Programmierung

Programmiersprachen, die nicht objektorientiert sind, werden
durch Begriffe wie Programm, Prozedur oder Funktion charakterisiert /Mer84/. Dagegen steht in objektorientierten Sprachen einzig
und allein das Objekt "im Rampenlicht". Die Steuerung des
"Geschehens" erfolgt in erster Linie durch das Senden von Botschaften und nicht durch die gewohnten Strukturen Sequenz,
Schleife, Alternative etc. Das bedeutet nicht etwa, daß Steue-
rungsstrukturen nicht existieren. Sie sind nur für den Benutzer
nicht sichtbar, weil sie Bestandteil des Objekts sind. Sie werden
nur benutzt, wenn der Code für Methoden zu schreiben ist.

Die folgenden Bilder A-3 und A-4 sollen die Objektorientierung
verdeutlichen.

In Bild A-3 stehen die Funktion 'plus' und ihre Anwendung auf
verschiedene Datentypen im Mittelpunkt der Betrachtung. In Bild
A-4 dagegen ist das Objekt, auf das eine Operation angewandt
wird (in diesem Fall das Objekt 'Liste'), das Zentrum der Programmierung /Rat83/. Die Integration der Operationen mit dem
jeweiligen Objekt bildet den Grundgedanken der 'Datenkapselung'.

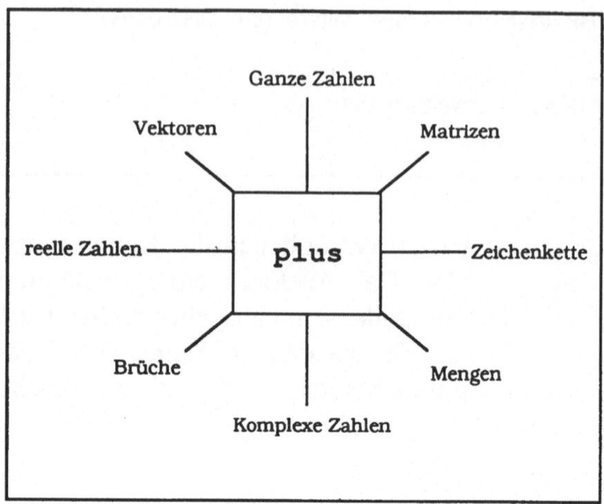

Bild A-3: Die Funktion *plus* im Mittelpunkt der Programmierung

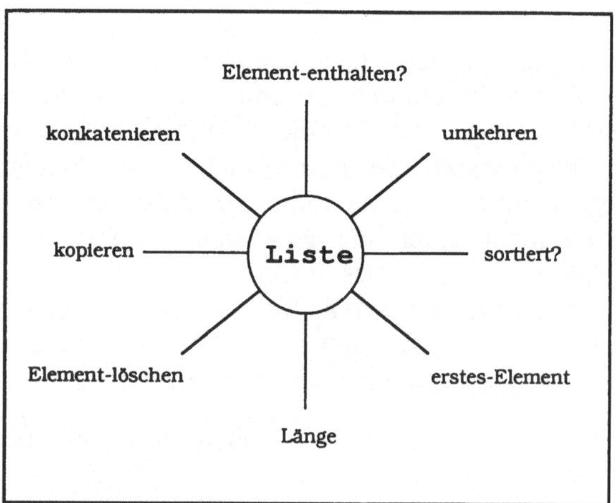

Bild A-4: Operationen auf das Objekt *Liste*

Weitere wesentliche Eigenschaften objektorientierter Systeme
sind neben der Datenkapselung und Vererbung die *Datenabstraktion, information hiding, dynamische Bindung* und *Polmorphie*.
Datenabstraktion erlaubt die Betrachtung eines Datenobjekts von
verschiedenen Detailebenen aus. Außerdem erlaubt Datenabstraktion die Zuordnung von Datenobjekten zu den auf diese

Datenobjekte anwendbaren Operationen /Pre87/. Information hiding oder das "Geheimnisprinzip" besagt, daß alle Aspekte, die die Realisierung eines Objekts betreffen, vor dem Anwender dieses Objekts "geheimgehalten" werden. Abstrakte Datentypen, bestehen aus internen Typenvereinbarungen sowie einer Menge von Unterprogrammen. Letztere werden benutzt, um auf die sonst unzugänglichen Daten zuzugreifen und sie zu manipulieren (man denke hier z.B. an die Implementierung des abstrakten Datentyps "queue" oder "stack" durch die Operationen "pull" und "pop"). In den meisten konventionellen Programmiersprachen erfolgt die Bindung von beispielsweise Funktionen auf die zugehörigen Operationen zur Übersetzungszeit (*statische Bindung*). In objektorientierten Systemen kann die Bindung auch während der Laufzeit des Systems erfolgen (*dynamische Bindung*). Das Senden einer Botschaft an ein Objekt aktiviert eine für dieses Objekt eigene Methode während der Laufzeit. Dieselbe Botschaft an verschiedene Objekte gesandt, kann völlig unterschiedliche Reaktionen erzeugen /Bel89, Pok89/. Dieser Möglichkeit wird mit *Polymorphie* bezeichnet.

A.3   Objektorientierte Software-Konstruktion

Objektorientierung in der Software-Konstruktion (Software-Design) hat sich in den letzten 15 - 20 Jahren entwickelt (*Object-oriented Design*; OOD). In gewisser Hinsicht können z.B. datenorientierte Entwicklungsmethoden wie *Data-Structured Systems Development* (DSSD - auch *Warnier-Orr Methode* genannt) /War74, War81/ oder *Jackson System Development* (JSD) /Jac83/ als objektorientiert angesehen werden /Pre87/, denn diese Methoden betrachten primär das zu entwickelnde System als ein Objekt "Ausgabe", das von dem Objekt "Eingabedaten" erzeugt werden muß. Die bisher eingeführten Begriffe der Objektorientierung *Klasse, Methode, Vererbung* lassen sich bei diesen Entwurfsmethoden konsequent verwenden.

Der Systementwurf bei funktionsorientierten Entwurfsmethoden wie z.B. SD/CD (*Structured Design/Composite Design*) erfolgt häufig als eine funktionale Gliederung mit dem Ziel der Bildung

von Subsystemen. Dabei ergeben sich folgende Probleme
/Mer84/:

- auf Grund des primären Interesses für die funktionale Gliederung wird die Datenabstraktion nicht dokumentiert,
- zu Datenstrukturen gehörende Funktionen werden nicht an
  die entsprechenden Daten gebunden; sie werden vielmehr auf
  verschiedene Moduln verteilt und
- die bei der funktionalen Gliederung gebildeten Moduln arbeiten in der Regel mit Datenstrukturen auf einem geringen
  Abstraktionsniveau.

Elementar-objekte	besitzen keine Unterklassen; Beispiele: skalare Datentypen, Integer, Real, Char Methoden: Vergleiche, arithmetische Operationen usw.
Standard-objekte	sind einfache, allgemein anwendbare Objekte, die als Bestandteile in höheren Objekten verwendet werden. Beispiele: Objekt 'stack', Objekt 'queue' Methoden: 'push', 'pull', 'empty', 'top' usw
Struktur-objekte	schließen die Lücke zwischen den Standard- und den applikatorischen Objekten. Der Übergang zwischen Standard- und Strukturobjekten ist nicht eindeutig definiert Beispiele: Datenbanken Methoden: 'join', 'select', 'find' usw.
Applikatori-sche Objekte	sind jeweils auf eine spezifische Anwendung ausgerichtet, die beliebig komplex sein kann. Beispiele: sequentielle Datei von Meßwerten, Umsatzliste Methoden: 'print', 'barChart', 'pieChart' usw.

Bild A-5: Objekte als Komponenten eines Software-Systems

Das Ergebnis einer solchen Systemerstellung wird als *verteilte
Funktionalität* bezeichnet: Die dynamischen Eigenschaften sind
von den Daten getrennt. In einem objektorientierten System wird

dagegen eine *lokale Funktionalität* erreicht, weil Daten und Operationen auf diesen Daten in einem Objekt (Modul) gekapselt sind. Die *objektorientierte Systemkonstruktion* (OOD) zielt nicht auf eine Untergliederung des Systems, bis keine Verfeinerungen mehr möglich sind (dies tut z.B. die Methode nach DeMarco; /DMa79/), sondern auf die Bestimmung der Objekte, die die Komponenten des Systems bilden (s. auch Bild A-5; nach /Mer84/).

Aus den gegenwärtig existierenden Methoden des objektorientierten Entwurfs sollen beispielhaft erwähnt werden die Arbeiten von Abbott und Booch /Abb83, Boo83, EVB86/ sowie die Arbeiten von Cox /Cox87/. Insbesondere Booch propagiert folgende Vorgehensweise für objektorientierten Entwurf /Pre87/:

- Problemdefinition in natürlicher Sprache
- Entwicklung einer Strategie auf informeller Basis für die Software-Realisierung der realen Welt
- Formalisieren der Strategie durch folgende Schritte:
    * Identifikation der Objekte und ihrer Attribute
    * Identifikation der Operationen, die auf die Objekte anwendbar sind
    * Einrichten der Schnittstellen, um die Beziehungen zwischen Objekten und Operationen aufzuzeigen
    * Auswahl eines Entwurfs aus mehreren angefertigten, der eine Implementierungsbeschreibung für Objekte zuläßt.
- Wiederholung der vorangegangenen drei Schritte bis der komplette Systementwurf vorliegt

A.4 Übersicht über vorhandene Implementierungen

Bild A-6 gibt einen Überblick über verschiedene Kategorien von bereits vorhandenen Implementierungen objektorientierter und objektbasierter Systeme. Ein System ist objektbasiert, wenn es die Realisierung von Objekten in der Form unterstützt, wo ein Objekt aus einer Menge von Operationen zusammen mit einem gemeinsamen Status, der die Effekte der Operationen merkt, besteht /Weg86/.

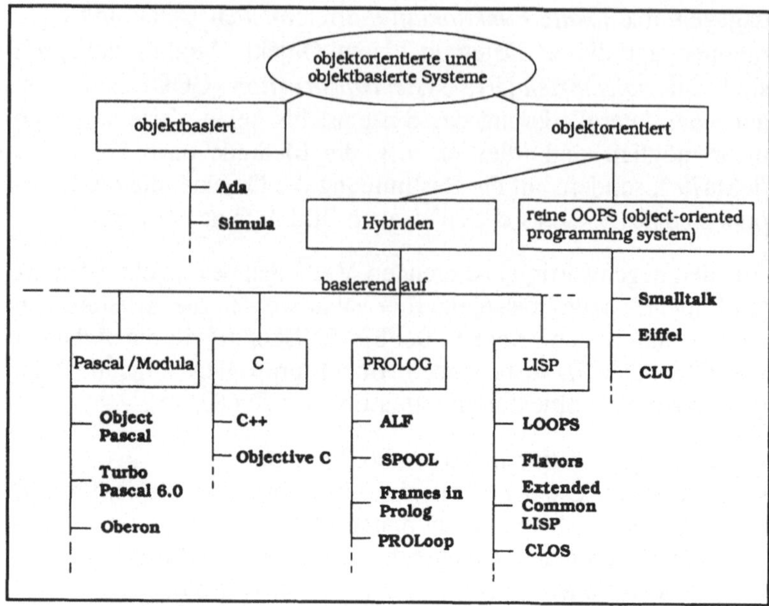

Bild A-6: Unterteilung objektorientierter und -basierter Systeme

Diese Aufstellung enthält nur einen kleinen repräsentativen Ausschnitt. Z. B. umfaßt die Kategorie 'objektbasiert' wesentlich mehr Vertreter als nur *Modula* und *Ada*. Gleiches gilt für die Aufzählung der Hybriden, deren Feld wohl am stärksten wächst.

B   Programmkorrektheitsbeweise

B.1   Liste der verwendeten Symbole

$(\forall\text{Werteber}:\text{Aussage})$ $(\forall\text{Var}:\text{Werteber}:\text{Aus-}$ sage$)$	Allquantor: "Für alle Elemente aus dem Wertebereich ist die Aussage wahr."
$\textbf{und}_{i=1}^{n}\ \text{Ausdruck}(i)$	Die **und**-Reihe: Ausdruck(1) **und** Ausdruck(2) ... Ausdruck(n). Der Wert der leeren **und**-Reihe (n<1) ist definitionsgemäß wahr.
$(\exists\text{Werteber}:\text{Aussage})$ $(\exists\text{Var}:\text{Werteber}:\text{Aus-}$ sage$)$	Existenzquantor: "Es gibt ein Element aus dem Wertebereich, für das die Aussage wahr ist."
$\textbf{oder}_{i=1}^{n}\ \text{Ausdruck}(i)$	Die **oder**-Reihe: Ausdruck(1) **oder** Ausdruck(2) ... Ausdruck(n). Der Wert der leeren **oder**-Reihe (n<1) ist definitionsgemäß falsch.
$\vee$, **oder**	logisches '**oder**'
$\wedge$, **und**	logisches '**und**'
$\neg$, **nicht**	logische Negation
$\Leftrightarrow$	'genau dann, wenn ...'
$\Rightarrow$	'daraus folgt ...', 'wenn ..., dann ...'
$\equiv$	'äquivalent'
$\{A\}P\{B\}$, $A\{P\}B$	Alternative Schreibweisen für die Aussage "Wenn vor der Ausführung des Programms P A wahr ist, und P terminiert, dann ist danach B wahr."
A_s^j	Bedingung dafür, daß die Schleife S genau j-mal durchlaufen wird

$A_{i,k}$	Zusicherung zwischen den Anweisungen S_i und S_k
Bool	Die Menge {falsch, wahr}
I	Vorbedingung oder Schleifeninvariante
N	Die natürlichen Zahlen (die positiven ganzen Zahlen einschließlich 0)
N_1	Die natürlichen Zahlen N außer 0
PC	Pfadbedingung (Path-Condition)
Q	Nachbedingung
Q_E^X, P^x_E	Der Ausdruck, der entsteht, wenn in Q (bzw. P) die Variable x durch den Ausdruck (E) (geklammert) ersetzt wird.
SV	Schleifenvariante
$SVC^{19}(P,I)$	Die stärkste Nachbedingung für das Programm P und die Vorbedingung I
W	Eine Funktion in den natürlichen Zahlen, die mit jedem Programmschritt abnimmt
WP(P,Q)	Die schwächste Vorbedingung für das Programm P und die Nachbedingung Q
Schleifeninvariante	Ein Ausdruck, der den Zustand der Variablen vor und nach jedem Schleifendurchlauf beschreibt
Z	Die Menge der ganzen Zahlen

B.2 Beispielprogramm

In diesem Anhang sollen verschiedene Beweisverfahren vorgestellt und an einem Beispiel demonstriert werden. In diesem Abschnitt wird zunächst das im weiteren verwendete Beispiel vorgestellt.

---

[19] SVC: Strongest Verifiable Consequent

Aufgabenstellung:

Für eine Matrix A(i),(i=1,...,n) von natürlichen Zahlen soll entschieden werden, ob eine natürliche Zahl x in dieser Matrix vorkommt. Ist dies der Fall, soll die Boolesche Variable Gefunden den Wert 'wahr' bekommen, sonst 'falsch'.

Vorbedingung:

$$I \Leftrightarrow n \in N \wedge x \in N \wedge (\forall i: i \in N_1, i \leq n: A(i) \in N)$$

Nachbedingung:

$$Q \Leftrightarrow [\text{Gefunden} \wedge (\exists i: i \in N_1, i \leq n: A(i)=x)]$$
$$\vee [\neg\text{Gefunden} \wedge (\forall i: i \in N_1, i \leq n: A(i) \neq x)]$$

Programm:

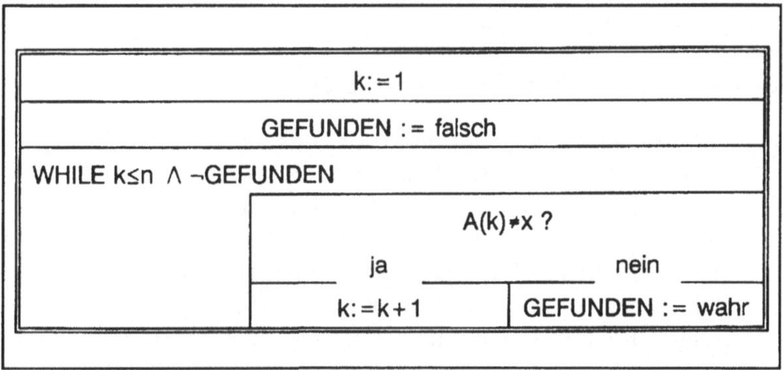

Bild B-1: Beispielprogramm

B.3   Die symbolische Ausführung

B.3.1   Einführung in die symbolische Ausführung

Die symbolische Ausführung ist ein Verifikationsverfahren, das in der Literatur sowohl als ein verbessertes Testverfahren als auch als Beweisverfahren eingeordnet wird. Bei diesem Verfahren wird das Programm mit symbolischen Eingabewerten anstelle von konkreten Eingabedaten ausgeführt. Bei Programmen mit Schleifen ist nicht gewährleistet, daß die symbolische Ausführung terminiert. Ein Beweis der totalen Korrektheit ist also mit diesem Verfahren bei Programmen mit Schleifen nicht immer möglich.

Bei der symbolischen Ausführung werden alle Programmpfade mit den jeweiligen Ausgabewerten als Ausdrücke in den symbolischen Eingangswerten bestimmt. Anschließend ist noch eine Auswertung, d. h. der Vergleich der erkannten Programmpfade mit der Aufgabenstellung, notwendig.

Grundsätzlich werden bei der symbolischen Ausführung zwei verschiedene Arbeitsschritte notwendig:

1. Berechnung von symbolischen Ausdrücken

Mit einem symbolischen Interpreter werden für jede Operation, die in einem Programm auftritt, aus den symbolischen Ausdrücken für die Eingangswerte die symbolischen Ausgabeausdrücke berechnet.

2. Bedingungsabhängiges Verzweigen

Hierbei wird für jedes Prädikat, das bei der symbolischen Ausführung eines Programms erreicht wird, entschieden, ob es auf Grund der bis dahin berechneten symbolischen Ausdrücke noch beide Wahrheitswerte annehmen kann (unentschiedene Bedingung) oder ob eine dieser beiden Möglichkeiten bereits ausgeschlossen ist (entschiedene Bedingung). Im ersten Fall müssen beide Möglichkeiten parallel betrachtet werden; es ist also eine Verzweigung notwendig.
Es ist zu beachten, daß die Frage, ob eine Bedingung entschieden ist, nicht von der Bedingung selbst, sondern von dem Pfad, auf dem sie erreicht wird, abhängt.
Außerdem sollten die symbolischen Werte, die konstant sind, nicht mit den Programmvariablen verwechselt werden.

Zur Darstellung der symbolischen Ausführung bietet sich ein *Ausführungsbaum* an, in dem die unentschiedenen Bedingungen besonders gut deutlich werden. Es kann aber auch eine *tabellarische Darstellung* angewandt werden, bei der für jeden Pfad und jede Aktion des Programms die aktuellen symbolischen Ausdrücke für alle Programmvariablen angegeben werden.

Die einzelnen Aktionen, bei denen die Werte von Variablen verändert werden, werden mit n_i bezeichnet, wobei n_s den Eintrittspunkt in das Programm und n_f den Punkt, an dem das Programm verlassen wird, bezeichnet. Dazu werden jeweils die symbolischen Werte aller Variablen nach Ausführung dieser Aktion eingetragen, außerdem die Bedingung, unter der diese Aktion ausgeführt wird. Diese Bedingung wird einmal durch die Programmvariablen und einmal durch die symbolischen Werte der Variablen ausgedrückt. Schließlich wird noch die Pfadbedingung (path condition, PC) bis zur jeweiligen Aktion eingetragen. ∞ kennzeichnet dabei solche Variablen, denen bis zur jeweiligen Aktion noch keine Werte zugewiesen wurden.

Bevor das im Abschnitt B2 dargestellte Beispielprogramm behandelt wird, soll hier beispielhaft das Maximum zweier Variablen A und B berechnet und in die Variable Max geschrieben werden. a und b seien die Eingangswerte von A und B.

Formal läßt sich diese Aufgabenstellung wie folgt beschreiben:

<table>
<tr><td rowspan="2">

ja   A>B ?   nein

Max: =A | Max: =B
</td><td>

$A = a \ \wedge \ B = b \ \wedge \ (Max = a \vee Max = b) \ \wedge$

$Max \geq a \ \wedge \ Max \geq b)$
</td></tr>
</table>

Eine solche Ausführung ist für alle Pfade durchzuführen, d. h. bei dieser Darstellungsweise ist die bedingungsabhängige Verzweigung nicht unmittelbar enthalten, eigentlich müßte vorher die Programmstruktur untersucht werden, um alle Pfade festzustellen.

Aktion	symbolische Variablenwerte	Bedingung Programm-variablen	Bedingung symbolisch	Pfadbedingung
n_s	A=a, B=b, Max=∞	wahr	wahr	wahr
n_1 (Max:=A)	A=a, B=b, Max=a	A>B	a>b	a>b
n_f	A=a, B=b, Max=a	wahr	wahr	PC(W$_1$)$\Leftrightarrow$a>b

Bild B-2: Symbolische Ausführung des linken Pfades (W$_1$) in tabellarischer Darstellung

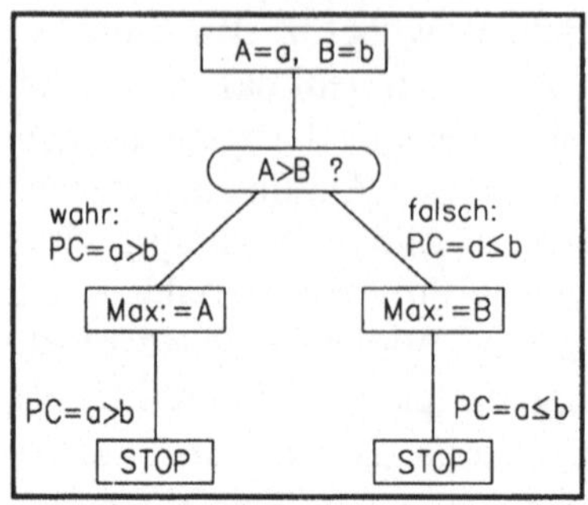

Bild B-3: Ausführungsbaum für das Beispiel

Anschließend muß für jeden Pfad untersucht werden, ob die ermittelten Ergebnisse mit den erwarteten übereinstimmen.

Bei der Darstellung der symbolischen Ausführung mit Ausführungsbäumen werden die Abfragen als Ovale dargestellt, die Aktionen als Rechtecke. Außerdem werden in weiteren Rechtecken die symbolischen Eingangsdaten sowie die während der symbolischen Ausführung gewonnenen Erkenntnisse, z. B. über entschiedene Bedingungen, vermerkt. An die Verbindungslinien dieses Graphen werden die jeweiligen Pfadbedingungen angetragen. Bei umfangreicheren Programmen ist diese Baumdarstellung schlecht überschaubar, da sich der Leser die aktuellen Werte aller Variablen merken und die Aktionen eines Pfades im Kopf nachvollziehen muß.

Bei Programmen mit Schleifen wird versucht, Schleifeninvarianten zu bestimmen und die Schleifen zu substituieren. Dies ist eine Möglichkeit, die u. U. auch bei den anderen Beweisverfahren angewandt werden kann.

Schließlich ist das Ergebnis auszuwerten, d. h. es ist zu prüfen, ob die ermittelten Ergebnisse mit den erwarteten übereinstimmen. Diese Prüfung kann bei Vorliegen einer formalen Aufgabenstellung automatisiert bzw. nach formalen Vorschriften durchgeführt werden. Ein wesentlicher Unterschied gegenüber den im weiteren betrachteten Beweisverfahren ist, daß es bei der symbolischen Ausführung auch ohne eine formale Aufgabenstellung möglich ist, zunächst die Pfade anhand des Programms zu bestimmen und anschließend den Vergleich von Ist- und Sollergebnissen manuell durchzuführen.

B.3.2 Anwendung der symbolischen Ausführung auf das Beispielprogramm

Die Schleife des im Abschnitt B2 dargestellten Beispielprogramms (s. Seite 192) soll durch eine Folge von Anweisungen substituiert werden. Zur Ermittlung dieser Anweisungen werden zunächst die Werte der in der Schleife auftretenden Variablen mit der Anzahl der Schleifendurchläufe indiziert, die Eingangswerte sind also k_0 und $Gefunden_0$ (bei Variablen, die in der Schleife nicht manipuliert werden, kann auf diese Indizierung verzichtet werden). Dann wird der $(j+1)$-te Schleifendurchlauf symbolisch ausgeführt.

Im Programm gibt es zwei Pfade, also müssen beide betrachtet werden:

Aktion	symbolische Variablen-werte	Bedingung Programm-variablen	Bedingung symbolisch	Pfadbedingung
	$k=k_j$, $Gefunden=Gefunden_j$			
n_3 $(k:=k+1)$	$k=k_j+1$, $Gefunden=Gefunden_j$	$k \leq n$ $\wedge \neg Gefunden$ $\wedge A(k) \neq x$	$k_j \leq n$ $\wedge \neg Gefunden_j$ $\wedge A(k_j) \neq x$	$k_j \leq n$ $\wedge \neg Gefunden_j$ $\wedge A(k_j) \neq x$

Bild B-4: Symbolische Ausführung des linken Pfades (S_1) der Schleife

Aktion	symbolische Variablen-werte	Bedingung Programm-variablen	Bedingung symbolisch	Pfadbedingung
	$k=k_j$, $Gefunden=Gefunden_j$			
n_4 (Gefunden := wahr)	$k=k_j$, $Gefunden=wahr$	$k \leq n$ $\wedge \neg Gefunden$ $\wedge A(k) = x$	$k_j \leq n$ $\wedge \neg Gefunden_j$ $\wedge A(k_j) = x$	$k_j \leq n$ $\wedge \neg Gefunden_j$ $\wedge A(k_j) = x$

Bild B-5: Symbolische Ausführung des rechten Pfades (S_2) der Schleife

Nun werden allgemeine Formeln für die symbolischen Werte der Variablen nach dem j-ten Schleifendurchlauf (j>0) bestimmt:

Nach j-maligem Durchlauf des Pfades S_1 (Fall 1) gilt:

$$k_j=k_0+j=1+j, \text{Gefunden}_j=\text{Gefunden}_0=\text{falsch}$$

Nach 1-maligem Durchlauf von Pfad S_2 hat Gefunden den Wert wahr, d. h. die Schleifenbedingung ist nicht mehr erfüllt. Damit kann dieser Pfad nur im letzten Schleifendurchlauf durchlaufen werden. Als Fall 2 für den j-maligen Schleifendurchlauf kommt also nur in Frage, daß zuerst der Pfad S_1 (j-1)-mal durchlaufen wird, und anschließend einmal S_2. In diesem Fall gilt:

$$k_j=k_0+j-1, \text{Gefunden}_j=\text{wahr.}$$

Die Fall 1 und Fall 2 Formeln für die Variablenwerte sollten mittels vollständiger Induktion bewiesen werden. Bei diesem einfachen Beispiel wird auf den Beweis verzichtet.

Nun sollen aus diesen Formeln Anweisungen zur Substitution der Schleife abgeleitet werden. Dabei können unveränderte Variable vernachlässigt werden. Da bei einer Zuweisung der neue Variablenwert den alten unmittelbar überschreibt, können in den Anweisungen als Eingangswerte die Variablen selber anstelle der mit 0 indizierten Wertebezeichnungen verwendet werden. Damit lauten diese Anweisungen:

- in Fall 1:   k:=k+j
- in Fall 2:   k:=k+j-1; Gefunden:=wahr

Nun müssen noch die Pfadbedingungen für die beiden Fälle bestimmt werden. Im Fall 1 wird die Pfadbedingung aus Abb. B-4 abgeleitet. Die Pfadbedingung für den j-maligen Durchlauf von S_1 ist:

$$k_0 \leq n \wedge .. \wedge k_0+j-1 \leq n \wedge \neg \text{Gefunden}_0 \wedge A(k_0) \neq x \wedge .. \wedge A(k_0+j-1) \neq x$$

Da die Schleife nach j-maligem Durchlauf terminieren soll, und Gefunden nicht verändert wird, muß zusätzlich gelten:

$$k_0+j>n$$

Die Pfadbedingung lautet also:

PC(Fall 1)$\Leftrightarrow k_0+j-1=n \wedge \neg$Gefunden$_0 \wedge (\forall i: i \in N, i<j: A(k_0+i) \neq x)$
Im zweiten Fall wird der Pfad S_1 (j-1)-mal durchlaufen, die Pfadbedingung dafür lautet:

$$k_0+j-2 \leq n \wedge \neg\text{Gefunden}_0 \wedge (\forall i: i<j-1: A(k_0+i) \neq x)$$

Die Pfadbedingung dafür, daß im j-ten Durchlauf S_2 durchlaufen wird, ist:

$$k_0+j-1 \leq n \wedge \neg\text{Gefunden}_0 \wedge A(k_0+j-1)=x$$

Insgesamt lautet die Pfadbedingung im zweiten Fall damit:

PC(Fall 2) $\Leftrightarrow k_0+j-1 \leq n \wedge \neg$Gefunden$_0 \wedge$
$$(\forall i: i<j-1: A(k_0+i) \neq x) \wedge A(k_0+j-1) = x$$

Neben Fall 1 und Fall 2 des Schleifendurchlaufes muß noch Fall 3 betrachtet werden, nämlich daß die Schleife nicht durchlaufen wird, also auch keine Schleifenaktionen ausgeführt werden:

PC(Fall 3) $\Leftrightarrow j=0 \wedge ($Gefunden$_0 \vee k_0>n)$

Nun wird die Schleife durch die Abfrage der ermittelten Pfadbedingung und die Zuweisung der entsprechenden symbolischen Ausdrücke substituiert:

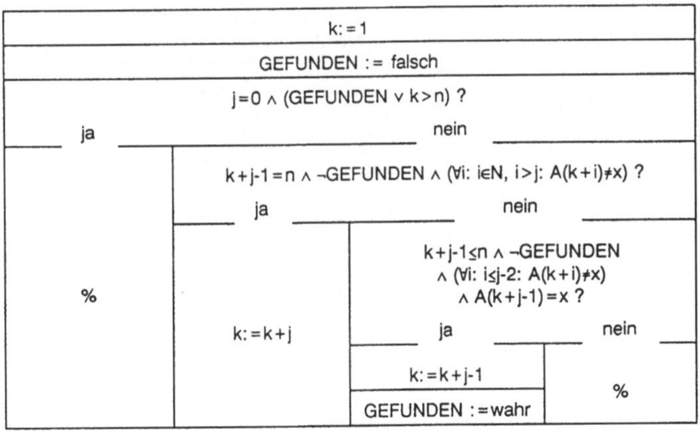

<table>
<tr><td colspan="5" align="center">k: = 1</td></tr>
<tr><td colspan="5" align="center">GEFUNDEN : = falsch</td></tr>
<tr><td colspan="5" align="center">j=0 ∧ (GEFUNDEN ∨ k>n) ?</td></tr>
<tr><td rowspan="5">ja

%</td><td colspan="4" align="center">nein</td></tr>
<tr><td colspan="4" align="center">k+j-1=n ∧ ¬GEFUNDEN ∧ (∀i: i∈N, i>j: A(k+i)≠x) ?</td></tr>
<tr><td rowspan="4" align="center">ja

k:=k+j</td><td colspan="3" align="center">nein</td></tr>
<tr><td colspan="3" align="center">k+j-1≤n ∧ ¬GEFUNDEN
∧ (∀i: i≤j-2: A(k+i)≠x)
∧ A(k+j-1)=x ?</td></tr>
<tr><td colspan="2" align="center">ja</td><td rowspan="2" align="center">nein

%</td></tr>
<tr><td colspan="2" align="center">k:=k+j-1
GEFUNDEN : =wahr</td></tr>
</table>

Bild B-6: Substituiertes schleifenfreies Programm

Auf dieses Programm kann nun die symbolische Ausführung angewandt werden. Das Ergebnis zeigt Bild B-7.

Die Pfade des substituiertes schleifenfreien Programms zeigt Bild B-8. Alle Pfade entsprechen der Aufgabenstellung und die Aufgabenstellung wird total abgedeckt. Damit ist das Programm partiell korrekt. Es fehlt allerdings der Nachweis, daß j immer endlich ist. Dieser Nachweis ist in diesem Beispiel einfach zu erbringen, allerdings ist er bei der symbolischen Ausführung nicht vorgesehen.

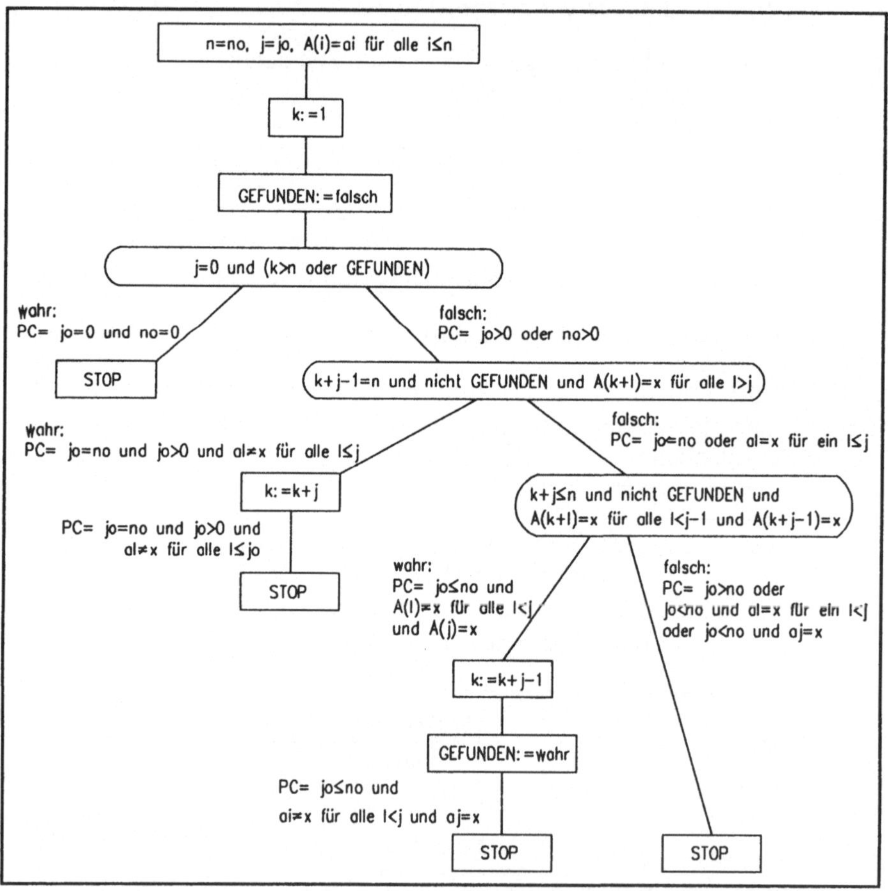

Bild B-7: Ausführungsbaum für das substituierte schleifenfreie Programm

Pfad	Aktionen	Ergebnis
1	Die Schleife wird korrekterweise nicht durchlaufen, da n=0 ist.	¬Gefunden
2	Die Schleife wird n-mal durchlaufen, ohne daß das gesuchte Element x erkannt wird.	¬Gefunden
3	Die Schleife wird höchstens n-mal durchlaufen, beim letzten Durchlauf wird x erkannt.	Gefunden
4	Die Schleife wird mehr als n-mal durchlaufen oder sie bricht beim Erkennen von x nicht ab, bzw. bricht ab, obwohl die Schleifenbedingung noch erfüllt ist. D. h. dieser Pfad kann nicht erreicht werden, das Ergebnis ist irrelevant.	¬Gefunden

Bild B-8: Betrachtung der ermittelten Pfade

B.4 Beweisverfahren mit axiomatischen Ansätzen

B.4.1 Allgemeine Einführung in Beweisverfahren mit axiomatischen Ansätzen

Grundsätzlich sind bei Programmkorrektheitsbeweisen mit axiomatischen Ansätzen die folgenden Schritte durchzuführen:

-   Prüfung, ob der Programmkorrektheitsbeweis für das betrachtete Programm überhaupt praktisch anwendbar ist (solange es keine geeigneten Werkzeuge gibt, kann der Programmkorrektheitsbeweis nicht auf sehr umfangreiche oder komplexe Programme angewendet werden), ggf., ob Schleifeninvarianten, Vor- und Nachbedingungen für Unterprogramme oder Zusicherungen vorhanden sind
-   Analyse der Aufgabenstellung und der möglichen Lösungswege, Festlegung der Vorbedingung I (der Eingangswerte) und der Nachbedingung Q (der Ergebnisse), möglichst für alle möglichen bzw. sinnvollen Lösungswege (Eigentlich sollten Vor- und Nachbedingung nur von der Aufgabenstellung und nicht vom Lösungsweg abhängig sein. Die Erfahrung hat jedoch gezeigt, daß z. B. abhängig vom Detaillierungsgrad der Aufgabenstellung oder von den anwendbaren Lösungsalgorithmen den Variablen unterschiedlich große Bedeutung zukommen kann. So kann die Berücksichtigung der verschiedenen Lösungswege für den Beweis von Bedeutung sein.)

- Untersuchung des im zu verifizierenden Programm gewählten Lösungsweges und Auswahl der entsprechenden Vor- und Nachbedingungen I und Q
- Je nach anzuwendendem Verfahren Festlegung von Zwischenergebnissen bzw. Zusicherungen, sofern diese nicht bereits vom Programmierer als Kommentare ins Programm eingefügt wurden
- Anwendung einer Beweismethode auf das zu prüfende Programm

Mit der Anwendung des Beweisverfahrens soll nachgewiesen werden, daß das Programm für jede Eingabe aus dem Definitionsbereich I der Funktion, deren Implementierung es sein soll, die korrekte Ausgabe erzeugt, die der Nachbedingung Q genügt (vergl. Bild 5-8 auf Seite 149).

Vor- und Nachbedingung werden aus der Aufgabenstellung abgeleitet. Dazu ist es unbedingt erforderlich, daß diese in ausreichend formaler und detaillierter Form vorliegt. Hier wird deutlich, daß die Anwendung von Beweisverfahren bereits bei der Aufstellung der Anforderungsspezifikation unterstützt werden sollte.

Da die Komplexität des Beweises abhängig von der Komplexität des Programms ist und die Anwendung von Programmkorrektheitsbeweisen auf komplexe Programme kaum möglich ist, ist auch strenge Disziplin bei der Programmierung erforderlich, wenn der Programmkorrektheitsbeweis angewandt werden soll. Auf diese Art sollte der Beweis für die einzelnen Programmbausteine möglich sein.

B.4.2 Einführung in die Methode der schwächsten Vorbedingung

Bei der Methode der schwächsten Vorbedingung wird, ausgehend von der Nachbedingung Q, das Programm P 'rückwärts' abgearbeitet. Auf diese Weise wird die schwächste Vorbedingung bestimmt, d. h. die gesamte Eingabemenge, die durch das Programm zu Ausgabewerten führt, die der Nachbedingung Q genügen. Diese schwächste Vorbedingung wird mit WP(P,Q) ('weakest precondition') bezeichnet.

Impliziert die Vorbedingung I diese schwächste Vorbedingung, so ist das Programm korrekt.

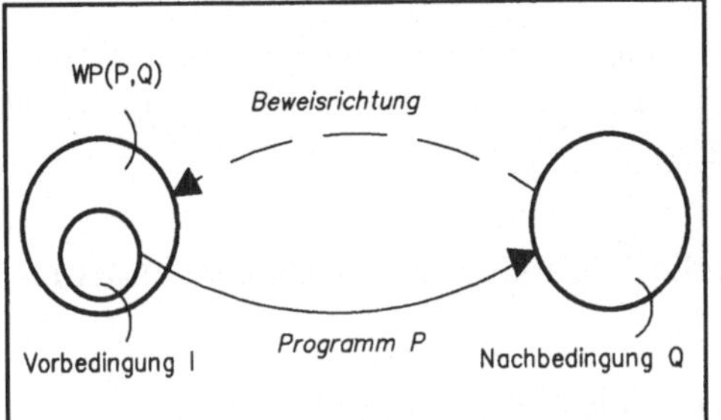

Bild B-9: Methode der schwächsten Vorbedingung, korrektes Programm, $I \Rightarrow WP(P,Q)$

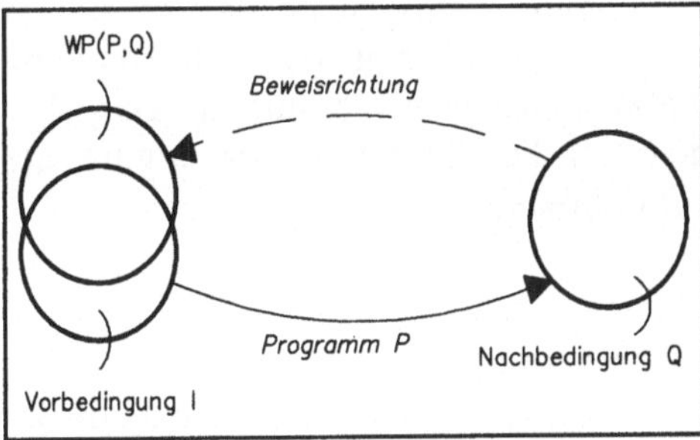

Bild B-10: Methode der schwächsten Vorbedingung, fehlerhaftes Programm

Zum Beweis der partiellen Korrektheit von Programmen mit Schleifen muß die Schleifeninvariante A_S^j bestimmt werden, d. h. die Bedingung für den Abbruch der Schleife S nach j-maligem Durchlauf. Es kann schwierig sein, diese Schleifeninvariante für den Beweis aus dem Programm abzuleiten. In vielen Fällen kann das bei der symbolischen Ausführung beschriebene Verfahren zur Bestimmung der Schleifeninvarianten verwendet werden.

Allerdings sollte diese Schleifeninvariante vom Programmierer bereits vor der Programmierung festgelegt worden sein, denn er sollte genau wissen, was er mit dieser Schleife bewirken will. Wenn er die Schleifeninvariante als Kommentar in das Programm schreibt, so bleibt dem Prüfer nur noch der relativ einfache Nachweis der Korrektheit dieser Schleifeninvarianten (Allerdings ist anzumerken, daß die angegebene Schleifeninvariante nicht nur fehlerhaft, sondern auch zu schwach oder zu stark und damit ungeeignet für den Beweis sein kann.). Damit kann der später durchzuführende Beweis bereits bei der Programmierung vorbereitet werden.

Für die totale Korrektheit muß außerdem nachgewiesen werden, daß es ein j_{max} gibt, so daß die Schleife höchstens j_{max}-mal durchlaufen werden kann.

B.4.3 Einführung in die Methode der stärksten Nachbedingung

Bei der Methode der stärksten Nachbedingung handelt es sich um eine Umkehrung der Methode der schwächsten Vorbedingung. Dabei wird von der Vorbedingung I ausgehend das Programm Schritt für Schritt abgearbeitet und so die stärkste Nachbedingung SVC(P,I) (strongest verifiable consequent) bestimmt. Das Programm ist partiell korrekt, wenn die stärkste Nachbedingung die erwartete Nachbedingung Q impliziert.

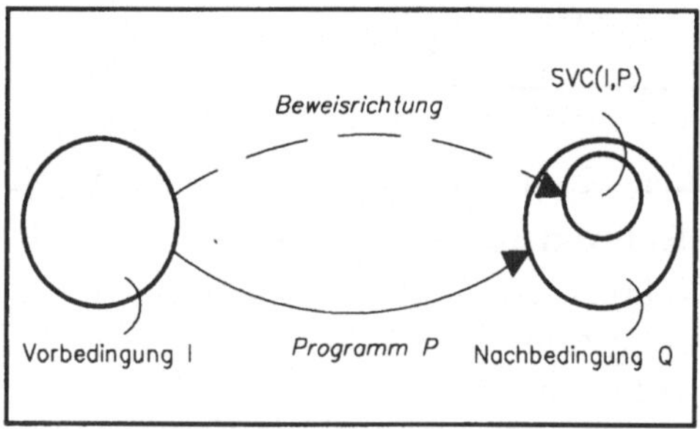

Bild B-11: Methode der stärksten Nachbedingung, korrektes Programm, SVC(I,P)$\Rightarrow$Q

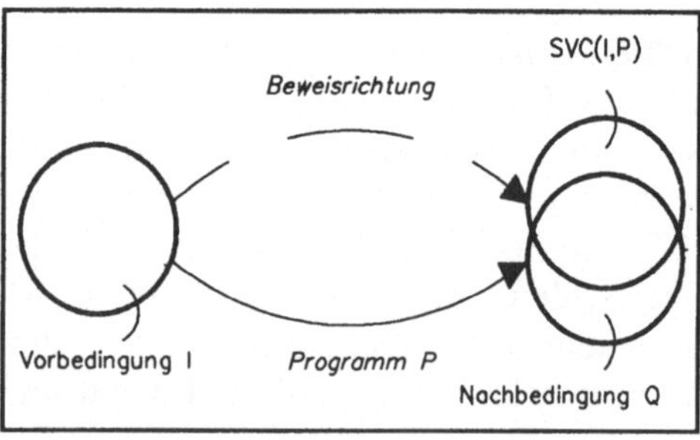

Bild B-12: Methode der stärksten Nachbedingung, fehlerhaftes Programm

B.4.4 Einführung in die Methode der induktiven Zusicherungen

Zur Anwendung der Methode der induktiven Zusicherungen sollte bereits im Programmcode zwischen je zwei Anweisungen S_i und S_j eine Annahme $A_{i,j}$ über den Zustand der Variablen zu diesem Zeitpunkt des Ablaufes eingefügt werden. Beim Beweis wird dann für jede Anweisung S_i mit Hilfe der Methode der stärksten Nachbedingung geprüft, ob ihre Vorbedingung $A_{x,i}$ durch diese Anweisung in die Nachbedingung $A_{i,y}$ überführt wird. Die spätere Anwendung des Beweisverfahrens wird also bereits bei der Programmierung vorbereitet.

Die Methode der stärksten Nachbedingung wird bei der Methode der induktiven Zusicherungen nun eingesetzt, um die Korrektheit der einzelnen Programmschritte zu beweisen. Zunächst wird ein Schema für diese Methode angegeben. Dabei wird das ansonsten nicht mehr benutzte Flußdiagramm verwendet, da auf diese Weise die Annahmen besonders gut darstellbar sind.

Anders als bei diesem Beispiel muß bei Programmen mit Schleifen zusätzlich der Beweis der totalen Korrektheit erbracht werden.

Dazu wird eine Funktion W bestimmt, die die folgenden Anforderungen erfüllt:

- Der Wertebereich von W sind die natürlichen Zahlen.
- W nimmt mit jedem Durchlauf des Schleifenkörpers ab.

Für diese Funktion W werden ebenfalls Zusicherungen bezüglich der Größenveränderung formuliert und bewiesen. Kann eine solche Funktion gefunden werden, so ist das Programm total korrekt.

Die Erkennung einer geeigneten Schleifeninvarianten (sofern diese nicht zusammen mit den Zusicherungen im Programm vermerkt wurde) und einer geeigneten Funktion W ist u. U. schwierig und nicht automatisierbar. Als Hilfsmittel kann im ersten Fall wiederum das bei Beschreibung der symbolischen Ausführung dargestellte Verfahren zur Bestimmung von Schleifeninvarianten eingesetzt werden. Bei entsprechender Unterstützung durch die Programmierung ist eine (evtl. manuelle) Anwendung der Methode der induktiven Zusicherungen durchaus möglich.

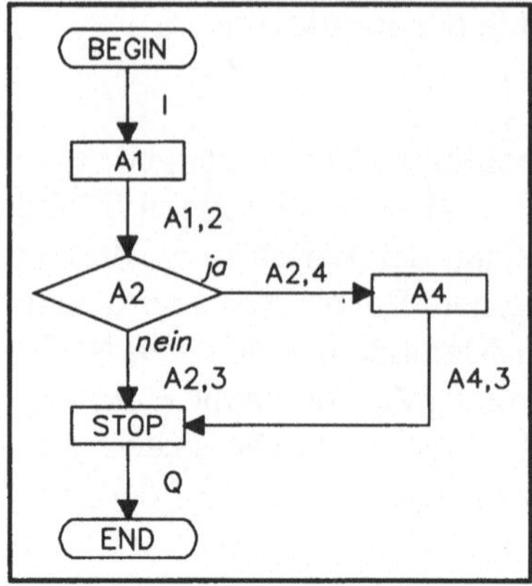

Bild B-13: Schema der Methode der induktiven Zusicherungen

Bei diesem Verfahren ist es jedoch nicht möglich nachzuweisen, daß ein Programm nicht partiell oder total korrekt ist. Kann der Korrektheitsbeweis nicht erbracht werden, so deutet dies entweder auf einen Fehler im Programm oder auf fehlerhafte oder zu schwache Zusicherungen hin.

Auch die Methode der induktiven Zusicherungen kann also nur bedingt automatisch angewandt werden. Manuell kann das Verfahren angewandt werden, wenn bereits bei der Programmierung auf einfache Programmstrukturen geachtet wurde und wenn die Schleifeninvarianten zusammen mit den Zusicherungen bereits vom Programmierer als Kommentare im Code festgehalten wurden.

B.4.5 Einführung in die axiomatische Methode von Hoare

Auch bei der axiomatischen Methode wird die Anwendung des Beweisverfahrens bereits während der Programmierung vorbereitet. An wichtigen Stellen des Programms, etwa wenn bestimmte Teilaufgaben abgeschlossen sind, werden vom Programmierer Zusicherungen eingefügt. Das Programm wird durch diese Zusicherungen in mehrere Teile aufgespalten. Dann wird für diese Programmteile einzeln die Korrektheit nachgewiesen (mit der Methode der schwächsten Vorbedingung oder der der stärksten Nachbedingung). Bei dieser Methode werden die Zusicherungen sozusagen als Axiome aufgefaßt, die aufeinander aufbauend bewiesen werden.

Die Korrektheitsbeweise für die Teilprogramme sind im allgemeinen einfacher als ein Korrektheitsbeweis für das gesamte Programm, d. h. die axiomatische Methode ist einfacher anwendbar als die Methode der schwächsten Vorbedingung. Da es aber nicht

206

notwendig ist, zwischen allen Anweisungen jeweils Zusicherungen einzufügen, ist sie auch einfacher vorzubereiten als die Methode der induktiven Zusicherungen.

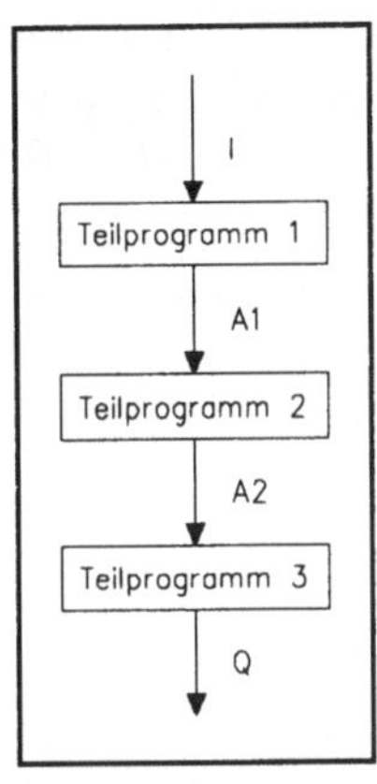

Bild B-14: Schema der axiomatischen Methode

Zu zeigen ist:

I {Teilprogramm 1} A1[20]
A1 {Teilprogramm 2} A2
A2 {Teilprogramm 3} Q

1. Möglichkeit:

$(I \Rightarrow WP(Teilprogramm1,A1))$
$\wedge (A1 \Rightarrow WP(Teilprogramm2,A2))$
$\wedge (A2 \Rightarrow WP(Teilprogramm3,Q))$

2. Möglichkeit:

$(SVC(Teilprogramm1,I) \Rightarrow A1)$
$\wedge (SVC(Teilprogramm2,A1) \Rightarrow A2)$
$\wedge (SVC(Teilprogramm3,A2) \Rightarrow Q)$

Der Beweis verläuft in diesem Fall nach dem in Bild B-15 gezeigten Schema.

Bei Programmen mit Schleifen sollen auch Schleifeninvarianten als Zusicherungen verwendet werden. Wenn sie vom Programmierer nicht im Code vermerkt worden sind, kann zu ihrer Bestimmung in vielen Fällen wiederum das bei der symbolischen Ausführung beschriebene Verfahren eingesetzt werden.

Zu zeigen ist:

I {Teilprogramm 1} A1
(A1 $\wedge$ Bedingung){Teilprogramm 2} A1
(A1 $\wedge \neg$ Bedingung $\Rightarrow$ A2)
A2{Teilprogramm 3}Q

---

[20] A{S}B steht für die Aussage: "Wenn die Bedingung A wahr ist, und die Befehlsfolge S angewandt wird, so ist anschließend die Bedingung B wahr."

Auch bei diesem Verfahren kann ein Scheitern des Beweises wieder entweder auf einen Fehler im Programm oder auf fehlerhafte oder zu schwache Zusicherungen hinweisen.

Zum Nachweis der totalen Korrektheit wird auch hier eine Funktion auf den natürlichen Zahlen bestimmt, die während des Programmdurchlaufes abnimmt, aber nicht negativ wird. Diese Funktion wird mit SV (Schleifenvariante) bezeichnet.

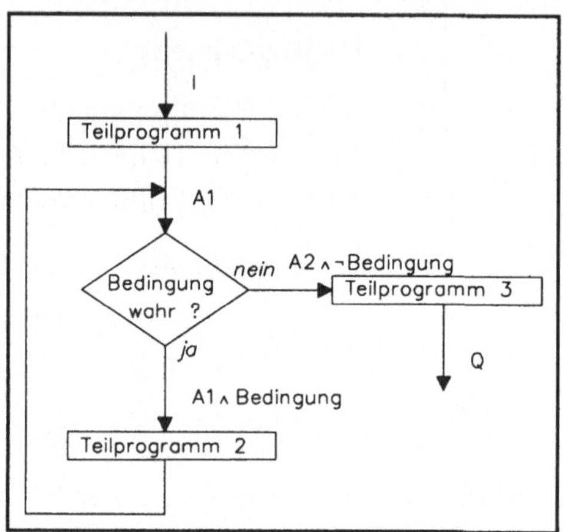

Bild B-15: Schema der axiomatischen Methode bei Programmen mit Schleifen, A1 ist hier die Schleifeninvariante

B.4.6 Beispiel für den Beweis mit der Methode der induktiven Zusicherungen

Die folgenden Regeln werden bei der Methode der stärksten Nachbedingung verwendet:

Zuweisungsregel: $\quad \text{SVC}("x:=E",I) \Leftrightarrow (\exists x_0: x=E_{x_0}x \wedge I_{x_0}x)$

Verzweigungsregel: $\qquad$ Entweder

$\quad \text{SVC1}('\text{IF Bedingung THEN S1 ELSE S2'},I) \Leftrightarrow I \wedge \text{Bedingung}$

$\qquad\qquad\qquad\qquad\qquad$ oder

$\quad \text{SVC2}('\text{IF Bedingung THEN S1 ELSE S2'},I) \Leftrightarrow I \wedge \neg \text{Bedingung}$

Endregel: $\qquad\qquad \text{SVC}(\text{Programmende},I) \Leftrightarrow I$

208

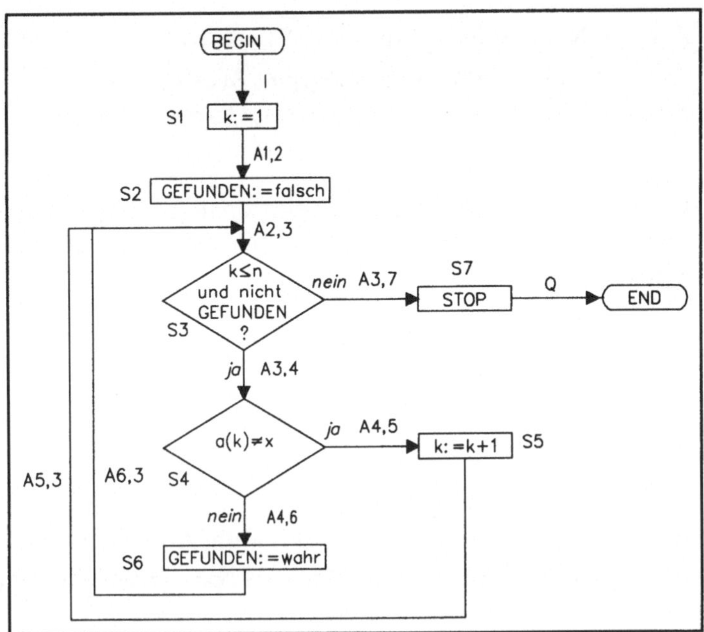

Bild B-16: Darstellung der Methode der induktiven Zusicherungen

Der Übersichtlichkeit wegen werden die Zusicherungen hier ausserhalb der Abbildung notiert.

Zusicherungen:

I: $\quad$ n,x $\in N \wedge (\forall i: i \in N_1, i \le n: A(i) \in N)$

$A_{1,2}$: $\quad$ n,x $\in N \wedge (\forall i: i \in N_1, i \le n: A(i) \in N) \wedge k=1$

$A_{2,3}$: $\quad$ n,x $\in N \wedge (\forall i: i \in N_1, i \le n: A(i) \in N) \wedge k=1 \wedge \neg$Gefunden

$A_{3,4}$: $\quad$ n,x $\in N \wedge (\forall i: i \in N_1, i \le n: A(i) \in N) \wedge k \le n \wedge \neg$Gefunden
$\qquad \wedge (\forall j: j \in N_1, j < k: A(j) \ne x)$

$A_{3,7}$: $\quad$ n,x $\in N \wedge (\forall i: i \in N_1, i \le n: A(i) \in N) \wedge (\forall j: j \in N_1, j < k: A(j) \ne x)$
$\qquad \wedge ((k > n \wedge \neg$Gefunden$) \vee (k \le n \wedge A(k)=x \wedge$ Gefunden$))$

$A_{4,5}$: $\quad$ n,x $\in N \wedge (\forall i: i \in N_1, i \le n: A(i) \in N) \wedge k \le n \wedge \neg$Gefunden
$\qquad \wedge (\forall j: j \in N_1, j \le k: A(j) \ne x)$

$A_{4,6}$: $\quad$ n,x $\in N \wedge (\forall i: i \in N_1, i \le n: A(i) \in N) \wedge k \le n \wedge \neg$Gefunden
$\qquad \wedge (\forall j: j \in N_1, j < k: A(j) \ne x) \wedge A(k)=x$

$A_{5,3}$: $n,x \in N \wedge (\forall i\colon i \in N_1, i \leq n\colon A(i) \in N) \wedge k \leq n+1$
$\qquad \wedge \neg\text{Gefunden} \wedge (\forall j\colon j \in N_1, j < k\colon A(j) \neq x)$

$A_{6,3}$: $n,x \in N \wedge (\forall i\colon i \in N_1, i \leq n\colon A(i) \in N) \wedge k \leq n \wedge \text{Gefunden}$
$\qquad \wedge (\forall j\colon j \in N_1, j < k\colon A(j) \neq x) \wedge A(k) = x$

Jetzt ist für jede Anweisung nachzuweisen, daß die vorhergehende Zusicherung durch die jeweilige Anweisung in die nachfolgende Zusicherung überführt wird.

V_1: $\qquad [(\exists k_0\colon k{=}1 \wedge I_{k_0}k) \Rightarrow A_{1,2}]$

$\qquad \Leftrightarrow [(\exists k_0\colon k{=}1 \wedge n,x \in N \wedge (\forall i\colon i \in N_1, i \leq n\colon A(i) \in N))$
$\qquad\qquad\qquad \Rightarrow n,x \in N \wedge (\forall i\colon i \in N_1, i \leq n\colon A(i) \in N) \wedge k{=}1]$

Diese Aussage gilt immer.

V_2: $\qquad [(\neg\text{Gefunden} \wedge A_{1,2}) \Rightarrow A_{2,3}]$

$\qquad \Leftrightarrow [(\neg\text{Gefunden} \wedge n,x \in N \wedge (\forall i\colon i \in N_1, i \leq n\colon A(i) \in N) \wedge k{=}1)$
$\qquad\qquad \Rightarrow (n,x \in N \wedge (\forall i\colon i \in N_1, i \leq n\colon A(i) \in N) \wedge k{=}1 \wedge \neg\text{Gefunden})]$

ist immer wahr.

V_3: $\qquad [(A_{2,3} \vee A_{5,3} \vee A_{6,3}) \wedge k \leq n \wedge \neg\text{Gefunden} \Rightarrow A_{3,4}]$
$\qquad \wedge [(A_{2,3} \vee A_{5,3} \vee A_{6,3}) \wedge (k > n \vee \text{Gefunden}) \Rightarrow A_{3,7}]$

V_{3a}: $\qquad k \leq n \wedge \neg\text{Gefunden} \wedge [n,x \in N \wedge (\forall i\colon i \in N_1, i \leq n\colon A(i) \in N)]$
$\qquad \wedge [(k{=}1 \wedge \neg\text{Gefunden})$
$\qquad\quad \vee (k \leq n+1 \wedge \neg\text{Gefunden} \wedge (\forall j\colon j \in N_1, j < k\colon A(j) \neq x))$
$\qquad\quad \vee (k \leq n \wedge \text{Gefunden} \wedge (\forall j\colon j \in N_1, j < k\colon A(j) \neq x) \wedge A(k) = x)]$
$\qquad \Rightarrow n,x \in N \wedge (\forall i\colon i \in N_1, i \leq n\colon A(i) \in N) \wedge k \leq n \wedge \neg\text{Gefunden}$
$\qquad\qquad \wedge (\forall j\colon j \in N_1, j < k\colon A(j) \neq x)$

Auch diese Aussage ist wahr.

V_{3b}: $\qquad [k > n \vee \text{Gefunden}] \wedge [n,x \in N \wedge (\forall i\colon i \in N_1, i \leq n\colon A(i) \in N)]$
$\qquad \wedge [(k{=}1 \wedge \neg\text{Gefunden})$
$\qquad\quad \vee (k \leq n+1 \wedge \neg\text{Gefunden} \wedge (\forall j\colon j \in N_1, j < k\colon A(j) \neq x))$
$\qquad\quad \vee (k \leq n \wedge \text{Gefunden} \wedge (\forall j\colon j \in N_1, j < k\colon A(j) \neq x) \wedge A(k) = x)]$
$\qquad \Rightarrow n,x \in N \wedge (\forall i\colon i \in N_1, i \leq n\colon A(i) \in N)$
$\qquad\qquad \wedge (k > n \wedge \neg\text{Gefunden} \vee k \leq n \wedge A(k) = x \wedge \text{Gefunden})$
$\qquad\qquad \wedge (\forall j\colon j \in N_1, j < k\colon A(j) \neq x)$

Diese Aussage ist wahr.

V_4: $[A_{3,4} \wedge A(k){\neq}x \Rightarrow A_{4,5}] \wedge [A_{3,4} \wedge A(k){=}x \Rightarrow A_{4,6}]$

V_{4a}: $n,x \in N \wedge (\forall i: i \in N_1, i{\leq}n: A(i) \in N) \wedge k{\leq}n \wedge \neg\text{Gefunden}$
$\qquad \wedge (\forall j: j \in N_1, j{<}k: A(j){\neq}x) \wedge A(k){\neq}x$

$\quad \Rightarrow n,x \in N \wedge (\forall i: i \in N_1, i{\leq}n: A(i) \in N) \wedge k{\leq}n \wedge \neg\text{Gefunden}$
$\qquad \wedge (\forall j: j \in N_1, j{\leq}k: A(j){\neq}x)$
$\quad$ ist wahr.

V_{4b}: $n,x \in N \wedge (\forall i: i \in N_1, i{\leq}n: A(i) \in N) \wedge k{\leq}n \wedge \neg\text{Gefunden}$
$\qquad \wedge (\forall j: j \in N_1, j{<}k: A(j){\neq}x) \wedge A(k){=}x$
$\quad$ ist ebenfalls eine wahre Aussage.

V_5: $(\exists k_0: k{=}k_0{+}1 \wedge n,x \in N \wedge (\forall i: i \in N_1, i{\leq}n: A(i) \in N) \wedge k_0 \leq n$
$\qquad \wedge \neg\text{Gefunden} \wedge (\forall j: j \in N_1, j \leq k_0; A(j) \neq x))$

$\quad \Rightarrow n,x \in N \wedge (\forall i: i \in N_1, i \leq n: A(i) \in N) \wedge k \leq n{+}1$
$\qquad \wedge \neg\text{Gefunden} \wedge (\forall j: j \in N_1, j < k: A(j) \neq x)$
$\quad$ Diese Aussage gilt für alle k_0

V_6: $(\text{Gefunden} \wedge n,x \in N \wedge (\forall i: i \in N_1, i{\leq}n: A(i) \in N) \wedge k{\leq}n \wedge \neg f_0$
$\qquad \wedge (\forall j: j \in N_1, j{<}k: A(j){\neq}x) \wedge A(k){=}x)$

$\quad \Rightarrow n,x \in N \wedge (\forall i: i \in N_1, i{\leq}n: A(i) \in N) \wedge k{\leq}n \wedge \text{Gefunden}$
$\qquad \wedge (\forall j: j \in N_1, j{<}k: A(j){\neq}x) \wedge A(k){=}x$
$\quad$ wahre Aussage für alle f_0.

V_7: $n,x \in N \wedge (\forall i: i \in N_1, i{\leq}n: A(i) \in N) \wedge (k{>}n \wedge \neg\text{Gefunden}$
$\qquad \vee k{\leq}n \wedge A(k){=}x \wedge \text{Gefunden}) \wedge (\forall j: j \in N_1, j{<}k: A(j){\neq}x)$

$\quad \Rightarrow [\text{Gefunden} \wedge (\forall i: i \in N_1, i{\leq}n: A(i){=}x)]$
$\qquad \vee [(\forall i: i \in N_1, i{\leq}n: A(i){\neq}x) \wedge \neg\text{Gefunden}]$
$\quad$ Auch diese Aussage ist wahr.

Damit ist das Programm partiell korrekt bezüglich I und Q.

Nun ist noch die totale Korrektheit zu beweisen. Dazu wird eine Funktion in den natürlichen Zahlen benötigt, deren Wert bei jedem Programmschritt geringer wird.

Geeignet erscheint eine Funktion, die bei jedem Schritt um 1 abnimmt.

In der Schleife gibt es 4 Aktionen (2 Anweisungen + 2 Abfragen). Diese Schleife sollte höchstens n-mal durchlaufen werden, also sollte der Startwert der Funktion bei Eintritt in die Schleife mindestens 4*n betragen. Vor der Schleife finden 2 weitere Aktionen statt, eine Aktion (STOP) findet im Anschluß an die Schleife statt, also sollte der Startwert am Anfang des Programms mindestens 4*n+3 betragen.

Des weiteren ist zu bedenken, daß der Schleifenausgang auf zwei verschiedenen Pfaden erreicht werden kann:

- Wenn das gesuchte Element x nicht gefunden wurde, so wurde im letzten Schleifendurchlauf k nochmals erhöht, d. h. die Schleife wurde (k-1)-mal durchlaufen, und es gilt k=n+1.
- Wenn das gesuchte Element x gefunden wurde, so wurde k nicht mehr erhöht, die Schleife wurde also k-mal durchlaufen und k≤n.

Am Schleifenausgang könnte der Funktionswert entweder nach unterschiedlichen Formeln berechnet werden, wobei je nachdem, ob Gefunden den Wert wahr oder falsch hat, entweder k oder k-1 in der Berechnungsformel auftritt, oder aber es wird nur eine Berechnungsformel verwendet. Im zweiten Fall nimmt der Funktionswert bei Verlassen der Schleife auf dem ersten Pfad nicht um 1, sondern um 4 ab. Damit muß der Startwert entsprechend hoch gewählt werden, also wird 4*n+6 gewählt.

Als Variablen können in der gesuchten Funktion n und k, die in der Schleifenbedingung auftreten, verwendet werden. So ergibt sich z. B. die im folgenden Bild dargestellte Funktion.

Durch den Nachweis dieser Funktion wird nun die totale Korrektheit bewiesen, d. h. die Teile der Funktion werden als Zusicherungen aufgefaßt. Dabei ist der Nachweis nicht unbedingt nur mit den Zusicherungen aus der Funktion zu führen. Wenn nötig, können auch weitere Zusicherungen aus dem Beweis der partiellen Korrektheit dazugenommen werden. Grundsätzlich ist es auch möglich, beide Teilbeweise gleichzeitig zu führen. Hier wurden sie aus Gründen der Übersichtlichkeit getrennt.

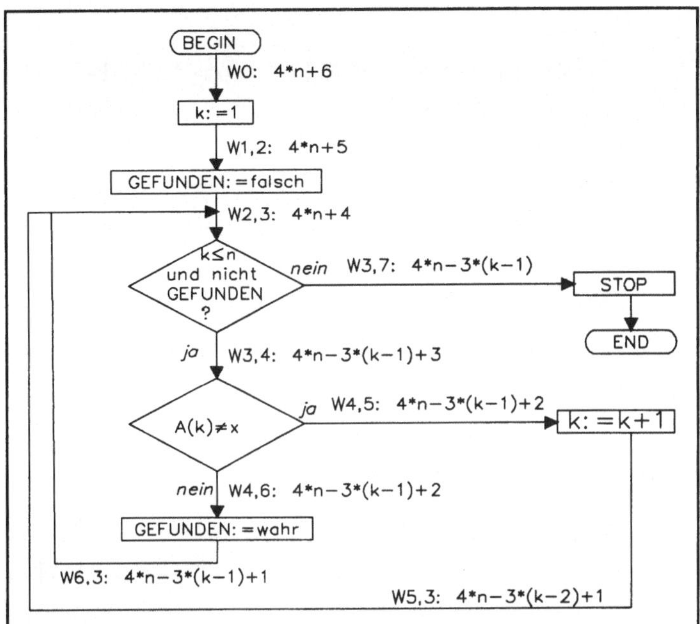

Bild B-17: Die Funktion zum Nachweis der vollständigen Korrektheit

Zuerst soll eine Tatsache gezeigt werden, die dann in mehreren Beweisschritten verwendet wird:

(*) $4n-3(k-1)+i<0$ (für $i\in\{0,1,2,3\}$)

    $\Leftrightarrow$ $4n<3(k-1)-i$

    $\Rightarrow$ $4n<3(k-1)$

    $\Rightarrow$ $4n<3k$

    $\Rightarrow$ $n<3k/4$

Da n und k natürliche Zahlen sind, folgt daraus $n\leq k-1$.

Damit können die Teilbeweise geführt werden:

C_1: $n,k\in N \wedge k=1 \wedge \alpha=4*n+6 \Rightarrow \alpha>4*n+5 \wedge 4*n+5\geq 0$
in jedem Fall erfüllt

C_2: $n,k\in N \wedge \neg Gefunden \wedge \alpha=4*n+5 \Rightarrow \alpha>4*n+4 \wedge 4*n+4\geq 0$
immer erfüllt

C_3: $\{n,k \in N$

$\wedge\ [\alpha{=}4{*}n{+}4\ \vee\ \alpha{=}4{*}n{-}3{*}(k{-}1){+}1\ \vee\ \alpha{=}4{*}n{-}3{*}(k{-}2){+}1]$

$\wedge\ k{\leq}n\ \wedge\ \neg Gefunden$

$\Rightarrow\ \alpha{>}4{*}n{-}3{*}(k{-}1){+}3\ \wedge\ 4{*}n{-}3{*}(k{-}1){+}3{\geq}0\}$

$\wedge\quad \{n,k \in N$

$\wedge\ [\alpha{=}4{*}n{+}4\ \wedge\ \alpha{=}4{*}n{-}3{*}(k{-}1){+}1\ \vee\ \alpha{=}4{*}n{-}3{*}(k{-}2){+}1]$

$\wedge\ [k{>}n\ \vee\ Gefunden]$

$\Rightarrow\ \alpha{>}4{*}n{-}3{*}(k{-}1)\ \wedge\ 4{*}n{-}3{*}(k{-}1){\geq}0\}$

Hier sind im zweiten Fall die Zusicherungen nicht stark genug, um die Behauptung zu beweisen.

Darum müssen zusätzliche Zusicherungen aus dem Beweis der partiellen Korrektheit übernommen werden:

C_{3a}: $n,k \in N\ \wedge\ \{[\neg Gefunden\ \wedge\ k{\leq}n{+}1\ \wedge\ \alpha{=}4{*}n{-}3{*}(k{-}2){+}1]$

$\vee\ [Gefunden\ \wedge\ k{\leq}n\ \wedge\ \alpha{=}4{*}n{-}3{*}(k{-}1){+}1]$

$\vee\ [\alpha{=}4{*}n{+}4\ \wedge\ k{=}1\ \wedge\ k{\leq}n\ \wedge\ \neg Gefunden]\}$

$\Leftrightarrow\ n,k \in N\ \wedge\ \{[\alpha{=}4{*}n{-}3{*}(k{-}2){+}1\ \vee\ \alpha{=}4{*}n{+}4]\ \wedge\ k\leq n$

$\wedge\ \neg Gefunden$

$\Rightarrow\ \alpha{>}4{*}n{-}3{*}(k{-}1){+}3\ \wedge\ 4{*}n{-}3{*}(k{-}1){+}3{\geq}0\}$

Zusammen mit (*) ist diese Behauptung wahr.

C_{3b}: $n,k \in N\ \wedge\ \{[\neg Gefunden\ \wedge\ k{\leq}n{+}1\ \wedge\ \alpha{=}4{*}n{-}3{*}(k{-}2){+}1]$

$\vee\ [Gefunden\ \wedge\ k{\leq}n\ \wedge\ \alpha{=}4{*}n{-}3{*}(k{-}1){+}1]$

$\vee\ [\alpha{=}4{*}n{+}4\ \wedge\ k{=}1]\}\ \wedge\ [k{>}n\ \wedge\ Gefunden]\}$

$\Rightarrow\ n,k \in N\ \wedge\ \{[\alpha{=}4{*}n{-}3{*}(k{-}2){+}1\ \wedge\ \neg Gefunden\ \wedge\ k{=}n{+}1]$

$\vee\ [Gefunden\ \wedge\ k{\leq}n\ \wedge\ \alpha{=}4{*}n{-}3{+}(k{-}1){+}1]$

$\vee\ [\alpha{=}4{*}n{+}4\ \wedge\ k{=}1\ \wedge\ n{=}0\ \wedge\ Gefunden]\}$

Es gilt in allen Fällen $\alpha{>}4{*}n{-}3{*}(k{-}1)$. Bei den ersten beiden Alternativen gilt nach Zusicherung $k{\leq}n$ bzw. $k{\leq}n{+}1$, d. h. zusammen mit (*) ist auch der Funktionswert ≤ 0. Bei der letzten Alternative kann der Funktionswert explizit berechnet werden, er beträgt 0.

C_4: $[n,k \in N \wedge \alpha=4*n-3*(k-1)+3 \wedge A(k) \neq x$
          $\Rightarrow \quad \alpha>4*n-3*(k-1)+2 \wedge 4*n-3*(k-1)+2 \geq 0]$
     $\wedge \; [n,k \in N \wedge \alpha=4*n-3*(k-1)+3 \wedge A(k)=x$
          $\Rightarrow \quad \alpha>4*n-3*(k-1)+2 \wedge 4*n-3*(k-1)+2 \geq 0]$

ist immer wahr.

C_5: $n,k \in N \wedge (\exists k_0: k=k_0+1) \wedge (\exists \alpha: \alpha=4*n-3*(k_0-1)+2)$
          $\Rightarrow \quad \alpha>4*n-3*(k-2)+1 \wedge 4*n-3*(k-2)+1 \geq 0$

C_6: $n,k \in N \wedge$ Gefunden $\wedge (\exists \alpha: \alpha=4*n-3*(k_0-1)+2)$
          $\Rightarrow \quad \alpha>4*n-3*(k-1)+1 \wedge 4*n-3*(k-1)+1 \geq 0$

Alle diese Aussagen sind wahr. Damit ist das betrachtete Programm total korrekt bezüglich I und Q.

B.5   Eine vereinfachte, praxisorientierte Kombination der theoretischen Ansätze[21]

B.5.1   Theoretische Grundlage

B.5.1.1   Allgemeine Darstellung

In diesem Abschnitt werden die für die Praxis wichtigsten Teile der bisher dargestellten theoretischen Grundlagen wiederholt. Da hier die Vorbereitung auf die praktische Anwendung, nicht die Theorie selbst und ihre Herkunft, im Vordergrund stehen soll, wurde eine andere Darstellungsform und Gliederung für diesen Stoff gewählt.

Die in diesem Abschnitt vorgestellte Grundlage für die Korrektheitsbeweisführung reicht für viele Korrektheitsbeweise aus, die in der Praxis aufgestellt werden müssen. Nach der Einführung folgt ein Beispiel für die Anwendung dieser Sammlung von Beweisregeln.

---

[21] Teile dieses Abschnitts sind Auszüge aus /Bab90/

B.5.1.2 Definitionen

Eine *Bedingung* ist ein algebraischer Ausdruck, meist über die Werte von Programmvariablen, mit Werten in der Menge {falsch, wahr}. Man spricht auch von *logischen* und *Booleschen* Ausdrükken, *Zusicherungen* und *Aussagen*. Wenn aus der Wahrheit einer Bedingung V vor der Ausführung einer Anweisung S die Wahrheit einer Bedingung P danach folgt, dann sagt man, daß V eine *Vorbedingung* von der *Nachbedingung* P bezüglich S ist. Symbolisch schreibt man {V} S {P}. Die Anweisung S kann eine Zusammensetzung von mehreren einzelnen Anweisungen sein, z. B. ein ganzes Programm.

Anweisungen, Programmteile oder Programme *terminieren*, wenn sie in endlicher Zeit und ohne Laufzeitfehler zum Ende - d. h. mit einem definierten Ergebnis - ausgeführt werden.

Liefert die Ausführung einer Anweisung, eines Programmteils oder eines Programms ein richtiges Ergebnis - sofern sie überhaupt ein definiertes Ergebnis liefert (terminiert) - dann spricht man von *partieller* Korrektheit. Wenn zusätzlich gezeigt wird, daß die Ausführung des Programms terminiert, spricht man von *vollständiger* Korrektheit. Es ist zweckmäßig, zwischen diesen beiden Aspekten der Korrektheit klar zu unterscheiden, weil Korrektheitsbeweise dadurch vereinfacht werden. Ganz unterschiedliche Vorgehensweisen eignen sich für diese zwei Teile der Beweise (s. Seiten 223f.).

B.5.1.3 Beweisregeln

Im folgenden werden die wichtigsten allgemein gültigen Sätze, die man in der Praxis für die Korrektheitsbeweisführung braucht, in der Form von 'Beweisregeln' vorgestellt. Für jede Anweisung und Zusammensetzung von Anweisungen (Zuweisung, IF-Anweisung, Folge von Anweisungen und WHILE-Schleife) werden eine oder mehrere Beweisregeln angegeben und kurz erläutert. Zusätzliche Beweisregeln ermöglichen es, die algebraische Manipulation der in einem Beweis auftretenden logischen Ausdrücke zu vereinfachen.

Jede Beweisregel hat eine Beziehung zwischen einer Vorbedingung und einer Nachbedingung zum Gegenstand. Analogien aus den klassischen Ingenieurwissenschaften sind z. B. die Gesetze von Ohm, Faraday und Henry, die jeweils eine Beziehung zwischen Spannung und Stromstärke für eine bestimmte elektrische Komponente beschreiben.

Die erste hier vorgestellte Beweisregel dient der Vereinfachung der algebraischen Manipulation. Sie folgt aus der Definition von Vor- und Nachbedingungen oben und erleichtert es, einige der anderen Beweisregeln zu verstehen.

Beweisregel B1 (Stärkung einer Vorbedingung und Schwächung einer Nachbedingung):

Falls

$V \Rightarrow V1$ und
$\{V1\}\ S\ \{P1\}$ und
$P1 \Rightarrow P$

dann gilt

$\{V\}\ S\ \{P\}$

$$\{\ V\ \} \rightarrow \{\ V1\ \} \rightarrow \boxed{\ S\ } \rightarrow \{\ P1\ \} \rightarrow \{\ P\ \}$$

Bild B-18: Beweisregel B1[22]

Arbeitet man *rückwärts* durch ein Programm, darf man Bedingungen *stärken*. Man kann eine Bedingung dadurch stärken, daß man einen beliebigen Term durch **und**- Verknüpfung hinzufügt oder daß man einen vorhandenen **oder**-verknüpften Term wegläßt.

Arbeitet man *vorwärts* durch ein Programm, darf man Bedingungen *schwächen*. Man kann eine Bedingung dadurch schwächen,

---

22 Stärkung einer Vorbedingung, Schwächung einer Nachbedingung

daß man einen beliebigen Term durch **oder**-Verknüpfung hinzufügt oder daß man einen vorhandenen **und**-verknüpften Term
wegläßt.

Beweisregel Z1 (Zuweisung):

Um eine Vorbedingung einer gegebenen Nachbedingung P bezüglich einer gegebenen Zuweisung x:=A zu ermitteln, ersetzt
man (A) für x überall in P. Symbolisch: $\{P^x_A\}$ x:=A $\{P\}$

Dabei darf man nicht vergessen, den Ausdruck A in Klammern zu
setzen, wenn man ihn für x in P ersetzt. Dies ist manchmal überflüssig, aber nie falsch. Es ist manchmal falsch, dies nicht zu tun.

Der Wert von x nach Ausführung der Zuweisung x:=A ist gleich
dem Wert von A vorher. Der Wert von y bleibt unverändert (Annahme: Keine 'Nebenwirkung' der Zuweisung). (Die Variable y
steht hier stellvertretend für alle Programmvariablen außer x.) Der
Wert von P(x, y) nach Ausführung der Zuweisung ist also gleich
dem Wert von P(A, y) vorher. Deshalb folgt aus der Wahrheit von
P(A, y) vorher die Wahrheit von P(x, y) nachher. Nach der Definition ist P(A, y) eine Vorbedingung von P(x, y) bezüglich der
Zuweisung.

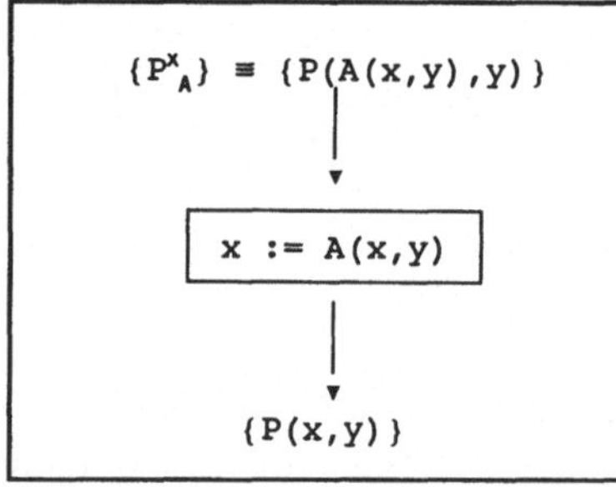

Bild B-19: Beweisregel Z1
(Zuweisung)

Beispiel: Um eine Vorbedingung
der Nachbedingung {10<y **und**
x<8} bezüglich der Zuweisung
x:=x-5 zu ermitteln, ersetzt man
(x-5) für x in die Nachbedingung.

Das Ergebnis ist {10<y **und** (x-
5)<8} oder, äquivalent, {10<y
und x<13}. Symbolisch: {10<y
und x<13} x:=x-5 {10<y **und**
x<8}

Gemäß der Beweisregel B1 ist jede stärkere Bedingung als die
Vorbedingung {10<y **und** x<13} auch eine Vorbedingung. Eine
stärkere Bedingungen ist z. B.:

$$\{10<y \text{ und } 0\leq x<13\}$$

Beweisregel IF1 (if-Anweisung):

Falls {V **und** B} S1 {P} und {V **und nicht** B} S2 {P} gilt:

   {V} **if** B **then** S1 **else** S2 **endif** {P}

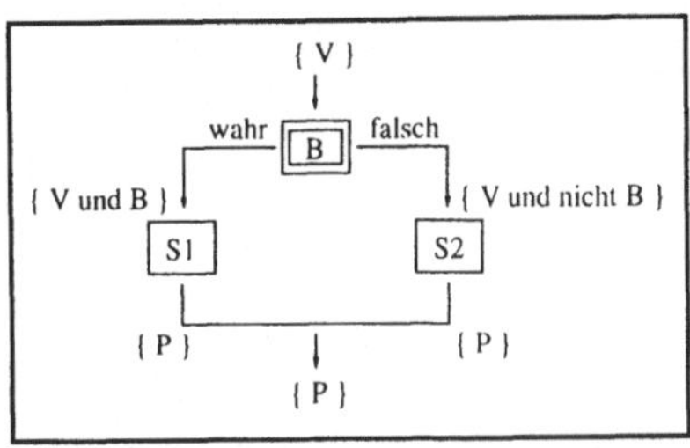

Bild B-20: Beweisregel IF1 (if-Anweisung)

Falls vor der Ausführung der if-Anweisung die Bedingung V wahr ist, dann werden vor der eventuellen Ausführung von S1 sowohl V als auch B wahr sein. Weil (V **und** B) eine Vorbedingung von P bezüglich S1 ist, wird nach der Ausführung von S1 die Nachbedingung P wahr sein. Entsprechend wird auch nach der eventuellen Ausführung von S2 die Nachbedingung P wahr sein. Die nachherige Wahrheit von P folgt in jedem Fall aus der vorherigen Wahrheit von V. Nach der Definition ist also V eine Vorbedingung von P bezüglich der gesamten if-Anweisung.

Beweisregel IF2 (if-Anweisung):

Falls {V1} S1 {P} und {V2} S2 {P} gilt:
   {(V1 **und** B) **oder** (V2 **und nicht** B)}
   if B **then** S1 **else** S2 **endif** {P}

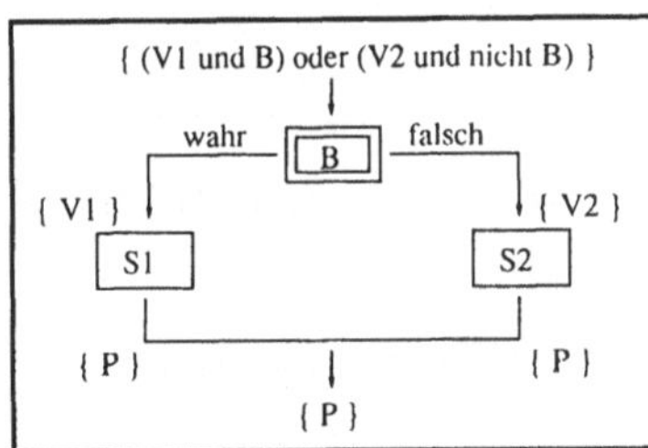

Bild B-21: Beweisregel IF2 (if-Anweisung)

Die Beweisregel IF2 ist im wesentlichen die Beweisregel IF1 mit V = [(V1 **und** B) **oder** (V2 **und nicht** B)]. Sie folgt aus den Beweisregeln IF1 und B1.

Mit Hilfe der Beweisregel IF2 kann man eine Vorbedingung einer gegebenen Nachbedingung P bezüglich einer gegebenen if-Anweisung ableiten.

Zuerst ermittelt man Vorbedingungen von P bezüglich S1 und S2. Dafür wendet man die für S1 und S2 geeigneten Beweisregeln an. Dann kombiniert man die dadurch gefundenen Vorbedingungen wie oben angegeben. Die Beweisregel IF1 ist vorzuziehen, wenn V bekannt ist, die Beweisregel IF2, wenn nicht.

Beweisregel F1 (Folge von Anweisungen):

Falls {V} S1 {P1} und {P1} S2 {P} ist, dann gilt:
{V} (S1; S2) {P}

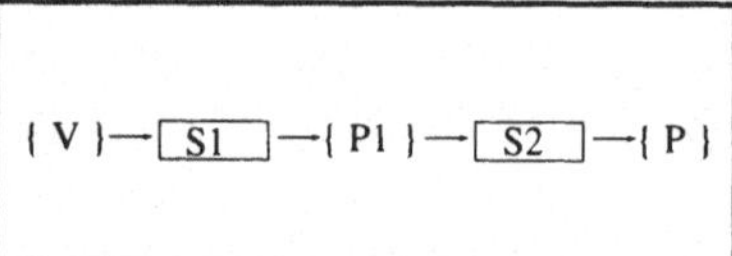

Bild B-22: Beweisregel F1
(Folge von Anweisungen)

Diese Beweisregel läßt sich auf offensichtliche Weise für eine beliebig lange Folge von Anweisungen verallgemeinern. Um eine Vorbedingung einer gegebenen Nachbedingung P bezüglich einer Folge von Anweisungen zu ermitteln, leitet man zuerst eine Vorbedingung von P bezüglich der letzten Anweisung der Folge ab. Diese Vorbedingung wird als Nachbedingung der zweitletzten Anweisung verwendet usw.. Auf diese Weise arbeitet man rückwärts durch die gesamte Folge, Anweisung für Anweisung. Die auf diese Weise gefundene Vorbedingung bezüglich der ersten Anweisung in der Folge ist gleichzeitig eine Vorbedingung von P bezüglich der gesamten Folge von Anweisungen.

Beweisregel W1 (while-Schleife):

Falls {I **und** B} S {I} ist, dann gilt:

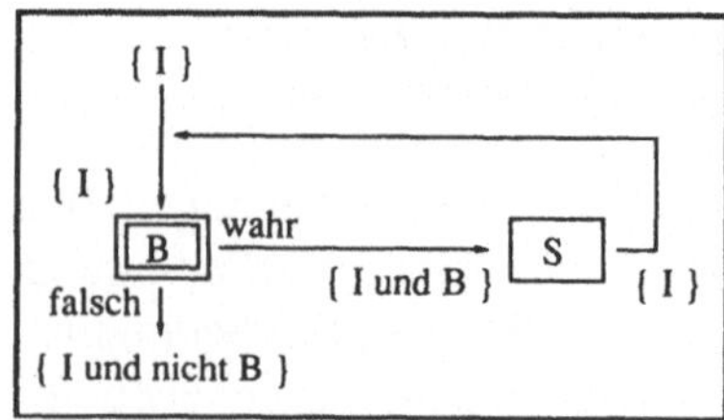

Bild B-23: Beweisregel W1
(while-Schleife)

{I} **while** B **do** S **endwhile** {I **und nicht** B}

Der Wert der Bedingung I ist vor und nach jeder Ausführung des Schleifenkerns S wahr, also konstant. Die Bedingung I wird deshalb *Schleifeninvariante* genannt. Die Schleifeninvariante

220

ist der Schlüssel zur Konstruktion und zum Verständnis einer Schleife.

Die Anwendung der Beweisregel W1 verlangt, daß die Schleifeninvariante I vor der Schleife wahr ist. (Meist ist I auf triviale Weise anfangs wahr.) Mit anderen Worten ist die Anfangssituation ein spezieller Fall von I. Nach Ausführung der Schleife (bei Terminierung) ist (I **und nicht** B) wahr. Die Endsituation ist also auch ein spezieller Fall von I. Anders herum betrachtet ist die Schleifeninvariante I eine Verallgemeinerung der Anfangs- und der Endsituationen. Diese Beobachtung liefert uns eine sehr nützliche Faustregel für die Bestimmung einer Schleifeninvariante: Verallgemeinere die Anfangs- und Endsituationen (Vor- und Nachbedingungen), um eine geeignete Schleifeninvariante zu ermitteln.

Vor fast jeder Schleife steht ihre 'Initialisierung', ein Programmteil, dessen einzige Aufgabe es ist, die anfängliche Wahrheit der Schleifeninvariante sicherzustellen.

Sehr oft will man die Korrektheit einer Schleife zusammen mit ihrer Initialisierung beweisen. Dazu dient die folgende Beweisregel.

Beweisregel W2 (while-Schleife mit Initialisierung):

Gegeben sei eine Bedingung I. Falls

> $\{V\}$ Initialisierung $\{I\}$ und
> $\{I$ **und** $B\}$ S $\{I\}$ und
> $\{I$ **und nicht** $B\} \Rightarrow P$
>
> dann gilt
> $\{V\}$ (Initialisierung; **while** B **do** S **endwhile**) $\{P\}$

Die Beweisregel W2 folgt aus den Beweisregeln F1, B1 und W1.

Gemäß der Beweisregel W2 beweist man die partielle Korrektheit einer while-Schleife dadurch, daß man

1. die Schleifeninvariante I bestimmt (falls nicht bereits vom Programmierer angegeben),
2. beweist, daß $\{V\}$ Initialisierung $\{I\}$ gilt (d. h., daß I am Anfang der Schleife wahr ist),

3. beweist, daß {I **und** B} S {I} gilt (d. h., daß der Schleifenkern die Wahrheit von I aufrecht erhält) und

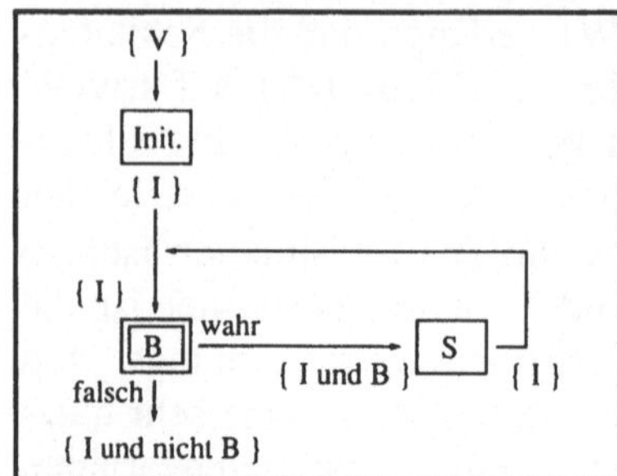

Bild B-24: Beweisregel W2 (while-Schleife mit Initialisierung)

4. beweist, daß (I **und nicht** B) $\Rightarrow$ die Nachbedingung P gilt (d. h., daß P beim eventuellen Beenden der Schleife wahr ist). Man beweist die vollständige Korrektheit dadurch, daß man zusätzlich

5. zeigt, daß die Schleife zu Ende kommt, d. h. u. a., daß es eine obere Schranke für die Anzahl der Ausführungen des Schleifenkerns gibt.

Dazu definiert man typischerweise eine Funktion, deren Wert

1. bei jeder Ausführung des Schleifenkerns um mindestens einen festen Betrag (>0) verringert wird und
2. nach unten begrenzt ist.

Eine derartige Funktion wird oft Schleifen*variante* genannt. Zusätzlich muß man zeigen, daß die Schleife überhaupt ausgeführt wird, d. h., daß kein 'Laufzeitfehler' auftreten kann (s. Seiten 223 und 231).

Meist wird Schritt 2 oben dadurch ausgeführt, daß man die Wahrheit von I nach der Schleifeninitialisierung fordert und eine Vorbedingung (von I als Nachbedingung) bezüglich der Initialisierung ermittelt. Diese Vorbedingung (oder eine beliebige stärkere Bedingung) ist dann eine Vorbedingung bezüglich der Folge der Initialisierung und der Schleife.

Beweisregel DC1 ('divide and conquer'):
    Falls {V1} S {P1} und
        {V2} S {P2}
    dann gilt: {V1 **und** V2} S {P1 **und** P2}

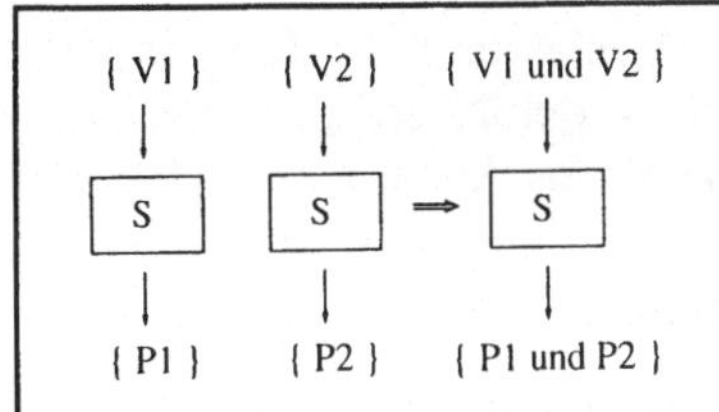

Bild B-25: Beweisregel DC1 ('divide and conquer')

Manchmal tritt in einem Korrektheitsbeweis eine relativ lange Bedingung, z. B. als Nachbedingung eines Programmteils, auf. Gemäß der Beweisregel DC1 kann man eine lange, aus **und**-verknüpften Termen bestehende Nachbedingung in mehrere kurze Teile zerlegen, die Vorbedingung für jedes Teil ermitteln und diese Vorbedingungen wieder zusammensetzen. Es wird dabei zwar wenig oder keine Arbeit gespart, aber der Beweis und die Manipulation der Ausdrücke bleiben typischerweise übersichtlicher und verständlicher. Die einzelnen Manipulationsschritte sind meist erheblich kürzer und einfacher.

Die Beweisregel DC1 oben gilt für die **und**-Verknüpfung. Auch für die **oder**-Verknüpfung gibt es eine gleichartige Beweisregel.

Beweisregel DC2 ('divide and conquer'):

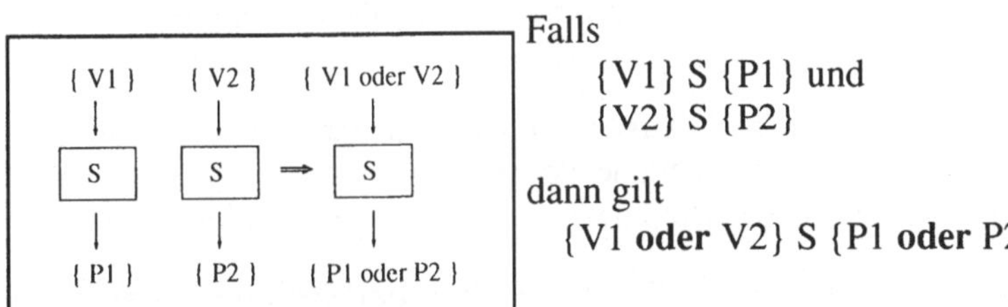

Falls
    $\{V1\}$ S $\{P1\}$ und
    $\{V2\}$ S $\{P2\}$

dann gilt
    $\{V1$ **oder** $V2\}$ S $\{P1$ **oder** $P2\}$

Bild B-26: Beweisregel DC2 ('divide and conquer')

B.5.1.4 Terminierung

Die detaillierten Voraussetzungen für das Terminieren der verschiedenen Anweisungen bzw. ihrer Zusammensetzungen hängen von den spezifischen Eigenschaften der jeweiligen Programmiersprache ab. Typischerweise jedoch treffen die folgenden Kriterien und Bemerkungen zu.

Die Ausführung der Zuweisung x:=A terminiert (liefert ein definiertes Ergebnis), wenn die Variable x deklariert ist (bzw. automatisch deklariert wird) sowie der Wert des Ausdrucks A definiert ist und (ggf. nach automatischer Umwandlung, z. B. Rundung) im deklarierten Wertebereich der Variablen x liegt.

Die Ausführung der if-Anweisung **if** B **then** S1 **else** S2 **endif** terminiert, wenn der Wert der Bedingung B definiert (also wahr oder falsch) ist und die Anweisung S1 bzw. S2 - je nach dem jeweiligen Wert von B - terminiert.

Die Ausführung der Folge (S1; S2) von Anweisungen terminiert, wenn die Ausführung von S1 terminiert und die anschließende Ausführung von S2 terminiert.

Die Ausführung der while-Schleife **while** B **do** S **endwhile** terminiert, wenn

1. der Wert der Bedingung B bei jeder Auswertung derselben definiert (also wahr oder falsch) ist und
2. jede Ausführung des Schleifenkerns S terminiert und
3. der Wert der Bedingung B nach einer begrenzten Anzahl von Ausführungen des Schleifenkerns S falsch ist (s. Beweisregel W2, Schritt 5 oben).

Beim Auswerten von Ausdrücken und insbesondere von Bedingungen weisen verschiedene Programmiersprachensysteme unterschiedliche Eigenschaften auf.

Man betrachte z. B. die Bedingung ($i{\le}n$ **und** X(i)=y) in der Situation, wo i=n+1. Der Wert dieser Bedingung ist nach einer Betrachtungsweise offensichtlich falsch, unabhängig davon, ob X(i)=y oder nicht. Einige Systeme ermitteln auch den Wert falsch in dieser Situation, ohne den Teilausdruck X(i)=y auszuwerten. Andere Systeme jedoch werten alle Teile des Ausdrucks zuerst aus und kombinieren anschließend die Zwischenergebnisse. Sind die Feldvariablen X(i) nur für Indexwerte bis einschließlich ´n´ deklariert, wird ein solches System feststellen, daß der Wert der Feldvariable X(i) nicht definiert ist, diese Situation als Laufzeitfehler betrachten und die Ausführung des Programms mit einer Fehlermeldung abnormal abbrechen.

Effektiv werden in solchen verschiedenen Programmiersprachensystemen die Booleschen Funktionen auf unterschiedliche Weise auf der Menge {falsch, wahr, undefiniert} fortgesetzt. Das eine System basiert auf der Fortsetzung 'falsch **und** undefiniert = falsch' und das andere System auf der Fortsetzung 'falsch **und** undefiniert = undefiniert'.

Solche unterschiedlichen Auswertungsverfahren müssen bei der Beweisführung der Terminierung - zielsystembezogen - berücksichtigt werden.

B.5.2   Beweisbeispiel

B.5.2.1   Aufgabenstellung

In diesem Abschnitt wird die Korrektheit des gegebenen Programms bewiesen. Als Basis für die Beweisführung dienen die im Abschnitt 'Theoretische Grundlage' (Seiten 215ff.) vorgestellten Beweisregeln.

An einigen Stellen werden den mathematisch präzisen Ausdrükken in eckige Klammern [ ] gesetzte Kommentare hinzugefügt, die das Lesen und Verstehen der mathematischen Formeln erleichtern sollen.

Vorgegeben (s. Seiten 192ff.) sind das Programm, das feststellt, ob der Wert der Variable x in einem Feld A(1), ... A(n) vorkommt, die Vorbedingung

$n \in Z$ **und** $0 \le n$

sowie die Nachbedingung

Gefunden **und** $(\mathbf{oder}_{i=1}^{n} A(i)=x)$ [irgendein Element von A = x]

oder nicht Gefunden **und** $_{i=1}^{n} A(i) \ne x$ [kein Element von A = x]

Es wird im folgenden bewiesen, daß nach Ausführung des Programms die Nachbedingung erfüllt sein wird, falls vorher die Vorbedingung erfüllt war. Im ersten Teil des Beweises wird angenommen, daß das Programm 'terminiert' (d. h. ohne Laufzeitfehler und in endlicher Zeit zum Ende ausgeführt wird), und gezeigt, daß nach Terminierung die Nachbedingung erfüllt ist (s. Seiten 226ff.). Im zweiten Teil des Beweises wird gezeigt, daß diese Annahme gilt, d. h., daß das Programm terminiert (s. Seiten 231ff.). Mit anderen Worten wird zuerst gezeigt, daß das Programm partiell korrekt ist, und danach, daß es vollständig korrekt ist.

B.5.2.2 Partielle Korrektheit

Das Programm besteht aus einer while-Schleife mit Initialisierung. Deshalb basiert der Beweis auf der Beweisregel W2 (s. Seiten 216ff.). Gemäß Beweisregel W2 gehören zum Beweis der partiellen Korrektheit vier Schritte:

1. Die Schleifeninvariante I bestimmen (falls nicht bereits vom Programmierer angegeben)
2. Beweisen, daß I am Anfang der Schleife wahr ist
3. Beweisen, daß {I **und** B} S {I} (d. h., daß der Schleifenkern die Wahrheit von I aufrecht erhält)
4. Beweisen, daß (I **und nicht** B) $\Rightarrow$ die Nachbedingung (d. h., daß die Nachbedingung beim Beenden der Schleife wahr ist)

B.5.2.2.1 Die Schleifeninvariante I

Die Schleifeninvariante I ist eine Verallgemeinerung der Anfangs- und der Endsituation (s. Beweisregel W1). Eine Möglichkeit zur Bildung einer Schleifeninvariante für eine gegebene Schleife mit Initialisierung ist deshalb die folgende Vorgehensweise. Man fängt mit der Nachbedingung als vorläufiger Kandidatin für die Schleifeninvariante an und untersucht, wie sie geändert werden müßte, um auch am Anfang wahr zu sein.

Nach der Initialisierung ist der Wert der Programmvariablen Gefunden falsch.

Ersetzt man den logischen Wert falsch für Gefunden in der Nachbedingung (s. oben), so erhält man

$$\textbf{und}_{i=1}^{n}\ A(i) \neq x \qquad\qquad [\text{kein Element von } A = x]$$

Vor der Ausführung der Schleife kann es nicht unterstellt werden, daß dieser Ausdruck wahr ist. Am Anfang ist nicht bekannt, welche A(i) gleich x sind und welche nicht. Schaut man das Programm an, wird ersichtlich, daß diese Information durch die Variable k festgehalten wird: Alle A(i) bis A(k-1) einschließlich sind ungleich x. Mit anderem Ausdruck:

$$\textbf{und}_{i=1}^{k-1}\ A(i) \neq x$$

Anfangs ist k gleich 1 und diese (jetzt leere) **und**-Reihe definitionsgemäß wahr. Als nächster Kandidat für die Schleifeninvariante bietet sich deshalb an:

$$\text{Gefunden } \textbf{und } (\textbf{oder}_{i=1}^{n}\ A(i)=x)$$

$$[\text{irgendein Element von A} = x]$$

$$\textbf{oder} \quad \textbf{nicht } \text{Gefunden } \textbf{und}_{i=1}^{k-1}\ A(i) \neq x$$

$$[\text{noch kein gleiches Element gefunden}]$$

Es empfiehlt sich im allgemeinen, eine möglichst starke Aussage über den Wertebereich der neu eingeführten Variable (hier k) in die Schleifeninvariante aufzunehmen. Dadurch wird die Schleifeninvariante I wie folgt verändert:

$$k \in Z \textbf{ und } 1 \leq k \leq n+1 \qquad [\text{Wertebereich von k}]$$

$$\textbf{und} \quad \{ \text{Gefunden } \textbf{und } (\textbf{oder}_{i=1}^{n}\ A(i)=x)$$

$$[\text{irgendein Element von A} = x]$$

$$\textbf{oder nicht } \text{Gefunden } \textbf{und}_{i=1}^{k-1}\ A(i) \neq x \}$$

$$[\text{noch kein gleiches Element gefunden}]$$

B.5.2.2.2 Initialisierung der Schleife

In diesem Schritt des Beweises muß gezeigt werden, daß die Schleifeninvariante I vor der Schleife, also nach der Initialisierung, wahr ist. Dazu wendet man zuerst die Beweisregeln F1 und Z1 an, um eine Vorbedingung von I bezüglich der zwei in der Initialisierung aufeinanderfolgenden Zuweisungen zu ermitteln. Gemäß diesen Beweisregeln setzt man falsch für Gefunden und 1 für k in die Schleifeninvariante.

Die dadurch ermittelte Vorbedingung läßt sich auf $0 \leq n$ vereinfachen. Gemäß der Beweisregel B1 ist die stärkere, auf den Seiten 225ff. gegebene Vorbedingung des Programms auch eine Vorbedingung von I bezüglich der Initialisierung. Symbolisch:

$$\{n \in Z \text{ und } 0 \leq n\} \ (k:=1; \text{Gefunden}:=\text{falsch}) \ \{I\}$$

D. h., ist die auf der Seite 225 gegebene Vorbedingung am Anfang des Programmlaufs wahr, so wird I gleich vor der Ausführung der Schleife wahr sein.

B.5.2.2.3 Die Invarianz von I

In diesem Schritt muß gezeigt werden, daß der Schleifenkern die Wahrheit der Schleifeninvariante aufrecht erhält, d. h., daß $\{I \text{ und } B\} \ S \ \{I\}$, wobei B die while-Bedingung und S der Schleifenkern sind. Im vorliegenden Fall muß also gezeigt werden (s. Programmcode auf Seite 192), daß gilt:

$\{I$ **und** $k \leq n$ **und nicht** Gefunden$\}$
if $A(k) \neq x$ **then** $k:=k+1$ **else** Gefunden$:=$wahr **endif**
$\{I\}$

Nach der Beweisregel IF1 für die if-Anweisung (s. Seite 219) wird diese Aussage gelten, falls:

(1) $\{I$ **und** $k \leq n$ **und nicht** Gefunden **und** $A(k) \neq x\}$ $k:=k+1$ $\{I\}$ und

(2) $\{I$ **und** $k \leq n$ **und** **nicht** Gefunden **und** $A(k)=x\}$
Gefunden$:=$ wahr $\{I\}$

Die Aussage (1) beweist man unter Verwendung der Beweisregel Z1 für die Zuweisung. Damit ermittelt man eine Vorbedingung von I bezüglich der Zuweisung $k:=k+1$.

Nach Vereinfachung erhält man als Vorbedingung

$k \in Z$ **und** $0 \leq k \leq n$

und $\{$Gefunden **und** $(\text{oder}_{i=1}^{k} \ A(i)=x)$

    oder nicht Gefunden $\text{und}_{i=1}^{k} \ A(i) \neq x\}$

Der Wert von k ist jedoch immer mindestens 1 (s. die Schleifeninvariante sowie das Programm). Ferner ist Gefunden am Anfang des Schleifenkerns sowie an der fraglichen Stelle immer falsch (s. die while-Bedingung und vor allem die Ziel-Vorbedingung in Aussage (1) oben). Nach der Beweisregel B1 darf man die oben aufgeführte Vorbedingung entsprechend stärken:

$$k \in Z \textbf{ und } 1 \leq k \leq n \textbf{ und nicht } \text{Gefunden } \textbf{und}_{i=1}^{k}\, A(i) \neq x$$

Diese Vorbedingung kann auf andere Weise geschrieben werden:

$$k \in Z \textbf{ und } 1 \leq k \leq n \textbf{ und nicht } \text{Gefunden } \textbf{und}_{i=1}^{k-1}\, A(i) \neq x$$
$$\textbf{und } A(k) \neq x$$

Offensichtlich folgt diese Vorbedingung aus der in (1) oben stehenden Ziel-Vorbedingung (I **und** $k \leq n$ **und nicht** Gefunden **und** $A(k) \neq x$). Also gilt gemäß der Beweisregel B1 die Aussage (1) oben. Mit anderen Worten, der then-Teil der if-Anweisung erhält die Wahrheit der Schleifeninvariante I aufrecht.

Die Aussage (2) oben wird auf die gleiche Weise bewiesen. Gemäß der Beweisregel Z1 ist der folgende Ausdruck eine Vorbedingung von I bezüglich des else-Teils der if-Anweisung:

$$k \in Z \textbf{ und } 1 \leq k \leq n+1 \textbf{ und } (\textbf{oder}_{i=1}^{n}\, A(i) = x)$$

Aber vor dem Schleifenkern ist der Wert von k höchstens n (s. while-Bedingung sowie vor allem die Ziel-Vorbedingung in Aussage (2) oben). Nach der Beweisregel B1 kann die Vorbedingung oben entsprechend gestärkt werden:

$$k \in Z \textbf{ und } 1 \leq k \leq n \textbf{ und } (\textbf{oder}_{i=1}^{n}\, A(i) = x)$$

Ferner ist bekannt, daß im fraglichen Fall gilt $A(k) = x$ (s. die Ziel-Vorbedingung in Aussage (2) oben). Aber $A(k) = x$ ist eines der Glieder der oben stehenden oder-Reihe, die deswegen wahr sein muß. Formal:

$$k \in Z \textbf{ und } 1 \leq k \leq n \textbf{ und } A(k) = x \Rightarrow \textbf{oder}_{i=1}^{n}\, A(i) = x$$

Gemäß der Beweisregel B1 ist also auch:

$k \in Z$ **und** $1{\leq}k{\leq}n$ **und** $A(k)=x$

eine Vorbedingung von I bezüglich des else-Teils der if-Anweisung.

Offensichtlich folgt diese Vorbedingung aus der in (2) oben stehenden Ziel-Vorbedingung (I **und** $k{\leq}n$ **und nicht** Gefunden **und** $A(k)=x$). Gemäß der Beweisregel B1 gilt also die Aussage (2) oben. Mit anderen Worten, auch der else-Teil der if-Anweisung erhält die Wahrheit der Schleifeninvariante I aufrecht.

Damit ist bewiesen, daß der gesamte Schleifenkern die Wahrheit der Schleifeninvariante aufrecht erhält.

B.5.2.2.4 Die Wahrheit der Nachbedingung nach Terminierung

In diesem Schritt muß gezeigt werden, daß die Nachbedingung nach erfolgter Ausführung der Schleife wahr ist, d. h., daß (I **und nicht** B) $\Rightarrow$ die Nachbedingung, wobei B die while-Bedingung ist. (I **und nicht** B) ist:

$k \in Z$ **und** $1 \leq k \leq n+1$

und $\quad \{$ Gefunden **und** ($\mathbf{oder}_{i=1}^{n}\, A(i)=x$)

$\qquad$ **oder nicht** Gefunden **und** $_{i=1}^{k\text{-}1}\, A(i){\neq}x \}$

und $(k{>}n$ **oder** Gefunden)

Daraus folgt:

$k \in Z$ **und** $1 \leq k \leq n+1$

und $\quad \{$ Gefunden **und** ($\mathbf{oder}_{i=1}^{n}\, A(i)=x$)

$\qquad$ **oder nicht** Gefunden **und** $k=n+1$ **und** $_{i=1}^{n}\, A(i){\neq}x \}$

Daraus folgt wiederum die gegebene Nachbedingung:

$\qquad$ Gefunden **und** ($\mathbf{oder}_{i=1}^{n}\, A(i)=x$) $\qquad$ [irgendein E. von A = x]

oder $\quad$ **nicht** Gefunden **und** $_{i=1}^{n}\, A(i){\neq}x$ $\qquad$ [kein Element von A = x]

Bei der obigen Vereinfachung braucht man den Satz, daß
$n<k\leq n+1 \Rightarrow k=n+1$. Er ist nur gültig, wenn n eine ganze Zahl ist.
An dieser Stelle wird der Teil der Vorbedingung benötigt, der n
auf ganze Zahlen beschränkt.

Damit ist bewiesen, daß das Programm partiell korrekt ist. Mit anderen Worten:

Falls vor der Ausführung des Programms die Vorbedingung erfüllt
ist und falls das Programm zum Ende - d. h. ohne Laufzeitfehler
und in endlicher Zeit - ausgeführt wird, dann wird nach der Ausführung des Programms die Nachbedingung erfüllt sein.

B.5.2.3 Vollständige Korrektheit

Es bleibt nur noch zu zeigen, daß das Programm zum Ende ausgeführt wird (daß es 'terminiert') - bzw. zusätzliche Bedingungen zu
ermitteln, die sicherstellen, daß es terminiert.

Dazu gehört der Beweis, daß der Schleifenkern nur endlich viele
Male ausgeführt wird. Im vorliegenden Falle - wie typischerweise
- ist dies relativ einfach. Bei jeder Ausführung des Schleifenkerns
wird entweder Gefunden gleich wahr gesetzt - in diesem Fall endet die Schleife sofort - oder der Wert von k um 1 erhöht. Sobald
$k>n$, endet die Schleife.

Alternativ und formaler kann man eine geeignete Funktion (oft
Schleifenvariante genannt) definieren, deren Wert hier die maximale Anzahl der noch zu vergleichenden Feldelemente ist:

$SV = n-k+1$,   falls **nicht** Gefunden (Gefunden=falsch)
$SV = 0$,   sonst (Gefunden=wahr)

Aus der while-Bedingung folgt, daß $SV\geq 1$ am Anfang des Schleifenkerns. Der Wert von SV wird durch die Ausführung des then-Teils der if-Anweisung um genau 1 verringert. Durch die Ausführung des else-Teils der if-Anweisung wird der Wert von SV auf 0,
also um mindestens 1, verringert. D. h., durch die Ausführung des
Schleifenkerns wird der Wert von SV immer um mindestens 1
verringert. Der anfängliche Wert von SV ist n; also nach höchstens n Ausführungen des Schleifenkerns wird $SV=0$. Da der

Schleifenkern jedoch nur mit SV≥1 ausgeführt wird (s. oben), muß die Schleife nach höchstens n Ausführungen des Schleifenkerns terminieren.

Es muß noch gezeigt werden, daß jede Anweisung im Programm jedesmal mit einem definierten Ergebnis ausgeführt wird, d. h., daß kein Laufzeitfehler auftreten kann. Im letzten Detail wird ein solcher Beweis vom Zielsystem abhängen. Trotzdem kann man hinsichtlich der Terminierung weitgehende allgemein gültige Aussagen machen bzw. Richtlinien angeben. Streng genommen müßte auch noch gezeigt werden, daß alle Anweisungen syntaktisch richtig sind, aber es wird hier auf eine derartige programmiersprachenspezifische Prüfung - die von den meisten Zielsystemen sowieso automatisch und vollständig durchgeführt wird - verzichtet.

Die zwei Zuweisungen k:=... werden immer definierte Ergebnisse liefern, wenn der (ggf. automatisch) deklarierte Wertebereich für k alle ganzen Zahlen von 1 bis n+1 einschließlich umfaßt (vgl. Schleifeninvariante). Falls z. B. k und n als Variablen des gleichen Typs deklariert worden sind, darf n nicht den höchsten Wert im deklarierten Wertebereich annehmen.

Die zwei Zuweisungen GEFUNDEN:=... werden immer ausgeführt werden, wenn der (ggf. automatisch) deklarierte Wertebereich für die Variable Gefunden mindestens die zwei logischen Werte wahr und falsch umfaßt.

Die while-Bedingung wird immer ausgewertet werden können, wenn die Variablen k, n und Gefunden (s. vorherigen Absatz) deklariert sind und die Werte der Variablen k und n aus einer gemeinsamen linear geordneten Menge sind. Da k und n nur ganzzahlige Werte annehmen, wird diese Bedingung erfüllt sein.

Die if-Bedingung wird immer ausgewertet werden können, wenn die Werte der Variablen A(1), ... A(n) und x miteinander auf Gleichheit vergleichbar sind. Typischerweise würde man in der Vorbedingung fordern, daß alle diese Variablen deklariert und ihre Werte aus einer gemeinsamen, aber sonst beliebigen Menge sind. Alternativ könnte ggf. eine automatische Umwandlung zwischen unterschiedlichen Variablentypen vorausgesetzt werden.

Eine ausführliche Vorbedingung, die die vollständige Korrektheit des gegebenen Programms sicherstellt, lautet also:

1. Die Variable n ist deklariert und hat einen nicht negativen ganzzahligen Wert und

2. die Variablen k und Gefunden sind deklariert oder werden nach Bedarf automatisch deklariert und
3. der (ggf. automatisch) deklarierte Wertebereich für k umfaßt alle ganzen Zahlen von 1 bis n+1 einschließlich und
4. der (ggf. automatisch) deklarierte Wertebereich für die Variable Gefunden umfaßt die zwei logischen Werte wahr und falsch und
5. die Variablen A(1), ... A(n) und x sind deklariert und ihre Werte sind miteinander auf Gleichheit vergleichbar (sind aus einer gemeinsamen, aber sonst beliebigen Menge).

Zusätzliche Bedingungen könnten sich aus implementierungsspezifischen Eigenschaften des verwendeten Programmiersprachensystems ergeben (z. B., daß k als Feldindexvariable oder ganzzahliger Typ deklariert werden muß usw.).

B.5.2.4 Schlußfolgerung: Externe Anforderungsspezifikation des Programms

Eine ausführliche Anforderungsspezifikation der extern beobachtbaren Eigenschaften des Programms - d. h., eine vollständige Beschreibung der Schnittstelle zwischen diesem Unterprogramm und dem aufrufenden Programm - läßt sich aus den vorherigen Ausführungen herleiten. Sie besteht aus

1. der oben angegebenen Vorbedingung,
2. der Nachbedingung und
3. der Aussage, daß die Datenumgebungen (Programmausführungszustände) vor und nach Ausführung des Programms bis auf die Werte der Variablen k und Gefunden gleich sind.

Die Aussage des Punkts 3 bedeutet, daß das fragliche Programm den Wert keiner anderen Variable ändert und daß es effektiv keine andere Variable deklariert oder freigibt ('release'), z. B. im Falle dynamischer Variablen.

Diese Anforderungsspezifikation ist die einzige Information über das Unterprogramm, die der Programmierer des aufrufenden Programms wissen und worauf er sich in seinem Korrektheitsbeweis beziehen darf. Sie ist auch die einzige Information über das aufrufende Programm, die der Programmierer des Unterprogramms wissen und worauf er sich in seinem Korrektheitsbeweis beziehen darf.

Wenn der verantwortliche Software-Ingenieur die Freigabe dieses Unterprogramms unterschreibt, bestätigt er effektiv, daß es dem folgenden mathematischen Satz genügt: Wenn die Vorbedingung beim Aufruf des Unterprogramms erfüllt ist, dann wird das Unterprogramm terminieren (d. h. ohne Laufzeitfehler und in endlicher Zeit zum Ende ausgeführt werden) und neue Werte der Variablen k und Gefunden derart berechnet haben, daß die Nachbedingung erfüllt ist. Alle anderen Aspekte der Datenumgebung bleiben unverändert.

B.5.2.5 Weitere Bemerkungen

Die für das Unterprogramm gegebene Nachbedingung war:

$$\text{Gefunden } \textbf{und } (\textbf{oder}_{i=1}^{n}\ A(i)=x) \qquad [\text{irgendein E. von A=x}]$$

$$\textbf{oder nicht } \text{Gefunden } \textbf{und}_{i=1}^{n}\ A(i) \neq x \qquad [\text{kein Element von A = x}]$$

Diese Nachbedingung teilt dem Konstrukteur eines aufrufenden Programms nur mit, daß das fragliche Unterprogramm feststellt, ob der Wert von x im Feld A vorkommt oder nicht. Aus einem kurzen Blick auf das Unterprogramm ist jedoch ersichtlich, daß es tatsächlich bedeutend mehr leistet: Falls der Wert von x in A vorkommt, stellt das Unterprogramm auch fest, wo dieser Wert zum ersten Mal in A vorkommt. Diese vom Unterprogramm ermittelten Informationen könnten dem aufrufenden Programm auch zugänglich gemacht werden, d. h., sie sollten in einer stärkeren Nachbedingung zum Ausdruck kommen.

Eine entsprechende Nachbedingung wäre:

$$k \in Z \textbf{ und } 1 \leq k \leq n+1 \qquad [\text{Wertebereich von k}]$$

$$\textbf{und}_{i=1}^{k-1}\ A(i) \neq x \qquad [\text{alle Elemente vor dem k-ten} \neq x]$$

$$\textbf{und} \quad (\text{Gefunden } \textbf{und } k \leq n \textbf{ und } A(k)=x \qquad [A(k) = x]$$

$$\textbf{oder nicht } \text{Gefunden } \textbf{und } k=n+1)\ [\text{kein Element von A = x}]$$

234

Für diese alternative Nachbedingung kann die Korrektheit des Programms auf die gleiche Weise wie in den vorherigen Abschnitten aufgeführt bewiesen werden.

Es wird dem Leser als Übung empfohlen, einen solchen Beweis zu führen.

B.6   Programmkonstruktion (Beispiel)

B.6.1   Einführung

In diesem Abschnitt wird ein Programm konstruiert, das die gleiche Anforderungsspezifikation erfüllt wie das Programm, dessen Korrektheit in den vorhergehenden Abschnitten bereits bewiesen wurde. Hier dienen die Anforderungen eines Korrektheitsbeweises als Leitlinien für verschiedene Konstruktionsschritte. Sie ermöglichen es sogar, einige Teile des zu konstruierenden Programms mehr oder weniger direkt abzuleiten.

Gegeben sind eine Variable n, ein Feld A(1), A(2), ... A(n) und die Variable x. Das zu konstruierende Programm soll feststellen, ob der Wert von x im Feld A(1), A(2), ... A(n) vorkommt. Gegeben sind ferner die Vorbedingung

$n \in Z$ **und** $0 \leq n$

und die Nachbedingung

Gefunden **und** $(\textbf{oder}_{i=1}^{n}\, A(i)=x)$

[irgendein Element von A = x]

oder   **nicht** Gefunden $\textbf{und}_{i=1}^{n}\, A(i) \neq x$

[kein Element von A = x]

B.6.2   Grundgedanken zur Programmstruktur und zur Nachbedingung

Grundsätzlich soll die Nachbedingung eine Aussage über die Wertebereiche aller Variablen beinhalten, für die das Programm neue Werte berechnet. Ferner soll eine solche Aussage möglichst stark sein.

Falls das Feld A kein Element enthält, das gleich x ist, muß das zu konstruierende Programm jede Feldvariable A(1), A(2), ... A(n) mit x vergleichen, um dieses festzustellen. Es liegt deshalb nahe, für die Grundstruktur des Programms eine Schleife zu wählen, in der jede Feldvariable, eine nach der anderen, mit x verglichen wird.

Falls das Feld A ein Element enthält, das gleich x ist, wird eine derartige Schleife nicht nur diese Tatsache feststellen. Sie wird auch ermitteln, welches Feldelement gleich x ist. Ferner wird es bekannt sein, daß die bisher mit x verglichenen Feldvariablen ungleich x sind.

Das Programm wird also eine deutlich stärkere Nachbedingung als die oben stehende erfüllen, z. B.

$$k \in Z \;\textbf{und}\; \text{Gefunden} \in \textbf{Bool} \quad [\text{Wertebereiche von k, Gefunden}]$$
$$\textbf{und}_{i=1}^{k-1}\, A(i) \neq x$$

$$[\text{alle Elemente vor dem k-ten} \neq x]$$
$$\textbf{und}\; \{\text{Gefunden}\; \textbf{und}\; 1 \leq k \leq n\; \textbf{und}\; A(k)=x \qquad [A(k) = x]$$
$$\textbf{oder nicht}\; \text{Gefunden}\; \textbf{und}_{i=1}^{n}\, A(i) \neq x\}$$
$$[\text{kein Element von A} = x]$$

Falls 1 bis n+1 einschließlich als endgültige Werte der Variable k zugelassen werden, wobei der Wert n+1 die Situation 'kein Element von A = x' kennzeichnet, kann die Nachbedingung einfacher geschrieben werden:

$$k \in Z \;\textbf{und}\; 1 \leq k \leq n+1 \;\textbf{und}\; \text{Gefunden} \in \textbf{Bool}$$
$$[\text{Wertebereiche von k, Gefunden}]$$
$$\textbf{und}_{i=1}^{k-1}\, A(i) \neq x$$

$$[\text{alle Elemente vor dem k-ten} \neq x]$$
$$\textbf{und}\; \{\text{Gefunden}\; \textbf{und}\; k \leq n\; \textbf{und}\; A(k)=x \qquad [A(k) = x]$$
$$\textbf{oder nicht}\; \text{Gefunden}\; \textbf{und}\; k=n+1\}$$
$$[\text{kein Element von A} = x]$$

In dieser Form merkt man, daß der Wert von Gefunden genau angibt, ob $k \leq n$ oder nicht, also daß Gefunden und $(k \leq n)$ gleichwertig sind. Die Nachbedingung kann in der folgenden alternativen (äquivalenten) Form geschrieben werden:

$k \in Z$ **und** $1 \leq k \leq n+1$ **und** Gefunden $\in$ **Bool**

[Wertebereiche von k, Gefunden]

und $\overset{k-1}{\underset{i=1}{}} A(i) \neq x$

[alle Elemente vor dem k-ten $\neq$ x]

und $\{k \leq n$ **und** $A(k)=x$ [A(k) = x]

    oder $k=n+1\}$ [kein Element von A = x]

und $\{$Gefunden$=(k \leq n)\}$

Aus dieser Form der Nachbedingung erscheint es am einfachsten, den neuen Wert der Variable Gefunden durch eine Zuweisung am Ende des Programms zu berechnen.

Das Programm lautet wie folgt:

Schleifeninitialisierung
while B **do** S **endwhile**
Gefunden$:=(k \leq n)$

B.6.3 Die Schleifeninvariante

Nach der Beweisregel Z1 für die Zuweisung ist eine Vorbedingung der oben stehenden Nachbedingung bezüglich der Zuweisung Gefunden$:=(k \leq n)$

$k \in Z$ **und** $1 \leq k \leq n+1$

und $\overset{k-1}{\underset{i=1}{}} A(i) \neq x$

und $\{k \leq n$ **und** $A(k)=x$ **oder** $k=n+1\}$

Diese Bedingung ist gleichzeitig die Nachbedingung für die noch zu konstruierende Schleife (vgl. die Beweisregel F1 für eine Folge von Anweisungen). Sie kann auf die Schleifeninvariante verallgemeinert werden (vgl. die Bemerkungen zur Beweisregel W1).

Anfangs werden keine Informationen über die Beziehungen zwischen A(i) und x bekannt

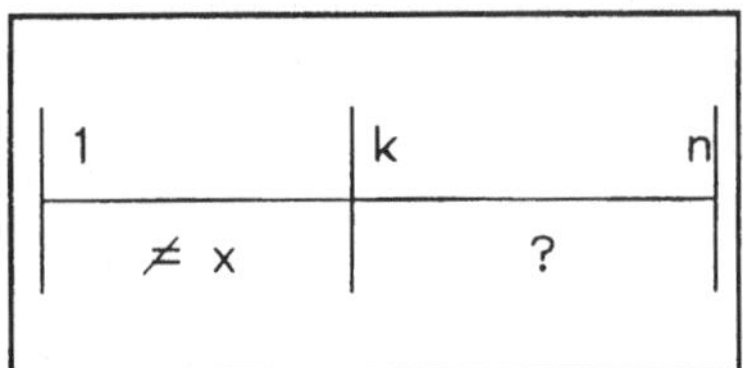

Bild B-27: Die Schleifeninvariante I

sein und im allgemeinen wird der Anfangswert von k≠n+1. Man läßt deshalb die ganze letzte Zeile oben weg und legt dadurch als Schleifeninvariante I

$$k \in Z \text{ und } 1 \le k \le n+1 \qquad \text{[Wertebereich von k]}$$
$$\text{und} \bigvee_{i=1}^{k-1} A(i) \ne x \qquad \text{[alle Elemente vor dem k-ten} \ne x]$$

fest. I kann wie in Bild B-27 dargestellt werden.

B.6.4   Die Initialisierung der Schleife

Durch die Initialisierung k:=1 wird die Wahrheit von I am Anfang sichergestellt, vorausgesetzt, daß 0≤n. Diese Bedingung ist ein Teil der Vorbedingung des gesamten Programms.

B.6.5   Die while-Bedingung

Der bei der Festlegung der Schleifeninvariante weggelassene Term der Nachbedingung wird die Endbedingung der while-Schleife, d. h., seine Negation wird die while-Bedingung (vgl. die Anforderung (I **und nicht** B) $\Rightarrow$ P in der Beweisregel W2):

    nicht [k≤n **und** A(k)=x **oder** k=n+1]
        = [k>n **oder** A(k)≠x] **und** k≠n+1
        = [k>n **oder** k≤n **und** A(k)≠x] **und** k≠n+1
        = [k>n **und** k≠n+1 **oder** k≤n **und** k≠n+1 **und** A(k)≠x]
        = [k>n+1 **oder** k≤n **und** A(k)≠x]

Die Schleifeninvariante wird immer wahr sein, wenn die while-Bedingung ausgewertet wird. Daraus folgt, daß der linke Term oben immer falsch sein wird. Für die while-Bedingung B kann deshalb gewählt werden:

    k≤n **und** A(k)≠x

B.6.6   Der Schleifenkern

Ein Schleifenkern hat nur die Aufgaben,

1) die Wahrheit der Schleifeninvariante zu bewahren und
2) Fortschritt in Richtung Terminierung (Nachbedingung der Schleife) zu erzielen.

Vgl. zu 1) die Beweisregel W1 bzw. den Schritt 3 der Beweisregel W2 - {I **und** B} S {I} - sowie zu 2) den Schritt 5 der Beweisregel W2.

Jede andere Überlegung in Bezug auf die Konstruktion des Schleifenkerns ist überflüssig, da sie nichts zur Korrektheit des Programms beiträgt.

Das folgende Diagramm stellt dar, was jedesmal vor dem Ablauf des Schleifenkerns über die Werte der A(i) bekannt ist {I **und** B}:

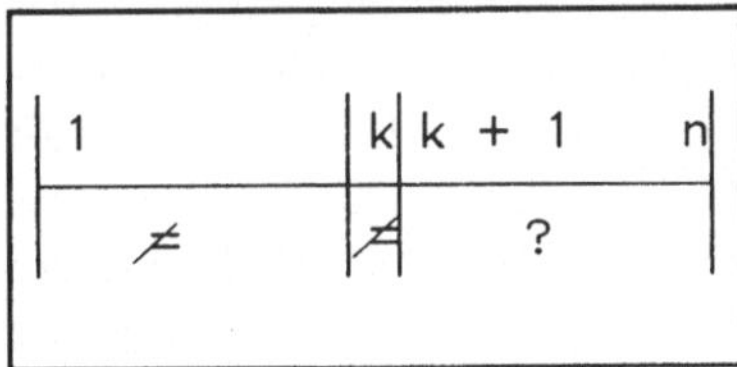

Bild B-28: Die Vorbedingung [I **und** B] des Schleifenkerns

Vergleicht man dieses Diagramm für [I **und** B] mit dem Diagramm für [I] (s. Bild B2-27), wird ersichtlich, daß sich dieses Diagramm in das der Schleifeninvariante umwandelt, wenn k um 1 erhöht wird. Eine entsprechende Betrachtung der logischen Ausdrücke führt zum gleichen Schluß.

Durch die Erhöhung von k wird der unbekannte Bereich kleiner; es wird also dadurch Fortschritt in Richtung Terminierung erzielt. Aus dieser Beobachtung bietet sich die Länge des unbekannten Bereichs in der Schleifeninvariante (siehe Bild B-27), d. h. n-k+1, als Schleifenvariante für den formalen Beweis der Terminierung an.

Der Schleifenkern soll also aus der einen Zuweisung k:=k+1 bestehen.

B.6.7 Das gesamte Programm

Das gesamte Programm lautet dann wie folgt:

```
k:=1
while k≤n und A(k)≠x do k:=k+1 endwhile
Gefunden:=(k≤n)
```

B.6.8 Der Korrektheitsbeweis

Die Korrektheit des hier konstruierten Programms kann, wie auf den Seiten 225ff. dargestellt, bewiesen werden. Der Beweis für dieses Programm wird jedoch einfacher sein - entsprechend seiner einfacheren Struktur.

Ein Unterschied tritt im Beweis der Terminierung auf, und zwar bei der Überlegung, ob ein Laufzeitfehler beim Auswerten der while-Bedingung auftreten kann. Diese Bedingung spricht die Feldvariablen $A(1)$, $A(2)$, ... $A(n+1)$ an. Beim Vergleich der (evtl. nicht deklarierten) Variable $A(n+1)$ wird jedoch der Term $k≤n$ falsch sein, so daß der Wert von $A(n+1)$ nicht maßgeblich ist. Es muß jedoch darauf geachtet werden, wie das ausführende System einen Ausdruck der Form 'falsch und undefiniert' berechnet (s. die Bemerkungen über das Auswerten von Ausdrücken auf den Seiten 224f.). Auf einem System, das diesen Ausdruck als falsch auswertet, wird das hier konstruierte Programm korrekt laufen. Es gibt allerdings Systeme, die den Wert dieses Ausdrucks als undefiniert betrachten und mit einer entsprechenden Fehlermeldung den Programmlauf abnormal abbrechen. Im Kontext eines solchen Systems ist dieses Programm nicht vollständig korrekt.

B.6.9 Schlußbemerkungen

In diesem Abschnitt dienten verschiedene Anforderungen eines Korrektheitsbeweises als Leitlinien für die Konstruktion des Programms. Die sich daraus ergebende und hier eingeschlagene Vorgehensweise ist typisch für in der Praxis vorkommende Konstruktionsaufgaben. Diese Vorgehensweise lenkt die Aufmerksamkeit des Konstrukteurs auf die wesentlichen Aspekte des Programms und gleichzeitig von den unwesentlichen ab. Folglich konstruiert er zielorientierter und systematischer. Das Ergebnis ist oft ein überraschend kompaktes Programm mit einfacher, übersichtlicher und logischer Struktur.

Diese Vorgehensweise unterscheidet sich deutlich von der herkömmlichen Programmierung. Man betrachtet das zu konstruierende Programm aus einem ganz anderen Blickwinkel. Im Vergleich zur herkömmlichen Programmierungsweise achtet man mehr auf Zustände und auf das, was sich nicht ändert (auf Invarianten und Bedingungen), und viel weniger auf die Veränderungen, die die Anweisungen bewirken. Man muß diese andere Vorgehensweise - und vor allem andere Denkweise - lernen und sich in sie einarbeiten. Die Erfahrung mit Ausbildungsprogrammen und Seminaren zeigt, daß dies nicht besonders schwierig ist. Software-Entwickler, die diese neue Vorgehensweise gelernt haben, kehren erfahrungsgemäß nicht zur alten Methode zurück.

Mit Übung und Erfahrung läßt sich die hier geschilderte Vorgehensweise leicht und schnell durchführen. Der Konstrukteur wendet die verschiedenen Beweisregeln fast unbewußt und reflexartig an, genau wie seine Ingenieur-Kollegen der anderen, klassischen Fachrichtungen ihre jeweiligen theoretischen Grundlagen auf praktische Konstruktionsaufgaben anwenden.

C Theoretische Grundlagen der Zuverlässigkeitswachstumsmodelle

C.1 Zuverlässigkeitskennwerte

Soll Software-Zuverlässigkeit quantitativ erfaßt werden, so bedarf es sowohl geeigneter Maße als auch geeigneter Daten, die zur Ermittlung dieser Maße dienen. Ein intuitiv ansprechendes Maß wäre z. B. die Anzahl der Fehler in einem Programm. Zwar ist nicht immer klar, wie die Fehler zu zählen sind, jedoch leuchtet ein, daß ein Programm mit vielen Fehlern weniger zuverlässig ist als eines mit wenigen. In vielen Fällen wird diese Aussage stimmen; sie ist aber dennoch ungenau. Die Zuverlässigkeit eines Produktes, wie sie in /DIN40041/ definiert ist (siehe Kap. 2), leitet sich aus der Funktionserfüllung über eine bestimmte Zeit, nicht jedoch aus den Fehlern ab. Dies ist aus der Sicht eines Anwenders auch angemessen. So kann sich ein Programm mit vielen Fehlern, die jedoch selten zum Versagen führen, als zuverlässiger erweisen, als eines mit nur einem einzigen Fehler, der sehr oft ein Versagen auslöst.

Es ist deshalb angezeigt, die probabilistischen Maße für Zuverlässigkeit, wie sie im Hardware-Bereich seit langem etabliert sind, auch bei der Software-Zuverlässigkeit zu verwenden.

C.1.1 Generelle Einführung der Versagenswahrscheinlichkeit als Kenngröße

Wenn man ein Fehlverhalten einer Einheit oder eines Systems, d. h. ein Nichterfüllen seiner Funktion gemäß der Zuverlässigkeitsdefinition nach /DIN40041/ als ein Versagen definiert, so ist Zuverlässigkeit offensichtlich die Abwesenheit von Versagen während des Beobachtungszeitraums.

Anzumerken ist, daß hier anstelle des sonst in der Zuverlässigkeitslehre verwendeten Begriffs 'Ausfall' der Begriff 'Versagen' benutzt wird. Deshalb ist im folgenden von Begriffen wie Versagenswahrscheinlichkeit und Versagensrate die Rede.

Da in der Regel keine Aussagen absoluter Art für das Eintreten von Versagen möglich sind, ist die Wahrscheinlichkeit R(t), daß kein Versagen im Beobachtungszeitraum stattfindet, oder deren Komplement, die Versagenswahrscheinlichkeit

$$Q(t) = 1 - R(t), \tag{C.1-1}$$

die adäquate Kenngröße für die Zuverlässigkeit. Da beide Größen direkt miteinander verknüpft sind, soll die folgende Betrachtung auf die Versagenswahrscheinlichkeit eingeschränkt werden. Zu ihrer exakten oder näherungsweisen Ermittlung steht das Instrumentarium der mathematischen Theorie der Zuverlässigkeit /Bar65/ bereit, das hier nur angedeutet werden kann. Das Versagensereignis markiert das Ende der Lebensdauer. Ist F(t) die Verteilungsfunktion der Lebensdauer T, d. h.

$$F(t) = W\,\{T \leq t\}, \tag{C.1-2}$$

so gilt deshalb für die Versagenswahrscheinlichkeit

$$Q(t) = F(t). \tag{C.1-3}$$

Oft läßt sich die Lebensdauer als unabhängige Zufallsgröße betrachten, d. h. Abhängigkeiten von besonderen Betriebszuständen oder Umwelteinflüssen liegen entweder nicht vor oder sie treten, weil diese Bedingungen während des Beobachtungszeitraums konstant sind, nicht zutage. In diesem Fall stellt die Verteilungsfunktion der Lebensdauer die maximal mögliche Information über die Zuverlässigkeit dar und alles, was dem Analytiker zu tun bleibt, ist, diese Verteilung durch statistische Auswertung von Beobachtungen zu erfassen.

Beispiele für dauerhaft bzw. regelmäßig im Betrieb befindliche Komponenten sind Elektromotoren und Pumpen. Andere Komponenten dagegen, wie z. B. Schalter, fallen in den meisten Fällen im Zusammenhang mit Anforderungen (Betätigungen) aus. In diesem Fall ist die Lebensdauer keine unabhängige Zufallsvariable und das Anforderungsprofil muß in die Bewertung mit einfließen.

Es besteht jedoch ein Interesse, die Zuverlässigkeit einer solchen Komponente unabhängig vom Anforderungsprofil zu beschreiben, da dieses oft und sehr vom gerade betrachteten Einsatz abhängt.

244

Hierzu wird ein Vorgehen gewählt, das man vielleicht am ehesten als eine 'Änderung der Zeitbasis' beschreiben kann. Ist die in Kalenderzeit gemessene Lebensdauer keine unabhängige Zufallsvariable, so läßt sich eine andere Zufallsvariable finden, die unabhängig ist. Im Fall des Schalters ist dies die Anzahl der Betätigungen bis zum Versagen, also eine diskrete Größe. Ihre Verteilung ist zwar sicherlich geeignet, um verschiedene Schalter zu vergleichen; um jedoch System-Zuverlässigkeit zu beschreiben, ist es erforderlich, die konkreten Einsatzbedingungen (hier also die Anzahl der Betätigungen) zu erfassen, um damit auf die Kalenderzeit umzurechnen.

In der Praxis erweisen sich für kontinuierliche Zeitbasen die Exponentialverteilung und für diskrete Zeiten die geometrische Verteilung als für viele Fälle geeignete Verteilungsgesetze /Bar65/. Beide lassen sich durch jeweils einen einzigen Parameter beschreiben, die Exponentialverteilung durch eine konstante Versagensrate λ, die geometrische Verteilung durch eine Versagenswahrscheinlichkeit pro Anforderung p. Diese Größen werden für die verschiedenen Komponenten durch statistische Auswertung von Betriebserfahrung erfaßt und stehen tabelliert in Datenbanken zur Verfügung (z. B. beim Systems Realibility Service der UKEA in Großbritannien).

Bei der Bewertung komplexer Systeme, die u. U. redundante Komponenten enthalten, spielt auch die Dauer von Einzelausfällen eine Rolle. Es soll hier nicht näher auf die Verfahren zur Berechnung der Zuverlässigkeit eingegangen werden, sondern auf die Literatur /Pet85/ und auf die Richtlinien VDI 4008 - 4010 verwiesen werden. Hier sei nur erwähnt, daß in solche Analysen die Unverfügbarkeit von Teilsystemen eingeht und daß die analytisch schwer zu bestimmende Versagenswahrscheinlichkeit durch die Versagenshäufigkeit approximiert wird.

C.1.2   Die Gegebenheiten im Problemfeld der Software-Zuverlässigkeit

Die oben eingeführten Ansätze, die Versagenswahrscheinlichkeit als die Kenngröße für Zuverlässigkeit zu sehen, sowie die Tatsache, daß diese durch die Verteilungsfunktion der Lebensdauer gegeben ist, sind genereller Natur und gelten auch für Software. Es muß jedoch hier wie dort die Frage untersucht werden, ob die 'Lebensdauer' eines Programms, d. h. die Zeit bis zum ersten Fehlverhalten, als unabhängige Zufallsgröße modelliert werden kann oder soll, oder ob es Einflußgrößen gibt, die signifikant die Lebensdauer beeinflussen.

Ähnlich wie diese Frage bei Hardware-Komponenten verschiedene Antworten findet, ist dies auch bei Software so. Es ist ein Programm denkbar, das kontinuierlich während eines Beobachtungszeitraumes dieselbe Aufgabe wahrnimmt, z. B. das Messen oder Regeln einer Systemgröße. Es sind jedoch auch Programme denkbar, die nur in bestimmten Situationen zur Erfüllung einer Aufgabe benötigt werden. Auch Mischfälle sind denkbar, z. B. daß ein Programm nach einer Anforderung für eine bestimmte Dauer benötigt wird.

Da ein Programm nur dann versagen kann, wenn es läuft, hat es sich eingebürgert, nicht die Kalenderzeit, sondern die Rechenzeit bis zum Versagen als unabhängige Zufallsgröße zu betrachten /Mus75/. Wenn die Ausführung eines Programms sich sinnvoll diskretisieren läßt, so kann man auch einen Programmlauf, z. B. einen Durchgang durch die Hauptschleife, als Zeitbasis ansetzen. Für eine Aussage über die Zuverlässigkeit ist es jedoch in jedem Fall erforderlich, diese Größen auf Kalenderzeit umzurechnen.

Ein weiterer Einflußfaktor ist die Verteilung der Eingangsdaten des Programms. Die meisten Modelle für Software-Zuverlässigkeit müssen die Annahme machen, daß die Voraussetzungen, unter denen das Programm eingesetzt wird, invariant sind, weil die Verteilung der Eingangsdaten nicht explizit in das Modell eingeht. Dies ist eine harte Einschränkung, insbesondere wenn Messungen aus der Testphase für den Betrieb des Programms übernommen werden sollen. Das Problem ist durchaus bekannt; so wird z. B. in /Bas80/ ein (nach Wunsch sogar zeitabhängiger) Faktor eingeführt, der die Variabilität bezüglich der Eingabeverteilung nachbilden soll, ohne daß dieser Faktor jedoch durch das Modell bestimmt werden könnte. Es ist ein Modell denkbar, das diese Verteilung explizit modellieren und ihren Einfluß berücksichtigen kann, hierzu muß allerdings diese Verteilung vorliegen, oder mit einigem Aufwand bestimmt werden /Bec89/. Wo höchste Anfor-

derungen an die Genauigkeit der Messung bestehen oder wo
hochzuverlässige Software qualifiziert werden soll, sind solche
Modelle interessant. Da heute jedoch oft der Aufwand gescheut
wird, auch nur Laufzeitdaten zu erfassen, wird man den Aufwand,
die Verteilung zu schätzen, sicherlich nicht erwägen, solange man
nicht muß.

C.1.3 Korrektheitswahrscheinlichkeit als Kenngröße

Es läßt sich zeigen, daß eine einfachere Kenngröße eines Programms zur Abschätzung der Versagenswahrscheinlichkeit dienen
kann. Es ist die Korrektheitswahrscheinlichkeit

$$1\text{-}p_f = W \quad \{\text{Das Programm enthält keinen Fehler.}\}$$

bzw. die Fehlerwahrscheinlichkeit

$$p_f = W \ \{\text{Das Programm enthält mindestens einen Fehler}\}. \quad (C.1\text{-}4)$$

Betrachtet werde das Versagensereignis für einen beliebigen Beobachtungszeitraum (t_B). Seien

    A: Das Ereignis, daß das Programm versagt
    B: Das Ereignis, daß das Programm Fehler enthält

Nun kann ein Programm nur versagen, wenn es Fehler enthält.
Umgekehrt gilt das nicht unbedingt. Deshalb kann man schreiben:

$$B \supseteq A \qquad\qquad\qquad (C.1\text{-}5)$$

Dies kann man in einem Venn-Diagramm nach Bild C-1 ausdrükken.

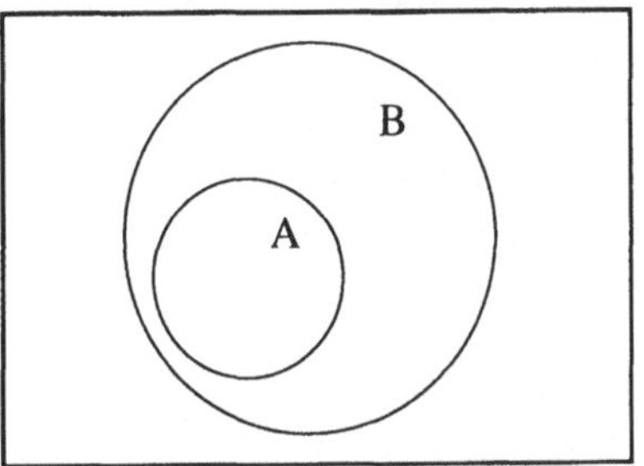

Bild C-1: Darstellung des Versa-
gens- und des Fehlerereignisses

In diesem Fall gilt:

$$Q(t_B)=W\{A\} \leq W\{B\} = p_f$$

bzw.

$$Q(t_B) \leq p_f. \qquad (C.1\text{-}6)$$

Somit ist die Fehlerwahrscheinlichkeit p_f, die nicht von den
Eingabedaten abhängt, stets eine

konservative Abschätzung für die Versagenswahrscheinlichkeit. Das Ausmaß dieser Konservativität hängt vom Einzelfall ab; bei großen Beobachtungszeiten ist eine geringere Konservativität zu erwarten als bei kleinen.

Sofern ein Software-Zuverlässigkeitsmodell einen Wert für p_f liefert, kann man diesen generell als konservative Abschätzung für die Versagenswahrscheinlichkeit benutzen, was eine erhebliche Vereinfachung der Analyse darstellt. Nur muß p_f für sinnvolle Anwendungen klein genug sein.

Nach dem heutigen Stand der Technik bedeutet eine quantitative Analyse demzufolge, daß Laufzeiten (oder gegebenenfalls Anzahlen von Programmläufen) zwischen Fehlern erfaßt werden. Die erfaßten Laufzeiten dienen zur Schätzung der Verteilung der kommenden Laufzeiten oder verwandter Größen. Diese können zum einen reflektieren, in welchem Zustand das Programm bezüglich seiner Zuverlässigkeit ist, z. B. wie weit es von einem angestrebten Zuverlässigkeitsniveau noch entfernt ist, zum anderen können sie in eine quantitative System-Zuverlässigkeitsanalyse als Basisdaten für mit Software zusammenhängende Versagen eingehen.

C.2 Zur Annahme exponentialverteilter Lebensdauern bei Software

Fast alle vorhandenen Zuverlässigkeitswachstumsmodelle gehen von exponentialverteilten Lebensdauern aus oder aber von Verteilungen, die mit der Exponentialverteilung verwandt sind, wie die Weibullverteilung (enthält die Exponentialverteilung als Spezialfall) oder die Paretoverteilung (entsteht aus der Exponentialverteilung bei Γ-verteilter Versagensrate). Im Folgenden wird das Konzept eines idealisierten Programms eingeführt, welches exponentialverteilte versagensfreie Laufzeiten aufweist. Über andere Programme läßt sich lediglich sagen, daß, je näher sie in ihrem Verhalten dem unten beschriebenen Ideal kommen, desto eher wird die Annahme der Exponentialverteilung stimmen.

Konsequenzen für die anzuwendende Teststrategie werden im darauf folgenden Abschnitt aufgeführt.

C.2.1 Herleitung der Exponentialverteilung

Es wird ein Programm betrachtet, das nicht über interne Speicher von der Vergangenheit abhängt. Für ein solchres Programm ist das Operationsprofil mit dem Eingabeprofil identisch. Über das Eingabeprofil wird angenommen, daß eine Fehlerdomäne existiert, deren Elemente zufällig und unabhängig von der jeweiligen Vorgeschichte mit der Wahrscheinlichkeit p ausgewählt werden. Das Programm sei so schnell, daß es jede der unregelmäßig mit einer Häufigkeitsdichte h eintreffenden Anforderungen ohne Zeitkonflikte erfüllen kann, daß also die Dauer eines Laufs zu vernachlässigen ist.

Es sollen die Verteilungsfunktion der Lebensdauer und die Versagensrate des Programms bestimmt werden: In einem hinreichend großen Zeitraum t wird das Programm $(m = h\,t)$-mal aufgerufen werden. Das heißt:

$$W\{\text{Versagen in }(0,t)\} = 1 - W\{\text{kein Versagen in }(0,t)\} =$$

$$= 1 - (1-p)^{m} = 1 - (1-p)^{ht} = F(t) \qquad (\text{C.2-1})$$

Für die Versagensrate gilt:

$$\lambda(t) = \frac{f(t)}{1-F(t)} = \frac{-h(1-p)^{ht}\ln(1-p)}{(1-p)^{ht}} =$$

$$= -h\ln(1-p) = \text{const} \qquad (\text{C.2-2})$$

Dabei ist die Verteilungsdichte f() die Ableitung der Verteilungsfunktion F().

Es zeigt sich also, daß ein *gedächtnisloses* Programm, das einem gedächtnislosen Eingabeprofil unterworfen ist, eine exponentialverteilte Lebensdauer aufweist. (Anmerkung: Für $p \ll 1$ gilt: $-\ln(1-p) \approx p$, so daß man $\lambda(t) \approx hp$ ansetzen kann.)

Nun sind reale Programme, wie oben bereits ausgeführt, durchaus *gedächtnisbehaftet* und reale Operationsprofile auch. Dieses Gedächtnis hängt in seiner zeitlichen Ausdehnung vom Programm selber bzw. von den im kontrollierten System vorhandenen Zeitkonstanten ab. Es wird in der Praxis höchstens einige Stunden ausmachen. Da die Zeiträume, die bei Zuverlässigkeitsuntersuchungen interessieren, eher im Bereich von Monaten oder Jahren liegen, kann man schließen, daß das Versagensverhalten von ständig laufenden Programmen durch eine exponentialverteilte Lebensdauer näherungsweise gut beschrieben werden kann.

C.2.2 Konsequenzen für die zu wählende Teststrategie

Während man im Test keinen Einfluß auf das 'Gedächtnis' des Programms hat, abgesehen davon, daß man es ja öfter neu starten kann, so hat man doch einen Einfluß auf die Verteilung der Eingabewerte. Hierbei stößt man jedoch auf das Dilemma, daß die Forderung nach völliger Unabhängigkeit der Auswahl eines Testfalles von der Vergangenheit sich mit den üblichen Vorgehensweisen von Testern schwer vereinbaren läßt. So wird ein Tester, getrieben von der Absicht, Fehler zu lokalisieren, vielleicht eine Funktion, bei der er bereits einen Fehler gefunden hat, zunächst öfter ansprechen als andere. Außerdem gibt es beim Testen oft eine gewisse Systematik, z. B. nach Funktionen getrennt vorzugehen. Alle diese Konzepte machen den Test zwar nicht deterministisch (es bleibt ein zufälliges Element bei der Auswahl der Eingaben), jedoch verletzen sie die Voraussetzungen auf Grund derer auf exponentialverteilte Lebensdauern geschlossen werden darf.

Am nächsten kommt man der gewünschten Verteilung, wenn man alle Testfälle vor Beginn des Tests festlegt und den Test so gestaltet, daß man für jeden Testlauf einen dieser Eingabedatensätze zufällig auswählt. Ist dieses Vorgehen nicht möglich, so kann man die Rohdaten evtl. künstlich dergestalt umsortieren, daß sie das gewünschte Verhalten aufweisen /Tra85/. Hierzu ist es jedoch erforderlich, die Laufzeiten jedes Testlaufs und die damit getesteten Funktionen zu erfassen und nicht nur die Zeiten zwischen Versagen.

C.3 Ausgewählte Zuverlässigkeitswachstumsmodelle

Während der letzten Jahre wurde eine große Zahl von Zuverlässigkeitswachstumsmodellen veröffentlicht. Eine umfangreiche Bibliographie befindet sich in /Dhi83/. Die Modelle unterscheiden sich nach der zugrunde gelegten treibenden Ressource, nach der Art ihres Einflusses und nach der angesetzten Lebensdauerverteilungsfunktion. Im folgenden soll ein solches Modell aus den zugrunde liegenden Annahmen abgeleitet werden.

C.3.1 Das binomiale Modell

Zur Herleitung der Versagensrate λ_i eines Programms nach dem Auftreten des (i-1)-ten Versagens wird von folgenden Annahmen ausgegangen /Mus87/:

1. Wenn ein Programm versagt, wird der zugrunde liegende Fehler sofort erfolgreich beseitigt.
2. Zum Zeitpunkt t = 0 befinden sich u_0 Fehler im Programm.
3. Das Operationsprofil und die Lage der Fehler im Programm sind so geartet, daß a-te Fehler nach einer zufälligen Zeit T_a ein Versagen verursacht. Diese Zeiten seien unabhängig voneinander nach der Verteilungsfunktion $F_a(t)$ verteilt. Die $F_a(t)$ sind für alle Fehler identisch.

Selbstverständlich sind diese Annahmen relativ grob; so können in großen Programmen Fehler vorhanden sein, die entweder nicht beseitigt werden können oder bei deren Beseitigung neue Fehler eingebaut werden. Auch die Annahme 3, die besagt, daß alle Fehler etwa die gleiche Wirkung haben, trifft selten zu. Trotzdem gelangt man zu Modellen, die das Verhalten vieler Datensätze gut nachbilden. Da die Daten, die gemessen werden, Versagenszeitpunkte oder Zeiten zwischen Versagen sind, sollte ein Modell Informationen zur Verteilung dieser Größen liefern. Seien T_i (i = 1,2,...) die Zufallsvariablen, die die Zeit bis zum i-ten Versagen und T'_i (i = 2,...) die Zufallsvariablen, die die Zeiten zwischen aufeinanderfolgenden Versagen beschreiben, so daß $T_i=T_{i-1}+T'_i$ (i = 2,...). Die Zahlenwerte von T_i und T'_i sind t_i und t'_i. Ferner sei n(t) die Anzahl der bis zum Zeitpunkt t erfolgten Versagen und N(t) die zugehörige Zufallsvariable.

Man betrachte nun die beiden Ereignisse

E1: Bis zum Zeitpunkt t fanden mindestens i Versagen statt

$$(N(t) \geq i).$$

E2: Die Zeit bis zum i-ten Versagen ist höchstens t ($T_i \leq t$).

Anhand Bild C-2 kann man sich klarmachen, daß die beiden Ereignisse identisch sind, d. h.:

$$E1 \equiv E2 \qquad (C.3\text{-}1)$$

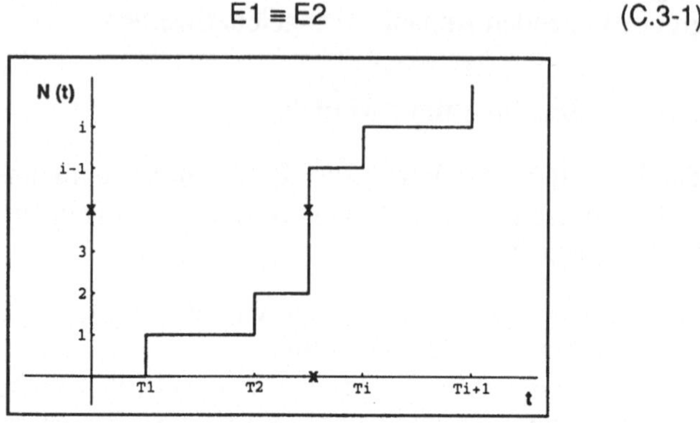

Bild C-2: Zusammenhang der Größen n(t) und t_i

Demzufolge gilt:

$$\bar{F}_i(t) = W\{T_i \le t\} = W\{N(t) \ge i\} \qquad (C.3\text{-}2)$$

Die rechte Seite von (C.3-2) stellt die reziproke Verteilungsfunktion der Größe N(t) dar. Hier handelt es sich um eine diskrete Verteilung, da N nur ganzzahlige Werte annehmen kann.

Das Programm enthalte zu Beginn des Betrachtungszeitraumes u_0 Fehler. Bis zum Zeitpunkt *t* hat jeder der u_0 Fehler mit der Wahrscheinlichkeit p(t) ein Versagen verursacht. Das Ereignis N=i entspricht dem Ereignis, daß i Fehler aufgetreten sind und u_0-i Fehler nicht, wobei es $\binom{u_0}{i}$ mögliche Kombinationen gibt.

Somit erhält man:

$$W\{N(t) = i\} = \binom{u_0}{i} p(t)^i (1 - p(t))^{u_0 - i} \qquad (C.3\text{-}3)$$

Hierbei handelt es sich um die Binomialverteilung, von der dieses Modell seinen Namen hat. Damit erhält man für die Verteilungsfunktion:

252

$$F_i(t) = \sum_{j=i}^{u_o} \binom{u_o}{j} (p(t))^j (1 - p(t))^{u_o - j} \qquad \text{(C.3-4)}$$

Von Interesse ist auch $F_i(t \mid T_{i-1} = t_{i-1})$ als die bedingte Verteilung für T_i, bei $T_{i-1} = t_{i-1}$. Sie dient zur Beantwortung der Frage nach den Charakteristika des nächsten Versagenszeitpunktes, nachdem der letzte eingetreten ist. Aus (C.3-1), Bild C-2 und aus dem Ereignis, daß die Zufallsvariable $T_{i-1} \leq t$ ist, läßt sich $N(t) \geq i-1$ folgern.

Deshalb gilt für die gesuchte Funktion:

$$F_i(t \mid T_{i-1} = t_{i-1}) = W\,\{N(t) \geq i \mid N(t_{i-1}) = i - 1\} =$$

$$= \sum_{j=i}^{u_o} W\left\{N(t) = j \mid N(j_{i-1}) = i - 1\right\} \qquad \text{(C.3-5)}$$

(wobei $t \geq t_{i-1}$)

Für die Summanden der rechten Seite von (C.3-5) gilt analog zur Argumentation für (C.3-3): Es sind ab dem Zeitpunkt t_{i-1} noch u_o-(i-1) Fehler im Programm. Damit $N(t)=j$ wird, müssen davon noch j-(i-1) Fehler bis zum Zeitpunkt t auftreten. Die Wahrscheinlichkeit, daß der a-te Fehler ($a=1...i...u_0$) im betreffenden Intervall zum Versagen führt, ist durch die bedingte Lebensdauer-Verteilung gegeben, d. h.

$$p = F_a(t \mid t \geq T_{i-1}). \qquad \text{(C.3-6)}$$

Damit erhält man die modifizierte Binomial-Verteilung

$$F_i(t \mid T_{i-1} = t_{i-1} = \sum_{j=i}^{u_o} \binom{u_o - (i-1)}{j-(i-1)} p^{j-(i-1)} (1-p)^{u_o-(i-1)-(j-(i-1))} \qquad \text{(C.3-7)}$$

Sei $u_0' = u_0$-(i-1) und $k=j$-(i-1). Damit wird (C.3-7) zu

$$F_i(t \mid T_{i-1} = t_{i-1} = \sum_{j=i}^{u_o'} \binom{u_o'}{k} p^k (1-p)^{u_o'-k} \qquad \text{(C.3-8)}$$

Ferner gilt:

$$F_i(t \mid T_{i-1} = t_{i-1}) = \left(\sum_{j=i}^{u_0'} \binom{u_0'}{k} p^k (1-p)^{u_0'-k} \right) - (1-p)^{u_0'} \qquad (C.3\text{-}9)$$

Die eingeklammerte Summe in (C.3-9) beschreibt das Ereignis, daß $0,1,2...u_0'$ von u_0' möglichen Fehlern auftreten. Dies ist das sichere Ereignis: Somit ist die Summe gleich 1 und

$$F_i(t \mid T_{i-1} = t_{i-1}) = 1 - (1-p)^{u_0'} = 1 - (1 - F_a(t \mid T_a > t_{i-1}))^{u_0-(i-1)}. \qquad (C.3\text{-}10)$$

Aus $t = t_{i-1} + t'$ folgt sofort:

$$F_i(t' \mid T_{i-1} = t_{i-1}) = 1 - (1 - F_a(t_{i-1} + t' \mid T_{i-1} + T_a > t_{i-1}))^{u_0-(i-1)} \qquad (C.3\text{-}11)$$

Diese Formel läßt sich weiter vereinfachen, wenn man die zugehörigen Intensitätsfunktionen $\lambda_i(t' \mid T_{i-1} = t_{i-1})$ und $\lambda_a(t)$ betrachtet. $\lambda_a(t)$ ist die $F_a(t)$ entsprechende Versagensrate des a-ten Fehlers.

Bekanntlich gilt generell:

$$F(t) = 1 - e^{\displaystyle -\int_0^t \lambda(x)dx} \qquad (C.3\text{-}12)$$

Für $F_a(t \mid T_a > t_{i-1})$ gilt nach der Gleichung:

$$W\{A \mid B\} = W\{A \cap B\} / W\{B\} \; ;$$

$$W\{T_a \le t \mid T_a > t_{i-1}\} = \frac{W\{T_a \le t \cap T_a > t_{i-1}\}}{W\{T_a > t_{i-1}\}} = \frac{F_a(t) - F_a(t_{i-1})}{1 - F_a(t_{i-1})} \qquad (C.3\text{-}13)$$

Aus (C.3-12) und (C.3-13) ergibt sich:

$$F_a(t \mid T_a > t_{i-1}) = 1 - e^{\displaystyle -\int_{t_{i-1}}^t \lambda_a(x)dx} \qquad (C.3\text{-}14)$$

bzw. mit $t = t_{i-1} + t'$ ergibt sich:

$$F_a(t) = 1 - e^{\displaystyle -\int_{t_{i-1}}^{t_{i-1}+t'} \lambda_a(x)dx} \qquad (C.3\text{-}15)$$

Diese Gleichung (C.3-15) wird in (C.3-11) eingesetzt:

$$F_i(t\,|\,T_{i-1} = t_{i-1}) = 1 - e^{\displaystyle -(u_0-i+1)\int_{t_{i-1}}^{t_{i-1}+t'} \lambda_a(x)dx} \qquad (C.3\text{-}16)$$

Mit der Gleichung $\lambda(t) = f(t)/(1-F(t))$ erhält man für die gesuchte Versagensrate λ_i:

$$\lambda_i(t_{i-1}+t'\,|\,T_{i-1} = t_{i-1}) = (u_0-i+1)\,\lambda_a(t_{i-1}+t') \qquad (C.3\text{-}17)$$

(Da alle Fehler die gleiche Versagensrate λ_a aufweisen.)

Gleichung (C.3-17) zeigt, daß die Versagensrate eines Programms von der Anzahl der übrig gebliebenen Fehler und vom letzten Versagenszeitpunkt abhängt.

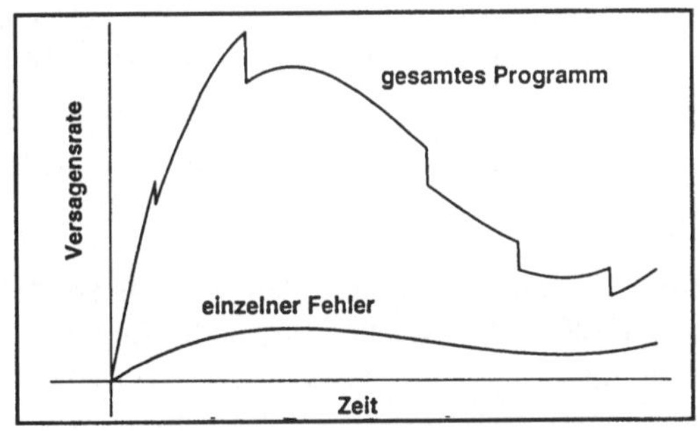

Bild C-3: Zusammenhang zwischen der Versagensrate auf Grund eines bestimmten Fehlers (λ_a) und der des Programms (λ_i)

Zu den Versagenszeitpunkten weist sie Diskontinuitäten der Höhe $\lambda_a(t)$ auf (s. Bild C-3).

C.3.2   Das Jelinski-Moranda-Modell

Eine naheliegende Vereinfachung des oben gefundenen binomialen Modells wäre die Wahl von $\lambda_a(t) = $ const. Dies heißt, daß die Lebensdauer des Programms exponentialverteilt ist, wie es auf den Seiten 248ff. auch inhaltlich begründet wurde.

Mit $\lambda_a(t) = \varphi = $ const erhält man

$$\lambda(t \mid T_{i-1} = t_{i-1}) = (u_0 - i + 1)\,\varphi = \lambda_i \qquad\qquad (C.3\text{-}18)$$

unabhängig von t und t_{i-1}.

Dieses Modell ist zuerst von Jelinski und Moranda beschrieben worden /Jel73/. Es ist das älteste und bekannteste Modell für Software-Zuverlässigkeit. Mit geeigneten Verfahren, die hier nur erwähnt werden sollen (Maximum-Likelihood-Methode, Least Square Verfahren, Bayes'sche Schätzung) kann man Schätzwerte u_0 und φ aus einer Folge von t_i, die während des Testens aufgezeichnet wurden, bestimmen. Daraus ergibt sich sofort die verbleibende Versagensrate des Programms unter Testbedingungen. Die Versagensrate unter Testbedingungen muß dann gegebenenfalls noch an die realen Betriebsbedingungen angepaßt werden.

C.3.3   Das geometrische De-Eutrophikationsmodell von Moranda

Ein Kritikpunkt an den binomialen Modellen, besonders auch am Jelinski-Moranda-Modell, ist die zugrunde liegende Annahme, daß alle Fehler im Programm das Versagensverhalten gleichartig beeinflussen. Dies ist in der Praxis oft nicht haltbar; vielmehr wird es einige Fehler geben, die mehr zur Versagensrate beitragen als andere.

Solche Fehler haben die Tendenz, früh aufzutreten, und ihre Behebung hat einen verhältnismäßig großen Einfluß auf die Versagensrate. Nun zeigen versagensfreie Laufzeiten von Programmen, wenn man sie im halblogarithmischen Maßstab gegen den Index aufträgt (siehe Bild C-4) häufig einen annähernd linearen Trend.

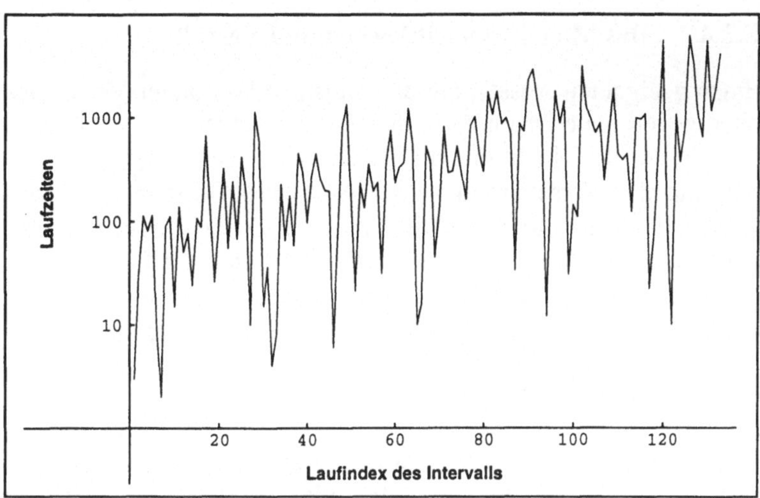

Bild C-4: Versagensfreie Zeiten eines Programms (Musa)

Dieser Trend läßt sich ausdrücken als

$$\ln \overline{T}_{i-1} - \ln \overline{T}_i = \text{const} = k \; ; \qquad (C.3\text{-}19)$$

oder

$$\frac{\overline{T}_{i-1}}{\overline{T}_i} = e^k = r \; ; \qquad (C.3\text{-}20)$$

Dabei ist $\overline{T}_i = E\{T_i\} = \dfrac{1}{\lambda_i}$, so daß

$$\frac{\lambda_i}{\lambda_{i-1}} = r \ \text{ bzw. } \lambda_i = \lambda\, r^{i-1} \; . \qquad (C.3\text{-}21)$$

Diese Variante wurde von Moranda /Mor75/ einige Jahre nach dem Jelinski-Moranda-Modell entwickelt. Der Name resultiert daraus, daß die Versagensrate sich nach den Gesetzmäßigkeiten einer geometrischen Folge verringert. In /Tra85/ wird das geometrische Verhalten aus einer ganz bestimmten Teststrategie abgeleitet.

C.3.4   Das Modell von Littlewood und Verrall

Einen geeigneten Ansatz, um die Annahme konstanter Versagensraten gegen reale Daten zu prüfen, ist das Modell von Littlewood
und Verrall /Lit74/. In diesem Modell wird, um eine gewisse Variabilität der Versagensrate zuzulassen, diese letztere als Γ-ver-
teilte Zufallsvariable aufgefaßt. Um einen Zuverlässigkeitswachstumsprozeß abbilden zu können, verschiebt sich der Lageparameter dieser Γ-Verteilung für jede Ausfallzeit in Richtung zu kleine-
ren Medianwerten. Für die Verteilung der versagensfreien Laufzeiten ergibt sich unter diesen Voraussetzungen eine Paretoverteilung, deren korrespondierende Versagensrate monoton fällt. Ein
gutes Kriterium, um das Ausmaß der Variabilität der Versagensrate abzuschätzen, ist sicherlich die Breite der angegebenen Verteilung, die sich z. B. durch die relative Standardabweichung
quantifizieren läßt. Sollte diese sich als gering herausstellen, so
wäre dies ein Beleg für die oben theoretisch abgeleitete konstante
Versagensrate.

Dazu soll im folgenden der Datensatz herangezogen werden, der
in der Originalveröffentlichung zur Illustration des Littlewood-
Verrall-Modells benutzt wurde, da hierfür die Schätzungen für die
Parameter bereits vorliegen.

Für die Γ-verteilte Versagensrate gilt die Verteilungsdichte:

$$f(\lambda) = \frac{\beta^{\alpha}}{\alpha}\,\lambda^{\alpha-1}e^{-\beta\lambda}; \quad \text{mit } \lambda \geq 0 \tag{C.3-22}$$

λ: Versagensrate einer fehlerfreien Laufzeit des Programms
α: Formparameter der Γ-Verteilung
β: Lageparameter der Γ-Verteilung

Um einen möglichen Trend in den Daten zu erfassen, wird im
Littlewood-Verrall-Modell der Lageparameter β durch eine Funktion ψ (i, β_0, β_1) ersetzt. ψ ist eine monoton wachsende Funktion
von i (Laufindex der betrachteten fehlerfreien Laufzeit) mit den
beiden Parametern β_0, β_1. Mit der Maximum-Likelihood-Methode werden die drei freien Parameter des Modells α, β_0 und β_1 bestimmt.

Tabelle C-1 zeigt einen Datensatz und entsprechende Schätzungen für 5 ψ-Funktionen, die /Lit73/ entnommen sind.

Um die Ergebnisse besser beurteilen zu können, werden Erwartungswert und Varianz der Γ-Verteilung betrachtet. Es gilt:

$$E\{\lambda\} = \frac{\alpha}{\beta} ; \qquad \mathrm{var}\{\lambda\} = \frac{\alpha}{\beta^2} ; \qquad \text{(C.3-23)}$$

i	1	2	3	4	5	6	7	8	9	10	11	12
t'_i Tage	9	12	4	20	94	72	9	36	37	70	6	115

	$\Psi(i, \beta_0, \beta_1)$		$\Psi(13, \beta_0, \beta_1)$		α		$\lambda(13)$	
A	$\beta_0+\beta_1 i^2$		332472.1		2153.51		0.007041	
B	$\exp(\beta_0+\beta_1 i)$		$40.7331*10^9$		$0.2014*10^9$		0.005358	
C	$\beta_0 i+\beta_1 i^2$		486131.1		4164.94		0.009281	
D	$\beta_0+\beta_1 i$		265838		2823.73		0.01151	
E	$\beta_0+\beta_1 i^3$		1205427		5.8755		0.005280	

Tabelle C-1: Ein Datensatz mit Parameterschätzungen für das Littlewood-Verrall-Modell

Die relative Standardabweichung als Maß für die Breite der Verteilung ergibt sich zu

$$s_n\{\lambda\} = \frac{\sqrt{\mathrm{var}\{\lambda\}}}{E\{\lambda\}} = \frac{1}{\sqrt{\alpha}} . \qquad \text{(C.3-24)}$$

Akzeptiert man die Größe s_n als Maß für die stochastischen Einflüsse, die die Versagensrate zu einer Zufallsgröße machen, so folgt hieraus, daß ein großer Wert für α vorzuziehen ist, da ein solches Modell den in den Daten vorhandenen Trend weitestgehend in der Ψ-Funktion wiedergibt, anstatt eigentlich systematische Veränderungen zu stochastischen Unsicherheiten im Rahmen der Modellierung zu machen. Wie man leicht finden kann, liegen die relativen Streuungen der ersten 4 Varianten (A,B,C,D) allesamt im Bereich weniger Prozent, so daß sie allesamt geeignet erscheinen, den Trend in diesem Datensatz zu modellieren. Den kleinsten Wert (im Subpromillebereich) hat mit $s_n = 7.5*10^{-5}$ das Modell B. Es soll deshalb etwas genauer untersucht werden.

Setzt man Variante B in die Gleichung für den Erwartungswert ein, so ergibt sich

$$E\{\lambda\} = \frac{\alpha}{\exp{(\beta_0+\beta_1 i)}} = [\alpha e^{-(\beta_0+\beta_1)}]^* [e^{-\beta_1}]^{i-1} = \lambda_1 r^{i-1} \, ,$$

(C.3-25)

wobei $\qquad \lambda_1 = \alpha\, e^{-(\beta_0+\beta_1)}$ und $r = e^{-\beta_1}$.

Das entspricht dem oben bereits vorgestellten geometrischen Modell von Moranda. Da sich andere Datensätze ähnlich verhalten, könnte man das Littlewood-Verrall-Modell interpretieren als eine Methode, durch Überparametrisierung das Vorliegen einer konstanten Versagensrate, die bei Fehlerkorrekturen um einen konstanten Faktor kleiner wird, nachzuweisen.

C.3.5 Der nicht-homogene Poissonprozeß

Wie eingangs erwähnt, wird bei einem Zuverlässigkeitswachstumsprozeß der Einfluß einer Ressource auf das Versagensverhalten modelliert. Eine naheliegende, jedoch nicht zwingende Wahl für diese Ressource ist das Versagens- (und damit Reparatur-) Ereignis, wie sie in den vorangegangenen Modellen getroffen wurde. Andere Autoren sehen die Zeit, die ein Programm ausgetestet wird, als treibende Ressource an. Das heißt, es gibt keine Funktion λ_i wie bei den vorigen Modellen, sondern ein $\lambda(t)$, gemäß dem Versagensfälle generiert werden. Diese Annahmen führen zu nicht-homogenen Poissonprozessen (NHPP) /Mus87, Goe79/, auf die hier nicht näher eingegangen werden soll. Für die oben beschriebenen Modelle einer Versagensrate, die linear bzw. exponentiell mit der Anzahl der erfahrenen Versagensfälle sinkt, gibt es Pendants. Dabei geht bei den NHPPs nicht die Anzahl der Versagensfälle, sondern deren Erwartungswert als abhängige Größe ein. NHPP-Modelle sind in ihrer Fähigkeit, gemessene Lebensdauer von Programmen zu modellieren, nicht von ihren Pendants zu unterscheiden. Wegen der fehlenden Diskontinuitäten in der

Versagensrate ist die mathematische Beschreibung an manchen Punkten einfacher. Während es z. B. kein geometrisches binomiales Modell gibt, ist ein geometrisches NHPP-Modell durchaus möglich.

C.3.6 Ein Modell zur Berücksichtigung von Abhängigkeiten

Literatur und Untersuchungen deuten darauf hin, daß versagensfreie Laufzeiten exponentialverteilt sind und Fehlerkorrekturen die Versagensraten gemäß den Gesetzmäßigkeiten einer geometrischen Folge sinken lassen. Es stellt sich damit fast zwangsläufig die Frage, ob damit denn alles, was ein Satz von Laufzeitdaten hergibt, ausgeschöpft ist. Um dies zu untersuchen, wurde von den Daten, wie sie in der Literatur zu finden sind, ausgegangen. Diese Daten wurden als abstrahierte Zeitreihe aufgefaßt und mit den Methoden der Zeitreihenanalyse (Box und Jenkins) untersucht. Die Resultate dieser Untersuchung finden sich in /Bec87/.

Eine Analyse nach Box und Jenkins setzt sich aus den Phasen Trendbereinigung, Modellbildung und Parameterschätzung zusammen. Die Trendbereinigung läßt sich unter der Annahme, daß es sich um einen geometrischen Trend handelt, sofort dergestalt vornehmen, daß die Folge der Differenzen der Logarithmen der fehlerfreien Laufzeiten betrachtet wird. Bei den untersuchten Datensätzen war hier kein Trend mehr zu erkennen.

Abhängigkeiten können prinzipiell beliebiger Natur sein. Eine Analyse ist jedoch im allgemeinen nur unter der Annahme der Linearität möglich. Dies führt zu den in /Box76/ und /Cha80/ behandelten ARIMA-Prozessen, deren Untersuchung besonders in /Box76/ sehr ausführlich beschrieben wird.

Ausgangspunkt dieser Modellvorstellung ist eine Zeitreihe aus unabhängigen Zufallszahlen, die in der Literatur als normalverteilt angenommen wird und als 'weißes Rauschen' bezeichnet wird. Die Annahme der Normalverteilung ist allerdings nur für die statistische Absicherung der Ergebnisse erforderlich.

Eine Linearkombination aus vergangenen Werten dieser Folge a_i bildet die real erfahrene Folge z_i, d. h.

$$z_i = \sum_{k=0}^{i} \Theta_k\, a_{i-k} \; ; \qquad\qquad (C.3\text{-}26)$$

oder

$$z_i = \Theta_i * a_i$$

wobei * das Symbol für die diskrete Faltung und Θ_i eine Übertragungsfunktion ist.

In solchen Fällen, in denen die Θ_k ab einem kleinen Wert $k > M$ sämtlich Null sind, ist dieses Modell unmittelbar zur theoretischen Nachbildung einer Zeitreihe nützlich, da dann ein Modell mit wenigen Parametern vorliegt. In diesem Fall spricht man von einem moving-average-Prozeß der Ordnung M, für den insgesamt folgende Gleichung gilt:

$$\tilde{z}_i = z_i - \mu_i = a_i + \sum_{k=0}^{M} \Theta_k\, a_{i-k} \qquad\qquad (C.3\text{-}27)$$

z_i: i-tes Glied der betrachteten Zeitfolge

$\tilde{z}_i$: um den Mittelwert bereinigtes z_i

μ_i: Mittelwert der Zeitfolge

a_i: i-tes Glied einer unkorrelierten Folge um Null normalverteilter Zufallsvariablen

Θ_k: $k = 1...M$ (moving-average-Parameter)

Bildet man die Autokorrelationsfunktion eines moving-average-Prozesses der Ordnung M, so läßt sich zeigen /Box76/, daß nur die ersten M Glieder von Null verschieden sein können.

Dies stellt einen wesentlichen Faktor in der Identifizierung von moving-average-Prozessen dar: Die Autokorrelationsfunktion sollte nach wenigen von Null verschiedenen Werten abbrechen. Bildet man die empirische Autokorrelationsfunktion von vorhandenen Datenbeständen, so stellt sich generell heraus, daß stets der erste, oft aber auch die beiden ersten Werte sich deutlich von Null unterscheiden, während danach die Kurve sehr nahe um den Nullwert pendelt. Deshalb wird für das Modell gefolgert:

Die Differenzen der logarithmisch transformierten Zeitreihe bilden einen moving-average-Prozeß zweiter Ordnung.

Nun läßt sich leicht zeigen, daß die Differenzen einer Folge unkorrelierter Zufallszahlen, sofern diese Differenzenfolge schwach stationär ist, einen moving-average-Prozeß erster Ordnung bilden muß. Stellt es sich heraus, daß bei diesen Differenzen zwei Werte der Autokorrelationsfunktion von Null verschieden sind, so ist zu folgern, daß die fehlerfreien Laufzeiten nicht statistisch unabhängig sind!

Dieses Ergebnis ist bedeutsam, weil in der Regel die Modelle davon ausgehen, daß die versagensfreien Zeiten bis auf den Trend unabhängig voneinander sind, während die Analyse vorhandener Daten zeigt, daß dies nicht zutrifft. Es geht nun darum, die in den Daten vorhandene Information weitestgehend auszuschöpfen, um bezüglich der Versagensrate zu sicheren Ergebnissen zu kommen. Deshalb soll im folgenden ein Modell entwickelt werden, welches die Berücksichtigung solcher Abhängigkeiten gestattet.

Unmittelbar aus der vorangegangenen Annahme eines moving-average-Prozesses folgt für die versagensfreie Laufzeit T'_i:

$$\ln T'_i - \ln T'_{i-1} = z_i \qquad (C.3\text{-}28)$$

mit
$$z_i = r + a_i + \Theta_1 \, a_{i-1} + \Theta_2 \, a_{i-2}$$

(r gibt den Trend an)

Für diese Gleichungen könnte man die freien Parameter schätzen. Nun liegt der Gedanke nahe, daß ein durch Differenzenbildung entstandener moving-average-Prozeß zweiter Ordnung vorher ein entsprechendes Verhalten erster Ordnung aufweisen könnte. Dieses Phänomen soll hier untersucht werden. Trifft dies nämlich für den betrachteten Prozeß zu, so läge eine Überparametrisierung vor, d. h. anstelle von Θ_1 und Θ_2 hätte ein Parameter Θ dieselbe Aussagekraft. Betrachtet man den moving-average-Prozeß erster Ordnung

$$y_i = a_i + \Theta a_{i-1} \, , \qquad (C.3\text{-}29)$$

so ergibt einmaliges Differenzenbilden

$$z_i = y_i - y_{i-1} \tag{C.3-30}$$

$$= a_i + \Theta a_{i-1} - a_{i-1} - \Theta a_{i-2} = a_i + (\Theta - 1)\, a_{i-1} + (-\Theta)\, a_{i-2} \; ;$$

und somit

$$\Theta_1 = \Theta - 1$$
$$\Theta_2 = -\Theta \qquad \text{(durch Koeffizientenvergleich)} \tag{C.3-31}$$

Durch Bilden der entsprechenden Erwartungswerte kann man die ersten beiden Autokorrelationskoeffizienten des moving-average-Prozesses zweiter Ordnung ermitteln, welche hier lediglich angegeben werden:

$$\Upsilon_1 = \frac{\Theta_1(1+\Theta_2)}{1 + \Theta_1^2 + \Theta_2^2} \; ; \tag{C.3-32}$$

$$\Upsilon_2 = \frac{\Theta_2}{1 + \Theta_1^2 + \Theta_2^2} \; ; \tag{C.3-33}$$

Nach Einsetzen ergibt sich:

$$\Upsilon_1 = \frac{-(\Theta-1)^2}{1 + (\Theta-1)^2 + \Theta^2} \; ; \tag{C.3-34}$$

$$\Upsilon_2 = \frac{-\Theta}{1 + (\Theta-1)^2 + \Theta^2} \; ; \tag{C.3-35}$$

Hieraus folgt, wie man durch Einsetzen leicht prüfen kann:

$$\Upsilon_1 + \Upsilon_2 = -\frac{1}{2} \; ; \tag{C.3-36}$$

Dieses Ergebnis, das sich anhand von realen Daten überprüfen läßt, begründet die Annahme, daß das beobachtete Verhalten 2. Ordnung der Differenzen durch ein moving-average-Verhalten 1. Ordnung in der ursprünglichen Zeitreihe verursacht wurde. Auf Grund des Trends läßt sich dies aber nicht direkt beobachten, da die Autokorrelationsfunktion einer instationären Zeitreihe nicht definiert ist.

Die bisher aufgeführten Ergebnisse lassen sich wie folgt zusammenfassen:

Die Logarithmen der fehlerfreien Laufzeiten
- weisen einen linearen Trend auf,
- zeigen ein moving-average-Verhalten erster Ordnung.

Daraus ergibt sich folgendes Modell:
$$\ln T'_i = E\{\ln T'_{i-1}\} + a_i + \Theta\, a_{i-1} \quad ; \tag{C.3-37}$$

bzw. auf Grund des linearen Trends
$$\ln T'_i = E\{\ln T'_{i-1}\} + d + a_i + \Theta\, a_{i-1} \quad ; \tag{C.3-38}$$

mit:

    T'_i: i-te fehlerfreie Laufzeit

    d: Ausmaß des Trends; Differenz der Erwartungswerte zweier aufeinanderfolgender T'_i

Unter der Voraussetzung, daß alle t'_j bis t'_{i-1} bekannt sind, ergibt sich analog zum Vorgehen in /Box 76/ durch Bildung bedingter Erwartungswerte:

$$E\{T'_i \,|\, \ln T'_{i-1}\} = E\{\ln T'_{i-1}\} + d + E\{a_i \,|\, \ln T'_{i-1}\} + \Theta\, E\{a_{i-1} \,|\, \ln T'_{i-1}\};$$
$$\tag{C.3-39}$$

Unter der Voraussetzung, daß die a_i unabhängige Zufallsvariablen sind, folgt:
$$E\{a_i \,|\, \ln T'_{i-1}\} = 0, \text{ jedoch}$$

$$E\{a_{i-1} \,|\, \ln T'_{i-1}\} = \ln t'_{i-1} - E\{\ln T'_{i-1} \,|\, \ln T'_{i-2}\} \quad ; \tag{C.3-40}$$

Für den Erwartungswert $E\{\ln T'_{i-1}\}$ wird gleichfalls der bedingte Erwartungswert $E\{\ln T'_{i-1} \,|\, \ln T'_{i-2}\}$ gesetzt, so daß sich als Schätzformel ergibt:

$$E\{\ln T'_i \,|\, \ln T'_{i-1}\} = E\{\ln T'_{i-1} \,|\, \ln T'_{i-2}\} + d +$$

$$\Theta(\ln t'_{i-1} - E\{\ln T'_{i-1} \,|\, \ln T'_{i-2}\}); \tag{C.3-41}$$

Aus diesem Modell sind nun die λ_i, die Parameter der zugrundeliegenden Exponentialverteilungen, für die fehlerfreien Laufzeiten zu bestimmen. Da eine Schätzgleichung lediglich für $E\{\ln T'_i\}$

existiert, wird dieser Erwartungswert für exponentialverteilte T'_i ermittelt:

$$E\{\ln T_i\} = \int_0^\infty \lambda_i \ln t'_i \, \exp(-\lambda_i \, t'_i) \, dt'_i$$

mit $[u = \lambda_i \, t_i]$ ergibt sich

$$E\{\ln T_i\} = \int_0^\infty \ln u \, \exp(-u) \, du - \ln \lambda_i \int_0^\infty \exp(-u) \, du = -C - \ln \lambda_i; \quad (C.3\text{-}42)$$

$$C = 0{,}5772\ldots \text{ (Eulersche Konstante)}$$

Damit ist die Beziehung zum Modell formal hergestellt. Es ergibt sich durch Einsetzen:

$$- C - \ln \lambda_i = - C - \ln \lambda_{i-1} + d + \Theta \, (\ln t'_{i-1} + C + \ln \lambda_{i-1}) \, ;$$

bzw.

$$\lambda_i = \lambda_{i-1} \, r \, (t'_{i-1} \, \lambda_{i-1} \, \exp(C))^{-\Theta} \, ;$$

$$r = \exp(-d) \, ; \quad\quad\quad (C.3\text{-}43)$$

Hier wird nun nicht mehr die zu erwartende Laufzeit geschätzt, sondern der Parameter ihrer Verteilung. Wenn man die freien Parameter der obigen Gleichung (in diesem Fall mit der Maximum-Likelihood-Methode) schätzt, so zeigt sich, daß für in der Literatur vorgefundene Datensätze sehr unterschiedliche Werte für Θ gefunden werden. Für Datensätze von geringem Umfang, wie z. B. den oben angegebenen von Littlewood, nimmt Θ von Null verschiedene Werte an, während dieser Parameter für große Datensätze (wie dem von Musa) sehr nahe an Null geschätzt wird. Offensichtlich ist Θ ein Maß für die Abhängigkeiten, die in den Daten vorhanden sind; sind die Laufzeiten bis auf den Trend unabhängig, so ist $\Theta = 0$ und das Modell reduziert sich zu dem wohlbekannten geometrischen De-Eutrophikationsprozeß von Moranda.

C.4   Ein einfaches Regressionsmodell

Es würde sicherlich jeden Rahmen sprengen, wollte man jedes Modell einschließlich aller infrage kommenden Schätzverfahren für die Modellparameter aufführen. Es soll hier lediglich ein Modell angegeben werden, das vielleicht nicht im Sinne der Schätztheorie optimal ist, sich jedoch mit einfachsten Hilfsmitteln auswerten läßt und dabei den geometrischen Trend, wie im Goel-Okumoto-Modell /Goe79/ oder im Moranda-Modell /Mor75/, die heute als sehr zuverlässig gelten, nachbildet.

Auch das einfachste Modell muß jedoch von Daten ausgehen. Seien t_i' (i=1..n) die erfaßten fehlerfreien Laufzeiten zwischen den Versagen, die als exponentialverteilt mit dem Parameter λ_i angesetzt werden. Von den Fehlern wird zunächst angenommen, daß sie nach Auftreten korrigiert werden und daß diese Korrekturen einen geometrischen Trend bei den Versagensraten bewirken, d. h. $\lambda_i / \lambda_{i-1} = \text{const} = r$.

Es wird nun die Zufallsgröße $Z_i = \ln T_i'$ betrachtet. Es läßt sich zeigen, daß

$$Z_i = -\ln \lambda_i + X_i \, , \qquad\qquad (C.4\text{-}1)$$

wobei die X_i alle der Verteilungsdichte

$$f(x) = \exp(x)\,(\exp(-\exp(x))) \qquad\qquad (C.4\text{-}2)$$

unterliegen, die nicht von i abhängt. Mit dieser Funktion kann man zeigen, daß

$$E\{X_i\} = -\left(\frac{d\Gamma(x)}{dx}\Big|_{x=1}\right) = -C \qquad\qquad (C.4\text{-}3)$$

$$\text{var}\{X_i\} = -\left(\frac{d^2\Gamma(x)}{dx^2}\Big|_{x=1}\right) - C^2 = \frac{\pi^2}{6} \approx 1.6449 \qquad (C.4\text{-}4)$$

und

$$E\{\ln T_i'\} = -\ln \lambda_i - C \qquad\qquad (C.4\text{-}5)$$

$$\text{var}\{\ln T_i'\} = \pi^2/6 \qquad\qquad (C.4\text{-}6)$$

Bei dem angesetzten geometrischen Trend ist $\ln \lambda_i$ linear bezüglich i und somit auch $E\{\ln T_i'\}$. Das bedeutet jedoch, daß die $\ln T_i'$ linear mit i korreliert sind.

Für die Ausgleichsgerade der $z_i = \ln T'_i$ gilt die übliche Regressionsgleichung:

$$\bar{z}_i = \bar{z} + b\,(i - \bar{i})$$

Für $\bar{z}$ und b müssen empirische Schätzwerte eingesetzt werden, während i sich, da jeder Wert für i zwischen 1 und n genau einmal vorkommt, zu $(n+1)/2$ ergibt. Insgesamt erhält man:

$$\bar{z}_i = \frac{\sum\limits_{j=1}^{n} \ln T_j}{n} + \left(i - \frac{n+1}{2}\right) \frac{\sum\limits_{j=1}^{n} j\,\ln T_j - \frac{n+1}{2}\sum\limits_{j=1}^{n} j\,\ln T_j}{\sum\limits_{j=1}^{n}\left(j - \frac{n+1}{2}\right)^2}$$

(C.4-7)

Diese Schätzung kann man sich zunutze machen. Sofern man aus (C.4-7) einen Wert für $E\{\ln T'_i\}$ gewinnt, kann man aus (C.4-5) eine Schätzung für λ_i generieren, nämlich:

$$\lambda_i = \exp\left(- C - \bar{z}_i\right) \qquad\qquad\text{(C.4-8)}$$

Von besonderem Interesse sind die Eigenschaften des mit (C.4-8) gefundenen Schätzwerts; insbesondere muß man die Konfidenzintervalle bestimmen.

Unter Verwendung des Satzes von Ljapunoff kann man zeigen, daß die oben ermittelten Schätzwerte z_i asymptotisch normalverteilt sind, obwohl die Residuen hier nicht normalverteilt, sondern nach (C.4-2) verteilt sind. Um Konfidenzintervalle für die $\bar{z}_i$ zu bestimmen, reicht es daher, Standardabweichung bzw. Varianz der $\bar{z}_i$ zu bestimmen. Hierzu ergibt sich:

$$\mathrm{var}\{\bar{z}_i\} = \frac{\pi^2}{6n}\left(1 + \frac{12\left(i - \frac{n+1}{2}\right)^2}{(n+1)(n-1)}\right)$$

(C.4-9)

Die Varianz ist von i abhängig; sie liegt zwischen den beiden Werten

$$\mathrm{var}\{\bar{z}_i\}\,\Big|\,i = \frac{n+1}{2} = \frac{\pi^2}{6n} \quad\text{und}\quad \mathrm{var}\{\bar{z}_i\}\,\Big|\,i = n+1 \approx \frac{2\pi^2}{3n}$$

Das Konfidenzintervall für ein Niveau α erhält man zu

$$E\{\bar{z}_i\} - t_\alpha \sqrt{\mathrm{var}\{\bar{z}_i\}} \le \bar{z}_i < E\{\bar{z}_i\} + t_\alpha \sqrt{\mathrm{var}\{\bar{z}_i\}} \qquad \text{(C.4-10)}$$

wobei t_α einer Normalverteilungstabelle zu entnehmen ist.

Ein Einsetzen der oberen und unteren Vertrauensgrenzen für $E\{\ln T'_i\}$ in (C.4-8) führt zu entsprechenden Grenzen für λ_i. Im übrigen sieht man, daß λ_i allerdings nicht normalverteilt, sondern log-normalverteilt ist, wobei der Erwartungswert $E\{\ln T'_i\}$ durch (C.4-8) in den Medianwert transformiert wird.

Man erhält auf diese Weise eine die meisten Datensätze abdekkende Auswertmethode, die mit einfachsten Mitteln auf einem Rechner zu realisieren ist. Der Aufwand ist nicht die Modellauswertung, sondern die sorgfältige Planung des Tests und das Sammeln der Daten. Ein Beispiel für die Anwendung dieser Beziehungen findet sich in Kapitel 3. des Hauptteils.

C.5   Schlußbemerkungen

Zusammenfassend läßt sich sagen, daß die Wachstumsmodelle für Software-Zuverlässigkeit für praktische Zwecke hinreichend klar formuliert sind. Während mathematisch eine große Menge an Verteilungsfunktionen und Wachstumsgesetzen darstellbar ist, läßt sich das praktisch beobachtete Versagensverhalten mit exponentialverteilten Laufzeiten, die einem geometrischen Wachstumsgesetz genügen, gut beschreiben. Falls darüber hinaus Abhängigkeiten unter den Laufzeiten bestehen, kann man sie mit dem oben aus Methoden der Zeitreihenanalyse entwickelten Abhängigkeitsmodell erfassen. Dies ist eher bei Datensätzen von geringem Umfang erforderlich.

D   Glossar

Im Abschnitt 'Schlagworte' (Seiten 272ff.) definierte Begriffe sind
bei ihrer Erwähnung *kursiv* geschrieben.

D.1   Einführung

Ob eine *Anforderungsspezifikation* die *Anforderungen* erfüllt,
wird durch die *Validation* festgestellt. Ein *Spezifikationsfehler*
liegt vor, wenn die *Anforderungsspezifikation* nicht alle geforderten Eigenschaften beinhaltet. Die *Prüfung*, ob ein System korrekt
ist (die *Anforderungsspezifikation* erfüllt), heißt *Verifikation*. Die
Verifikation ist nur bei *deterministischen Systemen* und bei sehr
kleinem Eingaberaum mit einem vollständigen *Test* möglich.

Bei *nichtdeterministischen Systemen* oder Systemen mit großem
Eingaberaum sind die Beweistechniken der strukturierten Programmierung angezeigt /Grs81; Lin79; Loe84; Bab87/.

Zum *Versagen* kommt es, wenn sich ein *Entwurfsfehler* (auch:
Programmierfehler) oder *Ausfall* auf Grund einer bestimmten zulässigen Beanspruchung (Eingabe) durch nicht spezifikationsge-
mäßes Verhalten offenbart, und auf Grund von *Störungen*. Der
Versagensbegriff tritt bei komplexen Systemen (Hardware und
Software) an die Stelle des Ausfallbegriffes, der auf die Hardware
beschränkt ist.

Zuverlässigkeit ist *Korrektheit* auf Zeit: Ein anfangs korrektes *Objekt* kann einen *Ausfall* erleiden und dadurch fehlerhaft werden.
Die *Zuverlässigkeit* läßt sich prinzipiell durch *Fehlertoleranz* erhöhen. Eine Quantifizierung der *Zuverlässigkeit* setzt eine *Anforderungsspezifikation* voraus, gegen die *Korrektheit* oder *Versagen*
geprüft werden kann.

Ursprünglich wurde der Begriff *Zuverlässigkeit* nur im Sinne der
statistisch begründeten Hardware-Zuverlässigkeit verwendet.
Heute wird er allgemeiner - im Sinne von Verläßlichkeit - auch für
komplexe Systeme und *Programme* gebraucht. Vorsicht ist ange-

bracht, wenn man die - ursprünglich für die Hardware gedachten - Zuverlässigkeitsmodelle auf die *Software* übertragen will /Gra90/.

Die statistisch begründete *Wahrscheinlichkeit* ist für die Bewertung komplexer Systeme keine geeignete Basis mehr. Die Argumentation muß sich dann auf die *Induktionslogik* stützen /Car59/.

D.2   Schlagworte

Anforderung$_1$:
>   Eingabedaten für ein System einschließlich der Umgebungsbedingungen. Die Anforderungen können dabei nach den in Anspruch genommenen Teil-*Funktionen* des Systems klassifiziert sein.

Anforderungen$_2$ (Requirements):
>   Beschreibung von Eigenschaften, die das System haben soll. Beabsichtigte *Funktion$_1$*.

Anforderungskonstellation:
>   Menge der *Anforderungen*, die einen Betriebszustand beschreibt.

Anforderungsrate:
>   Rate (Frequenz), mit der eine (Teil-)*Funktion* in Anspruch genommen wird. Kehrwert der mittleren Zeit zwischen *Anforderungen*.

Anforderungsspezifikation (Functional Requirements Specification):
>   Genaue (funktionale und nach Möglichkeit formale) Beschreibung einer Betrachtungseinheit im Sinne der Aufgabenstellung. Dies geschieht durch die Angabe einer Relation zwischen Ein- und Ausgabedaten (relationenbasierte Spezifikation) oder durch die Angabe von Vor- und Nachbedingungen (prädikatenbasierte Spezifikation).

Anpaßbarkeit:
>   Eignung des Programms zur Änderung auf Grund von geän-

derten Benutzerforderungen und/oder unvorhergesehenen Änderungen der Betriebsumgebung. /DGQ86/

Ausfall (Failure$_2$):

Verlust der Fähigkeit eines Systems, bei Einhaltung spezifizierter Bedingungen die geforderte *Funktion$_2$* zu erfüllen. Bezieht sich nur auf Hardware, also auf Objekte, die grundsätzlich in mehreren Exemplaren nach einem Muster hergestellt werden können und die ihre körperliche Beschaffenheit ändern und somit (zu unterschiedlichen Zeiten) ausfallen können. Das Ereignis 'Ausfall' markiert den Zeitpunkt des Übergangs von der *Korrektheit* zu einem *Fehler$_2$*. (In diesem Sinne werden die Begriffe in /DIN40041/, /VDI91/ und /NTG3004/ verwendet). Siehe auch unter *Versagen*.

Ausfallrate:

Anzahl der *Ausfälle* der Betrachtungseinheit pro Zeiteinheit unter bestimmten, anzugebenden Bedingungen. (VDI/VDE 2180, Blatt1). Bei exponential verteilter *Lebensdauer* ist die Ausfallrate der Kehrwert der mittleren *Lebensdauer*.

Ausprägung:

Konkretisierung einer *Klasse*; Daten und *Methoden,* die einer bestimmten *Klasse* angehören; in manchen Sprachen gleichbedeutend mit *Objekt*.

Betriebsbewährtheit:

Als betriebsbewährt (auch: erprobt) gilt eine Betrachtungseinheit dann, wenn sie im wesentlichen unverändert über einen ausreichenden Zeitraum in zahlreichen, verschiedenen Anwendungen betrieben wurde und dabei keine oder nur unwesentliche *Fehler* festgestellt wurden (/DIN0801/).

Black-Box-Test:

Systematischer *Test*, dessen Testdaten nach bestimmten Kriterien aus der *Anforderungsspezifikation* oder Entwurfsunterlagen abgeleitet werden, mit dem Ziel zu prüfen, ob das *Programm* oder seine *Moduln* alle in der *Anforderungsspezifikation* oder den Entwurfsunterlagen festgelegten *Funktionen* vollständig enthält und korrekt ausführt.

Botschaft (manchmal auch Nachricht):

Anwendung einer *Methode* auf ein *Objekt*; hat Ähnlichkeit mit einem Unterprogrammaufruf bei herkömmlichen *Programmen*.

Codieren:

Niederschreiben des Quellprogramms; Bestandteil des *Programmierens*

Datenabstraktion:

Die Betrachtung eines Datenobjekts von verschiedenen Detailebenen aus sowie die Zuordnung eines Datenobjekts zu einem Kontext der darauf anwendbaren Operationen.

Defekt (Defect):

Bedeutungsgleich mit nicht korrekt (nur bei Hardware). Vorliegen eines Fehlers. Siehe auch unter *Korrektheit, Fehler$_2$*.

deterministisches System:

Ein System S, das zu jeder zulässigen Eingabefolge x genau eine Ausgabefolge y=S(x) liefert (siehe *Funktion$_2$*).

Diversität:

Ungleichartige technische Mittel zur Erreichung von *Redundanz* (z. B. andere physikalische Prinzipien, andere Lösungswege der gleichen Aufgabe usw.) /NTG 3004/.

Dynamische Analyse:

Möglichst rechnergestützte Untersuchung eines *Programms* in einer Ablaufumgebung auf korrekte Werte und korrektes Zeitverhalten (nach /IEC90/). Beispiele für Dynamische Analysen sind (siehe z. B. /GRS89/), Analyse des Testabdeckungsgrades, Analyse der Resourcenbenutzung, Wertebereichsuntersuchung von Daten oder Testdatenerzeugung.

Dynamische Bindung, Späte Bindung:

Art und Weise des Aufrufs von *Methoden* bzw. des Zugriffs auf Daten, bei dem die Programm- oder Datenadresse erst zur Laufzeit beim Aufruf der *Methode* ermittelt wird.

Dynamische Objekte:

Objekte, die erst zur Laufzeit angelegt werden.

Dynamische Variable:
Variable, die erst zur Laufzeit vereinbart wird. Gegensatz: statische Variable, die bereits beim *Codieren* vereinbart wird. Dynamische Variable werden in der Regel über Pointer (Zeiger) adressiert, während statische Variable in der Regel über ihren Bezeichner adressiert werden.

Einfache Erbung:
Übernahme von Daten und *Methoden* einer *Klasse* durch eine andere *Klasse*, so daß nur zu einer einzigen *Vaterklasse* zugegriffen wird; drückt sich in einem baumartigen Erbungsgraphen aus.

Erbung:
Übernahme der Eigenschaften von *Klassen* durch andere *Klassen* ohne ausdrückliche Neudefinition oder Neuprogrammierung der jeweiligen Eigenschaften.

Erfordernis:
Was man meint oder sich vorstellt, daß ein System tun soll. Meint mehr die Idee als die präzise technische Beschreibung.

$Fehler_1$ (Error):
Abweichung zwischen einem berechneten Wert (einer Ausgangsgröße) und dem wahren, spezifizierten oder theoretisch richtigen Wert auf Grund eines *$Fehlers_2$* oder einer *$Störung_1$* /Mii90/.

$Fehler_2$ (Nonconformity, Defect):
Nichterfüllung der *Anforderungsspezifikation* (DIN55 350, /NTG3004/). Unkorrektheit.
Ursachen: *Ausfall* oder *$Fehler_3$*.
Erläuterung: In DIN55 350 wird zwischen Fehler (Nonconformity) und Mangel (Defect) unterschieden; nur letzterer geht stets mit einer Beeinträchtigung der Verwendbarkeit einher (siehe auch § 459 BGB).

$Fehler_3$ (Fault):
Abweichung der tatsächlichen von der für die Erfüllung der *Anforderungsspezifikation* erforderlichen konstruktiven und fertigungstechnischen Ausführung des Systems (Verdrahtung,

Dimensionierung, Programmierung usw.). Mögliche Ursache: $Fehler_4$.

Fehler$_4$ (Mistake):
Menschliche Handlung mit unerwünschtem Ergebnis. Irrtum oder Schnitzer.

Fehler, inhärenter:
Abweichung der realisierten $Funktion_1$ von der *Anforderungsspezifikation*. Es sind $Fehler_2$, die zu Beginn des Betrachtungszeitraumes vorhanden sind (beinhaltet Entwurfs-, Codier- und Fertigungsfehler).

Fehlertoleranz:
Fähigkeit eines Systems, auch mit einer begrenzten Zahl fehlerhafter Subsysteme (Komponenten) seine *Anforderungsspezifikation* zu erfüllen.

Fehlfunktion:
$Fehler_1$.

Funktion$_1$ (eines Systems):
Funktion im weiteren Sinn. Tätigkeit, Wirksamkeit, Verrichtung (Duden). Ein-/Ausgaberelation S eines Systems. Es ist $(x, y) \in S$ genau dann, wenn y eine mögliche Antwort des Systems auf die (zulässige) Eingabe x ist.

Funktion$_2$:
Funktion im engeren Sinn. Rechtseindeutige Relation. Eine Relation F ist rechtseindeutig, wenn aus $(x, y_1) \in F$ und $(x, y_2) \in F$ folgt, daß $y_1 = y_2$. In diesem Fall schreibt man üblicherweise $y = F(x)$.

Haufen, Heap, Halde:
In manchen Programmiersprachen zur Verfügung gestellter Hauptspeicherbereich zur Aufnahme *dynamischer Variabler*.

Informational clusters / caches:
Speicherbereiche, die ausschließlich über besondere *Moduln* gelesen oder beschrieben werden können. Kein anderer *Modul* hat das Recht, direkt auf diese cluster zuzugreifen. Diese

Spezialmoduln können auch vom Betriebssystem zur Verfügung gestellt werden.

Inspektion:
Formalisierte, nicht maschinelle *Prüfung* und Bewertung einer *Anforderungsspezifikation,* eines Entwurfs bzw. *Programms* ohne Ausführung von *Funktionen,* um Unvollständigkeit, Inkonsistenz, Verletzungen von Entwicklungsrichtlinien und andere Probleme aufzudecken.

Klasse:
Typ von *Objekten* oder *Ausprägungen.*

Klassenhierarchie:
Gruppe von *Klassen,* die durch *Erbung* zusammenhängen.

Klassenvariable:
Variable, auf die alle *Ausprägungen* oder *Objekte* einer *Klasse* zugreifen können.

Kohäsion (Zusammenhalt, module strength):
Maß für die Stärke der funktionalen Bindung von Aktivitäten oder Tatbeständen innerhalb einer Betrachtungseinheit.

Konstruktive Maßnahmen:
Maßnahmen, die während der Entwicklung bzw. Wartung von *Software*-Produkten angewendet werden, um von vornherein *Fehler* zu vermeiden und ein bestimmtes Qualitätsniveau zu erreichen.

Korrektheit:
Erfüllung der *Anforderungsspezifikation:* $\{Q\}$ S $\{R\}$. Übereinstimmung zwischen realisierter und spezifizierter *Funktion*$_1$ (Q: Vorbedingung, S: System, R: Nachbedingung).

Korrektheitsbeweis:
Verifikation mittels mathematisch-logischer Schlußweisen /DIN40041/.

Korrektheitswahrscheinlichkeit k:
(Logische) Wahrscheinlichkeit der *Korrektheit* (eines komplexen Systems). D. h.: k ist gleich der Wahrscheinlichkeit

des Satzes "Für alle zulässigen *Anforderungen$_1$* (Eingaben)
liefert das System richtige Ergebnisse (Ausgaben)".

Lebensdauer:
Betriebsdauer einer nichtinstandzusetzenden Einheit vom
Anwendungsbeginn bis zum Zeitpunkt des *Ausfalls* bzw. des
Versagens /DIN40041/.

Logische Wahrscheinlichkeit:
(Wahrscheinlichkeit im logischen Sinn). Ein für Sätze (Ausdrücke) eines Sprachsystems definiertes Wahrscheinlichkeits-
maß im Sinne der induktiven Logik /Car59/. Im Gegensatz
dazu steht die statistische Interpretation der Wahrscheinlichkeit.

Mean Up Time (MUT):
Erwartungswert der *ausfall*freien Anwendungsdauer (nach
/DIN40041/).

Mehrfacherbung, multiple Erbung:
Übernahme von Daten und *Methoden* von mehreren *Vaterklassen;* drückt sich in einem netzartigen Erbungsgraphen
aus.

Methode:
Prozedur oder *Funktion*, die in einer *Klasse* definiert ist und
die auf den in dieser *Klasse* definierten Daten operiert.

Modul (Baustein):
Untereinheit eines *Programms*, die eine bestimmte Aufgabe
erfüllt, oder Zusammenfassung solcher Einheiten; z. B. Prozedur, Funktion, Unit, *Unterprogramm*, PEARL-Modul, *Klasse*, *Objekt*, *Methode*.

Nachkomme, Sohn oder Subklasse:
Klasse, die von einer anderen deren Eigenschaften (Daten und
Methoden) übernimmt.

Objekt:
Bei manchen Sprachen *Ausprägung* einer *Klasse*, d. h. Variable, die den Typ einer *Klasse* hat, in anderen Sprachen

Sammelbegriff für *Klasse*, *Ausprägung* und Variable. In diesem Buch als Sammelbegriff für *KlasseundAusprägung* verwendet.

Operationsprofil:
Die für eine Anwendung bzw. einen Anwendungsfall typische statistische Verteilung der *Anforderungen* auf Teil-*Funktionen*.

Operatorüberladung:
Verwendung derselben Operatorbezeichnung für verschiedene Operationen.

Phase:
Ein definierter Arbeitsschritt innerhalb der Entwicklung eines Software-Produkts (ISO 9000, Teil 3). In diesem Buch werden folgende Phasen unterschieden, Problemanalyse, Anforderungsdefinition, Entwurf, Codierung, Software-Integration, Hardware/Software-Integration, Installation und Abnahme und Nutzung

Polymorphie, Funktionsüberladung:
Vorsehen ähnlicher *Methoden* für ähnliche Aufgaben in verschiedenen *Klassen* einer *Klassenhierarchie*; zur Laufzeit Auswahl der jeweils zutreffenden Implementierung.

Programm:
Eine Folge von Instruktionen, die zur Bearbeitung durch einen Rechner geeignet ist (nach IEEE 729).

Programmieren:
Tätigkeiten in den *Phasen* Anwendungsdefinition bis Installation und Abnahme einer *Software*; schließt *codieren* ein.

Programmanalyse:
Anwendung der *Statischen Analyse* auf Code.

Programmierfehler:
Fehler$_3$, der bei der Umsetzung der *Anforderungsspezifikation* in das *Programm* entsteht /NTG3004/.

Programmpaket:
Das *Software*-Produkt, für das Zuverlässigkeitsbetrachtungen angestellt werden sollen, z. B. die *Software* eines Labordatenerfassungssystems.

Prüfung:
Feststellung, inwieweit eine Betrachtungseinheit bestimmte an sie gerichtete *Anforderungen$_2$* erfüllt (DIN55 350).

Qualität:
Beschaffenheit einer Einheit bezüglich ihrer Eignung, festgelegte und vorausgesetzte *Erfordernisse* zu erfüllen (DIN55 350).

Qualitätsmerkmal:
Die *Qualität* mitbestimmendes Merkmal (DIN55 350).

Qualitätssicherung (QS):
Gesamtheit der Tätigkeiten des Qualitätsmanagements, der Qualitätsplanung, der Qualitätslenkung und der Qualitätsprüfungen.

Redundanz:
Funktionsbereites Vorhandensein von mehr als für die vorgesehene *Funktion$_1$* notwendigen technischen Mitteln /NTG3004/.

Regressionstest:
Test nach Änderungen, bei dem bereits früher benutzte Testfälle wiederholt werden.

Robustheit:
Fähigkeit einer Betrachtungseinheit, auch bei Verletzung der spezifizierten Randbedingungen vereinbarte *Funktionen* zu erfüllen bzw. ihre Funktionsfähigkeit zu erhalten /NTG3004/. Erläuterung: Robustheit erstreckt sich somit auf Eigenschaften, für die keine spezifizierten *Anforderungen* bestehen. Je umfassender eine *Anforderungsspezifikation* auf mögliche Randbedingungen eingeht, desto mehr verliert der Gesichtspunkt Robustheit an Bedeutung.

Schachtelung:
> Anordnung von gleichartigen Gliederungselementen ineinander; der folgende Ausdruck enthält zum Beispiel eine Schachtelung von (eingeklammerten) Ausdrücken:
> a - (b * (c + d) + e).

Schleifeninvariante:
> Ausdruck über die in einem Schleifenkern vorkommenden Variablen, der unabhängig von der Durchlaufzahl gilt.

Software:
> *Programme,* die zugehörigen Dokumentationen und Daten (z.B nach IEEE 729, /DIN0801/, DIN44 300).

Spezifikationsfehler (Specification Error):
> *Fehler* in der *Anforderungsspezifikation.*

Sprachstandard:
> Das bei ISO oder DIN Genormte.

Statische Analyse:
> Schematische, möglichst rechnerunterstützte *Prüfung* eines Entwurfs oder *Programms* durch Ermittlung bestimmter statischer Eigenschaften und Untersuchung derselben auf Unvollständigkeit und Inkonsistenz bzw. Widersprüche zu einer vorliegenden Referenz (Spezifikation der zu prüfenden Betrachtungseinheit).
> Beispiele für statische Analysen sind:
> - Kontrollflußanalyse
> - Prüfung auf Einhaltung vorgegebener Richtlinien

Statische Bindung, frühe Bindung:
> Festlegung der Adreßbezüge zwischen Unterprogrammen und ihren Parametern zur Übersetzungszeit.

Statistischer Test:
> *Test* eines *Programms* mit Testdaten, die rein zufällig oder auf Grund von Annahmen über die statistische Verteilung der Eingangsdaten ausgewählt werden.

Statistische Wahrscheinlichkeit (Wahrscheinlichkeit im statistischen Sinn):

Auf den relativen Häufigkeiten basierender Wahrscheinlichkeitsbegriff /Car59/.

Störung$_1$ (Interference):
(vorübergehende) Beeinträchtigung einer *Funktion$_1$*. *Fehler$_1$* auf Grund vorübergehender Einflüsse (elektromagnetische Beeinflussung, Strahlung und dergleichen).

Störung$_2$ (Deficiency, Trouble):
Fehlende, fehlerhafte oder unvollständige Erfüllung einer geforderten *Funktion$_1$* /DIN40041/. Etwa gleichbedeutend mit *Fehler$_1$*.

Strukturanweisung:
Auswahl, Wiederholung.

Superklasse:
Die *Vaterklasse(n)* und deren *Vaterklasse(n)* usw. eines *Objektes* sind seine Superklassen.

Symbolische Ausführung:
Prüfung$_1$ einer Betrachtungseinheit (im allgemeinen eines *Programms*) gegen ihre *Anforderungsspezifikation* durch schrittweise Ausführung der realisierten *Funktionen* mit symbolischen Eingangswerten.

Temporäre Variable:
Variable für eine spezielle Aktivität, die nur für die Dauer dieser Aktivität vorhanden ist.

Test:
Feststellung und Bewertung von Merkmalen einer Betrachtungseinheit, insbesondere eines *Programms*, durch Ausführung des *Programms* oder von Programmteilen in einer definierten Umgebung mit ausgewählten Testdaten /NTG3004/ (siehe auch *Black-Box-Test, White-Box-Test, Statistischer Test*).

Überladung:
Verwendung desselben Bezeichners für verschiedene Operationen; *Operatorüberladung* oder *Polymorphie*.

Überlebenswahrscheinlichkeit Z(t):
Wahrscheinlichkeit, daß im Zeitintervall der Dauer t kein *Ausfall* oder *Versagen* vorkommt.

Unkorrektheitswahrscheinlichkeit:
Eins minus *Korrektheitswahrscheinlichkeit* (1-k).

Unterprogramm:
Task, Funktion, Prozedur oder ähnliches.

Validation (eines Produkts):
Zuverlässigkeitsqualifikation auf Grund des Produktverhaltens während der Anwendung /DIN40041/. Erläuterung: Gemäß /NTG3004/ ist Validation der Nachweis, daß ein System seinen *Erfordernissen* genügt.

Validation der Spezifikation (Specification Validation):
Prüfung, ob die Spezifikation den *Erfordernissen* genügt.

Vaterklasse (Superklasse, Vorfahr):
Klasse, von der der *Nachkomme*, *Sohn* oder die *Subklasse Methoden* und Variablen übernimmt (erbt).

Verfügbarkeit (Availability):
Wahrscheinlichkeit für korrekte *Funktion$_1$* zu einem bestimmten Zeitpunkt; bei *Software* im allgemeinen eine *Funktion* der Zeit und der *Anforderungen*.

Verifikation (Verification) hinsichtlich eines Kriteriums:
Nachweis, daß eine Betrachtungseinheit die *Anforderungsspezifikation* bezüglich eines bestimmten Kriteriums erfüllt.

Verifikation (Verification) (ohne Nennung eines Kriteriums):
Nachweis, daß eine Betrachtungseinheit die *Anforderungsspezifikation* vollständig, d. h. nicht nur hinsichtlich bestimmter Kriterien, erfüllt (nach /NTG3004/).

Versagen (Failure$_1$):
Verhalten eines Systems, das nicht der *Anforderungsspezifikation* entspricht. Auftreten eines *Fehlers$_1$*. (In diesem Sinne auch in /DIN40041/, /NTG3004/ und /VDI4004/ verwendet; siehe auch /Mii90/.)

Versagensabstand:
Zeitlicher Abstand zwischen zwei aufeinanderfolgenden Versagensfällen *(Software)*.

Versagensrate:
Zahl der Versagensfälle pro Zeiteinheit.

Versagenswahrscheinlichkeit, mittlere, p:
Logische Wahrscheinlichkeit dafür, daß ein System sich im bestimmten Anforderungsfall nicht gemäß der *Anforderungsspezifikation* verhält.

Virtuelle Methode:
Methode zur Implementierung der *Polymorphie*; zur Laufzeit wird aus mehreren virtuellen Methoden einer *Klassenhierarchie* die jeweils zutreffende ausgewählt; virtuelle Methoden ähnlicher Funktion haben in einer *Klassenhierarchie* die gleichen Bezeichner.

Wahrscheinlichkeit (Probability):
Zahl, die den Eintritt von Ereignissen beschreibt und folgenden Bedingungen genügt:
- zwischen 0 und 1 liegend, so daß
- der Eintritt des sicheren Ereignisses den Wert 1 erhält und
- die Wahrscheinlichkeit für den Eintritt von einander ausschließenden Ereignissen die Summe der Eintrittswahrscheinlichkeiten der Einzelereignisse ist.
Siehe *logische Wahrscheinlichkeit* und *statistische Wahrscheinlichkeit*.

Walkthrough:
Prüfung und Bewertung der spezifizierten *Funktionen* in einem Entwurfsobjekt oder *Programm* auf Widersprüche durch gedankliches Ausführen der *Funktionen*.

Werkzeug (Tool):
Rechnergestütztes Hilfsmittel /DGQ86/.

White-Box-Test:
Systematischer *Test*, dessen Testdaten nach bestimmten Kri-

terien aus der Programmstruktur abgeleitet werden, mit dem
Ziel, möglichst viele Programmteile zu durchlaufen.

Wurzelklasse:
Die in der *Klassenhierarchie* oberste *Klasse* heißt Wurzelklasse. Alle anderen *Klassen* stammen von ihr ab. Die Wurzelklasse hat keine *Vaterklasse*.

Zuverlässigkeit (Reliability):
Fähigkeit eines Systems, für eine gegebene Zeit korrekt zu arbeiten.

E   Literaturverzeichnis

/Abb83/   Abbott, R.J.; Program Design by Informal English Descriptions, CACM Vol. 26 No. 11, November 1983, 882-894

/Art85/   Arthur, L.J.; Measuring Programmer Productivity and Software Quality, John Wiley & Sons, New York 1985

/Bab87/   Baber, R.L.; The Spine of Software: Designing Provably Correct Software - Theory and Practice, John Wiley & Sons, Chichester 1987

/Bab90/   Baber, R.L.; Fehlerfreie Programmierung für den Software-Zauberlehrling, Oldenbourg, München 1990

/Bar65/   Barlow, R. E., Proschan, F.; Mathematical Theory of Reliability, John Wiley & Sons, New York 1965

/Bas80/   Bastani, F. B.; An Input Domain based Theory of Software Reliability and its application; PhD-Dissertationsschrift University of California, Berkeley 1980

/BDa91/   Bersoff, E.H., Davis, A.M.; Impacts of Life Cycle Models on Software Configuration Management, Comm. ACM 34, 8(Aug.1991), 104-118

/BDH89/   Hopt, K.J., Baumbach, A., Duden, K.; Handelsgesetzbuch - Beck'sche Kurzkommentare, Band 9, 28. Auflage, C.H.Beck'sche Verlagsbuchhandlung, München 1989

/Bec87/   Becker, G., Camarinopoulos, L.; Eine datenorientierte Untersuchung zur Qualifizierung von Software-Zuverlässigkeit, Informationstechnik it 29, Oldenbourg, München 1987, 68-

/Bec89/   Becker, G., Camarinopoulos, L.; Ein Verfahren zur Bestimmung der Software-Zuverlässigkeit auf Grund eines bestandenen Abnahmetests, it-Informationstechnik 4/1989, S. 266

/Bel89/   Belli, F.; Pascal Bd. III: Programmierpraxis, Bibliographisches Institut (BI), Mannheim 1989

/Boe76/   Boehm, B. W.; Software Engineering, IEEE Transaction on Electronic Computers 25, (1976) 12, 1226

/Boe77/   Boehm, B. W.; Seven basic principles of software engineering, Software Engineering Techniques, Infotech, 1977

/Boe81/   Boehm, B. W.; Software Engineering Economics, Prentice-Hall, Englewood Cliffs, 1981

/Boe88/   Boehm, B. W.; A Spiral Model of Software Development and Enhancement, IEEE Computer 21, 5 (May 1988), 61-72

/Boo83/   Booch, G.; Software Engineering with Ada, Benjamin-Cummings, 1983

/Boo86/   Booch, G.; Object Oriented Development, IEEE Trans. Software Engineering 12,2 (Feb. 1986), 211-221

/Box76/   Box, G. E. P., Jenkins, G. M.; Time Series Analysis, Forecasting and Control (revised edition), Holden-Day, San Francisco, 1976

/Bro75/   Brooks, F. R.; The Mythical Man-Month, Essays on Software-Engineering, Addison Wesley, 1975

/BWB90/   Bundesamt für Wehrtechnik und Beschaffung; Vorgehensmodell, Software-Entwicklungsstandard der Bundeswehr, V2.0, 1990

/Car59/   Carnap, R., Stegmüller, W.; Induktive Logik und Wahrscheinlichkeit, Springer-Verlag, Wien 1959

/Cha80/   Chatfield, C.; The Analysis of Time Series: An Introduction, (2nd edition), Chapman and Hall, London, New York 1980

/Cox87/   Cox, B.J.; Object Oriented Programming, 2. geänderte Auflage, Add.-Wesley Publishing Company, Reading 1987

/Dah68/   Dahl, O. J., Myhrhaug, B., Nygaard, K.; SIMULA 67 - Common Base Language, Technical Report Norwegian Computing Center, May 1968

/Dah72/   Dahl, O. J., et al.; Structured programming, Academic Press, 1972

/Dar78/   Darringer, J. A., King, J. C.; Application of Symbolic Execution to Program Testing, Computer, Vol. 11, No. 4, 1978

/DMa79/   DeMarco, T.; Structured Analysis and System Specification, Prentice-Hall, Englewood Cliffs, N.Y. 1979/1982

/DMi87/   DeMillo, R. A., McCracken, W. M., Martin, R. J., Passafiume, J. F.; Testing and Evaluation, Benjamin/Cummings, California 1987

/DeR75/   DeRemer, F., Kron, H.; Programming-in-the-large versus Programming-in-the-small, IEEE Trans. on Software Engineering 2(1975)6, 114-121

/Deu88/   Deutsch, M. S., Willis, R. R.; Software Quality Engineering, Prentice-Hall, Englewood Cliffs 1976

/DGQ86/   Deutsche Gesellschaft für Qualität e.V. (DGQ), Nachrichtentechnische Gesellschaft im VDE (NTG); Software-Qualitätssicherung, Beuth-Verlag, Berlin, Köln 1986

/Dhi83/   Dhillon, B. S.; Reliability Engineering in Systems, Design and Operation, van Norstrand-Reinhold, New York 1983

/Dij68/   Dijkstra, E.W.; The Structure of the 'THE'-Multiprogramming System, Comm. of the ACM, Vol. 11, No. 5, 1968

/Dij76/   Dijkstra, E.W.; A Discipline of Programming, Prentice-Hall, Englewood Cliffs, N.Y. 1976

/DIN0116/   VDE Elektrische Ausrüstung von Feuerungsanlagen, Ausgabe: Oktober 1989

/DIN0801/   VDE Grundsätze für Rechner in Systemen mit Sicherheitsaufgaben, Ausgabe: Januar 1990

/DIN40041/ DIN, Zuverlässigkeit, Begriffe, Ausgabe: Dezember 1990

/DoD88/   Department of Defense: Military Standard: Defense System Software Development, DOD-STD-2167A, Washington D.C., Feb. 1988

/EVB86/   EVB Software Engineering; Object Oriented Design Handbook, Rockville, MD 1986

/Fag76/   Fagan, M. E.; Design and Code Inspections to Reduce Errors in Program Development, IBM Sytems Journal, 15, 3, 1976

/Flo67/   Floyd, R.W.; Assigning Meanings to Programs, Proc. Symposium of Applied Mathematics, American Mathematical Society, Vol. 19, 1967

/Gay86/   Gayen, J.-T., Kuchta, D.; Der mögliche Nutzen der
             symbolischen Ausführung von Programmen für den
             Sicherheitsnachweis, AET (Archiv der Eisenbahn-
             technik), Folge 41, Okt. 1986
/Goe79/   Goel, A. L., Okumoto, K.; Time-Dependent Error-
             Detection Rate Model for Software Reliability and
             Other Performance Measures, IEEE Trans. on Re-
             liability, R-28, 1979, 206 - 211
/Gol83/   Goldberg A., Robson D.; Smalltalk-80, The Lan-
             guage and its Implementation, Addison Wesley
             Publishing Company, Reading 1983
/Gra90/   Grams, T.; Denkfallen und Programmierfehler,
             Springer-Verlag, Berlin, Heidelberg, New York
             1990
/Gri88/   Grimm, K.; Methoden und Verfahren zum systema-
             tischen Testen von Software, atp 30, Heft 6, 1988,
             271-280
/Grs76/   Gries, D.; An illustration of current ideas on the de-
             rivation of correctness proofs and correct programs,
             IEEE Transactions on Software Engineering
             2(1976), 238-
/Grs81/   Gries, D.; The Science of Programming, Springer-
             Verlag, New York, Heidelberg, Berlin, 1981
/GRS89/   Sicherheit der Prozeßdatenverarbeitung; Bericht
             GRS-A-1531, Gesellschaft für Reaktorsicherheit,
             März 1989, Seite 32
/Gut77/   Guttag J.V.; Abstract Data Types and the Develop-
             ment of Data Structures, Comm. ACM Vol. 20 No.
             6, Junc 1977, 396 404
/Hbk87/   H. Harte-Bavendamm, M. Kindermann; Patent- und
             Know-How-Lizenzvertragsrecht/EDV-Recht in
             Münchener Vertragshandbuch, Band 3 Wirtschafts-
             recht, (Hrsg.: R. A. Schütze, L. Weipert),
             C.H.Beck'sche Verlagsbuchhandlung, München
             1987, Abschnitt IV.7, 547-
/Hoa69/   Hoare, C. A. R.; An Axiomatic Approach to Com-
             puter Programming, Comm. of the ACM, Vol. 12,
             No. 10, 1969, 576 -

/Hoa73/   Hoare, C. A. R., Wirth, N.; An axiomatic definition
           of the programming language PASCAL, Ada In-
           formation 2(1973), 335-

/IEC880/   DIN/IEC 880, Software für Rechner im Sicherheits-
           system von Kernkraftwerken, Ausgabe: August
           1987

/IEC90/   IEC TC72; Ammendment to Publication 730-1,
           Automatic Controls for Household and Similar Use,
           Appendix H: Requirements for Controls Using
           Software, November 1990

/Jac83/   Jackson, M.; System Development, Prentice-Hall,
           1983

/Jel73/   Jelinski, Z., Moranda, P. B.; Application of a pro-
           bability based model to a code reading experiment,
           IEEE Symp. on Computer Software Reliability
           1973.

/Kay77/   Kay, A.; Goldberg, A.; Personal dynamic media;
           IEEE Computer 10(1977)3; 31-

/Kop76/   Kopetz, H.; Software-Zuverlässigkeit, Carl Hanser
           Verlag, München, Wien 1976

/Lin79/   Linger, C., Mills, H. D., Witt, B. I.; Structured Pro-
           gramming: Theory and Practice, Addison-Wesley,
           Reading, Mass. 1979

/Lis74/   Liskov, B. H.; Zilles, S. N.; Programming with Ab-
           stract Data Types; ACM SIGPLAN Notices; 9
           (1974), 50-

/Lit73/   Littlewood, B.; A Bayesian reliability growth model
           for Computer Software, IEEE Symp. on Computer
           Reliability 1973

/Lit74/   Littlewood, B., Verrall, J. L.; A Bayesian Reliability
           Model with a Stochastically Monotone Failure Rate,
           IEEE Trans. on Reliability, R-23, 1974, 108-164

/Loe84/   Loeckx, J.; Sieber, K.; The Foundations of Program
           Verification, Teubner, Stuttgart 1984

/Mar79/   Marburger, P.; Die Regeln der Technik im Recht,
           Carl Heymanns Verlag KG, Köln-Berlin-Bonn-
           München 1979

/Mer84/   Mergler, B., Marty, R.; Objektorientierte System-
           entwicklung, Compas '84 Proceedings, VDE-Ver-
           lag, Berlin 1984, 211-227

/Mey88a/   Meyer, B.; Object Oriented Software Construction, Prentice-Hall, New York 1988

/Mey88b/   Meyer, B.; Programming as contracting, Interactive Software Engineering, 1988

/Mil56/   Miller, G. A. ; The magical number seven, plus or minus two: Some limits on our capacity for processing information, Psychological Review, Vol. 63, March 1956, 81-97

/Mii90/   Mili, A.; An Introduction to Program Fault Tolerance. A Structured Programming Approach, Prentice-Hall 1990

/Moo86/   Moon, D.A.; Object Oriented Programming with Flavors, Proceedings ACM Conf. on Object Oriented Systems, Languages and Applications, Portland, Oregon, Sept. 1986

/Mor75/   Moranda, P. B.; Prediction of Software Reliability during Debugging, Proc. of the annual Reliability and Maintenance Symp., 327 - 332, Washington D.C., 1975.

/Mül90/   Müller-Scholz, Q., Schönbeck, K.; Software - das weit unterschätzte Risiko, Capital (1990)6, 207-210

/Mus75/   Musa, J. D.; A Theory of Software Reliability and its Application, IEEE Trans. on Software Engineering, SE-1, 1975, 312 - 327

/Mus87/   Musa, J. D., Iannino, A., Okumoto, K.; Software Reliability, Measurement, Prediction, Application, McGraw-Hill, N. Y., 1987

/Mye91/   Myers, G. J.; Methodisches Testen von Programmen, Oldenburg Verlag, München, Wien 1991

/Nau69/   Naur, P.; Randall, B.; Software Engineering, Report on a conference Nato Scientific Affairs Division, Brüssel 1969

/NTG3004/   NTG-Empfehlung 3004, Entwurf 1982; Zuverlässigkeitsbegriffe im Hinblick auf komplexe Software und Hardware, ntz 35(1982)5, 325-333

/NTG82/   Erläuterungen zu NTG-Empfehlung 3004, ntz35(1982)5, 325

/Nyg86/   Nygaard, K.; Basic Concepts in Object Oriented Programming, SIGPLAN Notices, Vol. 21, No. 10, Oct. 1986, 128-132

/Par72a/   Parnas, D. L.; On the Criteria to be Used in Decomposing Systems into Modules, Comm. ACM 5, Dec. 1972

/Par72b/   Parnas, D. L.; Information Distributing Aspects of Design Methodology, Proceedings of the 1971 IFIP Congress, Booklet TA-3, Amsterdam 1972

/Pas86/   Pascoe, G. A.; Elements of Object-Oriented Programming, BYTE Magazine, McGraw-Hill, NY, Aug. 1986

/Pet85/   Peters, O. H., Meyna, A., (Herausgeber); Handbuch der Sicherheitstechnik, Carl Hanser Verlag, München 1985

/Pok89/   Pokkunuri, B. P.; Object Oriented Programming, ACM SIGPLAN Notices Vol. 24, No. 11, Nov. 1989, 96-101

/Pre87/   Pressman, R. S.; Software Engineering: A Practitioner's Approach, 2nd Ed., McGraw-Hill, NY,1987

/Rat83/   Rathke, C.; Objektorientierte Programmierung, LOG IN 9. Jahrg., Heft 9, Nov. 1983, 19-21

/Ren82/   Rentsch T.; Object Oriented Programming, ACM SIGPLAN Notices, Vol. 17, No. 9, September 1982, 51-57

/Rob81/   Robson, D.; Object-Oriented Software Systems, BYTE, Vol. 6, No. 8, August 1981, 74-86

/Roy70/   Royce, W.; Managing the Development of Large Software Systems: Concepts and Techniques, WESCON, Aug. 1970; Nachdruck in: Ninth International Conference on Software Engineering, Washington D. C., IEEE Computer Society Press, 1987, 328-338

/Sha84/   Shaw, M.; Abstraction techniques in modern programming languages, IEEE Software 1(1984)4, 10-

/Shn83/   Shneiderman, B.; Direct manipulation: a step beyond programming languages, IEEE Computer 16(1983)8, 57-69

/Ste86/   Stefik, M., Bobrow, D. G.; Object-Oriented Programming: Themes and Variations, The AI Magazine, Vol. 6, No. 4, Winter 1986, 40-62

/Str87/   Stroustrup, B.; What is Object-Oriented Programming?, LNCS Vol. 276: ECOOP '87, Springer Verlag, Berlin. 1987, 51-70

/Tra85/   Trachtenberg, M.; The Linear Software Reliability Model and Uniform Testing, IEEE Trans. on Reliability, R-34, 1985, 8 - 16

/VDI4004/   VDI-Richtlinie 4004, Blatt 2, Zuverlässigkeitskenngößen; Überlebenskenngrößen, 1986

/VDI91/   VDI-Handbuch Technische Zuverlässigkeit, Stand August 1991, Beuth-Verlag, Berlin, Köln

/War74/   Warnier, J. D.; Logical Construction of Programs, Van Nostrand Reinhold, 1974

/War81/   Warnier, J. D.; Logical Construction of Systems, Van Nostrand Reinhold, 1981

/Weg86/   Wegner, P.; Object-Oriented Programming, Learning the Language, BYTE, March 1986, 245-253

/Weg90/   Wegner, P.; Concepts and Paradigms of Object-Oriented Programming, ACM SIGPLAN OOPS Messages, Vol. 1, No. 1, August 1990, 7-87

/Wir71/   Wirth, N.; Program development by stepwise refinement, Comm. ACM 14 (1971), 221-

/Wir77/   Wirth, N.; MODULA, a language for modular multiprogramming, Software-Practice & Experience 7(1977)1, 3-

/Wir80/   Wirth, N.; The module: a system structuring facility in high-level programming languages, in Language Design and Programming Methodology (Hrsg. Tobias, J. M.), Springer-Verlag, 1980

/Wir85/   Wirth, N.; Programmieren in Modula-2, Springer-Verlag, Berlin 1985

Index

--A--

--B--

--C--

--D--

White-box-Test, 284
Wurzelklasse, 86; 285

Arbeitsgruppen und ihre Mitglieder

Dipl.-Phys. G. Glöe (Obmann)	TÜV Norddeutschland, Hamburg

1.   Untergruppe 'Grundlagen'

Dr. G. Becker	Technische Universität, Berlin
Prof. Dr. M. Birkle (Sprecher)	Fraunhofer Institut für Informations- und Datenverarbeitung, Karlsruhe
Prof. Dr. T. Grams	Fachhochschule, Fulda
Dipl.-Ing. W. Ziegler	Bundesamt für Wehrtechnik und Beschaffung, München

2.   Untergruppe 'Konstruktive Maßnahmen'

Dipl.-Ing. Azem	Universität Gesamthochschule, Paderborn
Prof. Dr. F. Belli	Universität Gesamthochschule, Paderborn
Prof. Dr. W. Ehrenberger (Sprecher)	Fachhochschule, Fulda
Dr. J. T. Gayen	Technische Universität, Braunschweig
Dipl.-Ing. G. Heiner	Daimler-Benz AG, Berlin
Prof. Dr. H.-J. Hoffmann	Technische Hochschule, Darmstadt
Dipl.-Ing., Dipl.-Wirtsch. Ing. W. Kleinemeyer (Sprecher)	General Electric Informations-Service, Hürth-Efferen

3.   Untergruppe 'Nachweisführung'

Eur. Ing. R. L. Baber	Unternehmensberater und Software-Ingenieur, Bad Homburg
Dr. G. Becker	Technische Universität, Berlin
Frau Dipl.-Math. C. Fricke	Technische Universität, Braunschweig
Dipl.-Inform. H. Gerdes	ENATOR Rhein-Main GmbH, Frankfurt/Main

Dr. U. Grottker   Physikalisch-Technische Bundesanstalt, Braunschweig

Dipl.-Wirtsch. Ing. R. vom Hövel TÜV Rheinland, Köln

Dr. B. Müller (Sprecher) ABB Henschel, Mannheim

Frau Dipl.-Math. G. Theuschl-Heikenwälder TÜV Bayern, München

Ebenfalls an der Erstellung des Buchs beteiligt waren mit ihren Beiträgen:

Dr. H. H. Frey   ABB Verkehrssysteme AG, Zürich

Dipl.-Ing. O. Frey   ZVEI, Frankfurt/Main

Dr. M. Russegger   Institut für Angewandte Mikroelektronik, Braunschweig

Dipl.-Phys. R. Westhäußer TÜV Norddeutschland, Hamburg

Alle Autoren danken Herrn W. Kleinemeyer und seinen Mitarbeiterinnen und Mitarbeitern - insbesondere Frau Erika Philipp - für die hervorragende Aufbereitung des Manuskriptes.

Horst Zöller

WIEDERVERWENDBARE SOFTWARE-BAUSTEINE IN DER AUTOMATISIERUNG

1991. 288 Seiten, 95 Bilder.
DIN A 5. Broschur. DM 78,–
ISBN 3-18-401119-4

Die Wiederverwendung standardisierter Software-Bausteine bietet einen wesentlichen Beitrag zur Produktionssteigerung im Bereich der Software-Entwicklung, unter der Voraussetzung einer effizienten Handhabung dieser Bausteine.

Das Werk betrachtet zunächst die grundsätzlichen Anforderungen, die an solche Bausteine zu stellen sind. Besondere Beachtung finden hierbei der objekt-orientierte Ansatz, die Möglichkeiten dieser Betrachtungsweise hinsichtlich einer Eignung für den Bereich der Automatisierung sowie wiederverwendbare Software-Bausteine am Beispiel der Schnittstellenprogrammierung.

Sprechen Sie mit Ihrem Buchhändler